傑夫藏玉百選

——史前時代至宋代
未面世及罕見的珍貴玉器

黃志永——著

五南圖書出版公司 印行

前　言

　　筆者爲大學英文兼任講師。十七年前開始在大學院校兼職任教。因從事教職而深感學歷之不足，便決定繼續攻讀博士學位。後又因種種的因素而被迫放棄此一方向。但想要繼續讀書研究之志，並沒有因此而完全的熄滅。受人生機遇安排，逐漸地對古文物產生濃厚的興趣，將攻讀的方向轉爲對古文物之收藏與鑽研。收藏之初，因爲當時尚未有收藏類別專注的觀念，而廣泛收藏，因此錯誤百出。痛定思痛後，調整收藏的方向及方法，將收藏類別的範圍縮小，專心於鑽研尚未有太多人攻讀之印學史及相關領域的研究。

　　與其它學科相比較之下，印學史還不是一門專門的學科，是一個尚未被人完全開發的研究領域。正因爲如此，在專業書籍的數量與相關的研究上，印學史的相關研究顯得嚴重不足，相當貧乏。從魏晉南北朝至唐宋這一歷史階段，各項文物之斷代依舊不明，特別是在印章的斷代標準上。這也更凸顯出在這個領域的研究裏，遍地是機會。爲了補救以上之缺憾，在印章的收藏與研讀的方向上，筆者優先設定以讀完所有與印章相關的書籍爲首要的目標。如，篆刻、書法、封泥、瓦當、簡牘帛書、姓名學、金石學、古代官制、甲骨文、金文、汗簡、古文四聲韻、地理、歷史、材質等。

　　經過幾年的時間，再逐漸地跨越領域至史前史、西域史、文化史、紋飾史、服飾史、歷代工藝美術史、美學、美術考古、北方草原文化、絲綢藝術、原始宗教、原始藝術、巫術、方術、中國古代神話、墓葬美術、青銅器、青銅鏡、銅鼓、雕塑、俑、石刻、石碑、石獅、古代鎮墓神物、宗教、宗教造像、石窟、經幢、佛教文物、畫像磚、畫像石、礦石、珠寶、古代珠子、玉器、陶瓷、彩陶、繪畫、玻璃器、金銀器、漆器、面具史、禮制、兵制、古兵器、建築、家具、古代器皿造型、酒器、燈具、音樂、戲曲、文房用具、竹角牙木雕、帶鉤帶扣、香爐、鼻煙壺、梳子、琥珀、錢幣、錢樹、花錢、油燈、符令、中國古船、易

經、山海經、中國古代天文學、楚文物、漢文物、六朝文物、西藏文物、西夏文物、契丹藝術史、大理國宗教文物等為數龐大的學科研讀領域之中。

因在學校兼職任教之便，筆者可以借閱許多的書籍。為了深化專業的知識，以累積加強相關的知識，而不斷地進行擴展相關領域之研讀。也因此使得筆者與文物相關的藏書高達一千本以上。面對這些龐大學科的領域與相關書籍的研讀，縱使一輩子，也讀不完，讀不盡。常令人深感時間之不足，體力之不夠，財力上之不足。

經十五年的自學研讀，筆者主要專注於印章與玉器之收藏。累積至今，收藏資歷已接近二十年，筆者現在收藏的印章及玉器總數相當豐富，並且件件是精品。所收藏的文物，年代的跨度從史前時代至民國時期，也寫有與印章相關的研究文章。

如本書的封面標題「傑夫藏玉百選──史前時代至宋代未面世及罕見的珍貴玉器」。展現在這本書中，筆者所藏的100件玉雕作品都是等級最高，刻工最精，品相最珍貴之重器。筆者依據這個標題的原則來作安排。在文物呈現的安排上，先依每一單元的類別安排，再依循時代的前後順序排列。本書共分十三個類別單元，一百件的器物圖像，再加上簡要的文字說明。在文字的說明上，儘量控制在一千字的範圍之內。除非文物本身所蘊含之內涵很深很廣，而這種情形大多數都產生在印章的類別上。因為，印章必須檢視的項目更多元。在文字的敘述部份，儘量擺脫冗長繁瑣的物件描述（六朝玉雕除外──因為六朝玉雕是一塊大盲區，需要更多的說明）。筆者從藝術、形式、文化內涵、歷史及比較等多重的角度，進行深入的文物分析，以引領讀者進入，欣賞文物背後所蘊含的精髓。透過以物見人，從文物中去窺探其背後所蘊涵的環境形態、社會生活、宗教信仰及人的思想意識形態。在筆者所藏的文物與其他器物進行比較中，因涉及版權，無法引用圖片，否則圖文並列論述，效果將會更佳更清楚。目前也只能請讀者自行參照。筆者才疏學淺，錯誤在所難免，期盼各位先進、前輩們適時地給予指正，不勝感激。希望借此次的出版，有機會與文物的愛好者一同來分享與欣賞這些博大精深又美輪美奐的中華文物。現在就讓我們一起，共同來欣賞這些精美的文物吧！

│ 目 錄 ──────────────────────

第十二單元　琮、鋪首、杖首、脈枕

第十三單元　印章

第一單元 ┃ 宗教文物 ──────────────

編號1：東漢朱雀踏龍鬥鳳圓雕

規格：長9.5×寬3.8×高5.5公分

質地：和闐青白玉

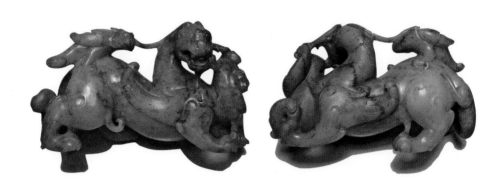

　　從四靈的圖像上來看，在中國的傳統文化中，青龍、白虎、朱雀、玄武為四靈，分別代表東、西、南、北四個方向。根據五行學說，青龍代表東方，屬木，為春季。白虎代表西方，屬金，為秋季。朱雀代表南方，屬木，為夏季。玄武代表北方，屬金，為冬季。在中國的二十八星宿中，青龍是東方七宿（角、亢、氐、房、心、尾、箕）。白虎是西方七宿（奎、婁、胃、昴、畢、觜、參）。朱雀是南方七宿（井、鬼、柳、星、張、翼、軫）。玄武是北方七宿（斗、牛、女、虛、危、室、壁）。在先秦的信仰與墓葬文化中，四靈被認為能接引死者的靈魂上升於天。道教後來又將玄武人格化為玄武神，又稱玄天上帝、真武大帝，並加以崇拜。宋、元時期都敬奉玄武神。宋真宗時，為了宋聖祖趙玄朗避諱改稱真武。明代時，在武當山大興土木，祭奉玄武神。

　　從具有四靈文物的比較上來看，具有四靈的文物有湖北戰國早期曾侯乙的「四神二十八星宿」漆器衣箱、漢代的四靈瓦當、漢代的四靈獸青銅鏡、陝西茂陵的西漢獸面四靈紋青玉鋪首、上海博物館的東漢長宜子孫玉勝。在兩漢至南北朝時期的畫像磚、畫像石上，也可以找到與四靈相關的圖像，也都有獨立件的立體四靈獸玉雕。但上以所舉的例證中，只有上海博物館的東漢長宜子孫玉勝為四靈合體的立體雕件，其餘的四靈文物不是

浮雕的作品，就是繪畫式及陰刻式的作品。並且都是磚、瓦、漆器、青銅等較不及玉珍貴的材質。雖然在構件上，本件玉雕只有三靈，不足四靈，但本件玉雕集合青龍、鳳鳥及朱雀三者於一件玉雕之上，也實在很難得。本件朱雀踏龍鬥鳳圓雕，雕琢精緻細膩，構圖優雅，造型很少見。

　　從四靈的文化含義上來看，自遠古時期，四靈便被人們作爲神靈類的動物加以崇拜，四靈是泛神論、萬物有靈、圖騰崇拜的表現。古人認爲四靈是祥瑞，威猛的象徵，信仰崇拜四靈，得之必能保祐。四靈也對應著天上的星辰，是古代天文觀念的展現，對應著神秘的天人合一之學說。隨著道教的興起，四靈也被順勢地吸納入道教中，成爲鎮守山門、方位的道教看山神獸。本件玉雕正反映出兩漢時期，在人們的日常生活中，所瀰漫出的那股濃濃的道教神仙長生思想。漢代的貴族們將朱雀踏龍鬥鳳玉雕置於几案之上，配以博山爐所釋放出的縷縷輕煙，藉以達到追神求仙的心靈慰藉。

編號2：西晉十二生肖——鼠俑

規格：長1.8×寬1.9×高2.85公分
質地：淺黃色和闐玉

　　從造型上來看，本件西晉十二生肖鼠俑，長1.8，寬1.9，高2.85公分。鼠首人身俑著窄領中寬袖長袍，長袍的衣裳下垂至足，雙手拱於胸前。從造型中映射出隋唐時期獸首人身十二生肖俑的造型於西晉時期已初現端倪。在十二生肖的文物中，本件西晉十二生肖鼠俑是目前最早的一件玉雕作品，相當珍貴。

　　從工藝上來看，衣袖的皺摺紋刻劃細膩寫實，袍底也仔細地刻劃出三層的內裏。長袍的左右側開衩，露出雙足，衣著仿漢代文官的服飾。

　　從材質與色澤上來看，淺黃色和闐玉，色澤均衡，無裂紋。在青、赤、黃、白、黑五色中，黃色位居正中央，黃色為吉色。

　　從使用的功能上來看，這種大小不足3公分的迷你尺寸玉雕，多數出現在東漢至六朝時期。功能上，鼠俑的用途應該與六朝繫臂小避邪獸的用途一樣。依據孫機先生的研究指出，尺寸介於1公分至3.5公分之間的六朝

繫臂小避邪獸是一種簡化的小避邪，小避邪搭配陰陽五行五色使用，是宗教使用性質的迷信物品。平時佩帶小避邪作爲避邪除凶的用途，爲生者祈求平安。

　　從創作年代的背景上來看，鼠俑的出現與使用與此期道教十二生肖信仰的習俗有關。東漢時期讖緯學說更加盛行，陰陽五行，仙道混雜，人們對祥瑞災異的認識發生了根本性的轉變，認爲神鬼天象不是神祕不可測，每個人都可以通過祈禳之術趨利避害，這就直接導致了祥符文化的產生。祥符、壓勝、避邪、十二生肖、星座、鉛人、買地卷、解注瓶等佩飾及物品就是這種文化的物化形式和直觀表達。此期快速，又大量地產生許多的小型獸、司南佩、雙卯、翁仲、避邪、方勝、珠、管、壺、耳璫等集寓意性與功利性於一體的小件佩飾。本件十二生肖鼠俑就是在這種年代的背景下所產生出的產物。

　　從十二生肖的發展史上來看，十二生肖是古代占星家用來記星象、記年、記日的一種方式，是隨著古代占星術的發展應運而生。它同時也被用來表示人的生歲，也是人們用來「壓勝」「避邪」的鎮墓明器。隨著時代的不同，十二生肖俑的形態也發生著變化。十二生肖的起源應不晚於西周時期，到漢代時期，已形成了完整的十二生肖配屬。從南北朝時期獨立的生肖動物形態，到隋、初唐時期的坐姿俑，至唐代的站姿俑，而後再演變成點綴於人像不同部位的生肖俑，最後生肖動物消失。生肖俑有著從動物原形到人身獸首，再到以人俑持抱著生肖的造型。這種由獸逐漸演變成人獸同體的演變軌跡，體現出「人氣」化在逐漸加強。

　　從文明的發展史上來看，在人類的文明史上，各文明都存在著動物的崇拜階段。大致上都有動物崇拜到人獸同體，直至神人同形的發展歷程。雖然生肖俑的出現較晚，但同樣有著這一發展的規律。作爲藝術品和象徵物的子鼠神，在漫長的歷史發展中，經歷了從寫實、鼠首人身，到象徵形態三個發展演變階段。

　　從藝術的表現上來看，本件鼠俑爲鼠首人身站立式的姿態，鼠俑抬頭平視，雙耳斜立，凸眼圓睜，精神抖擻有神。身軀不足3公分，上小下大，形成三角形的短圓錐體，重心落於下半身，是兩晉雕塑藝術造型的重要特徵。鼠俑具備武衛儀仗俑的儀態，是一件象徵與用途兼具的優秀作品。

編號3：盛唐時期平雕八瓣寶相蓮花迦陵頻伽四角柱立體跪坐
力士舍利寶函

規格：全高4.5×寬4.7公分
寶函：寬3.7　寶函高：4.2　寶蓋厚：1.3公分
質地：和闐青白玉

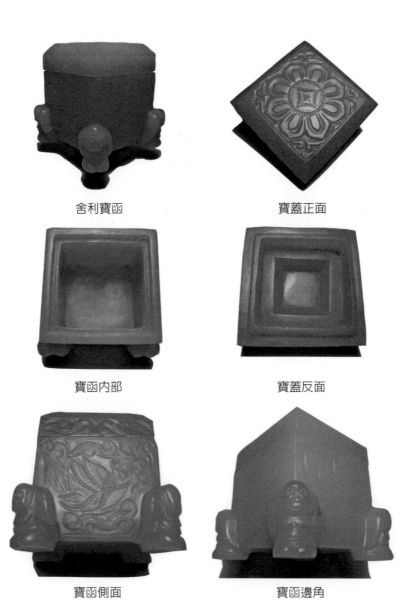

舍利寶函　　　　　　　　寶蓋正面

寶函內部　　　　　　　　寶蓋反面

寶函側面　　　　　　　　寶函邊角

　　從寶蓋的造型上來看，寶蓋的正中央為兩葉片式的八瓣寶相蓮花紋。蓮心為正圓形，正圓形內再套以弧邊的四角形。弧邊四角形內為八條對外放射的太陽紋。寶蓋為盝頂式。盝頂的四個斜坡與四個邊側皆有邊框，邊框內有兩朵卷草式雲紋以烘托位於天際正中央的蓮花紋。卷草式雲紋共有十六朵。寶蓋的內部為內凹二層式的臺階。內層的臺階為盝頂式，外層的臺階為直壁式。寶蓋內部的口沿有一個突起約0.2公分的邊沿以扣合寶蓋與寶函，使蓋與函更加的密合。寶函內部的地子與內牆均琢磨平整有序。

　　從寶函的造型上來看，寶函的四個邊側有邊框。邊框內雕琢迦陵頻伽紋。迦陵頻伽頭戴冠，作三分之一側視，雙手曲折至胸前，臂上戴手鐲及臂釧。迦陵頻伽有人身五個葉片式的鳳尾，不露腳，羽翼及鳳尾上陰刻細密的平行線，作側身飛翔於天際狀。側飛的迦陵頻伽之四週滿地裝飾五至七朵的卷草式雲紋，表示迦陵頻伽正飛翔於天際之中。四個迦陵頻伽的手中分別持琵琶、拍板等樂器。全器最特殊的是寶函的四角柱造型。四角柱的造型為四個立體跪坐的力士，以手托架舍利寶函的造型。力士額頭上陰刻髮紋，有大的圓凸眼，三角形大鼻，闊嘴，雙下巴，大耳及法令紋。力士祖胸露乳，雙乳下垂，大肚翩翩，雙膝靠攏跪坐，表情憨厚。在唐代的玉器中，本件舍利函將平雕與立體圓雕結合為一體，是目前唯一的一件孤品。

　　從工藝上來看，舍利寶函的寶蓋與寶函是以和闐玉雕琢，裁切成寶蓋與寶函兩個部件，再組合成套。舍利寶函結合平雕、壓地、陰線刻的技法作滿地裝飾，四個力士為立體圓雕。

　　從力士的造型上來看，明顯地，力士與漢代跪形熊足有繼承與演變上的關係。唐代因為受佛教的影響，採用更有護法意涵的力士造型作為支撐寶函的四角柱。本件唐代力士托寶函的藝術造型開啟了宋代以力士托物造型的雛形。在造型、構圖與細部的刻劃上，宋代的力士比唐代的力士更加日新月異，大放異彩。如河南省鄭州市開元寺北宋塔地宮的石棺、河北固安縣于沿村塔基地宮的佛舍利櫃。

　　從佛教的藝術表現與含義上來看，寶函內部空間的設計概念與石窟內部空間的設計完全一致，代表佛正位居於函內部正中央的主體位置，是一個靈座的概念。這個特殊的空間與圖像被創造出來，以代表佛的存在，重構佛的視覺感，保留佛的形象，展示佛的崇高地位與頌揚佛的宗教精神與成就。無論在內部與外部的刻工上，舍利寶函均精雕細琢。寶蓋上的八瓣寶相蓮花紋，四個斜坡與四個邊側上的卷草式雲紋，寶函四壁上持器奏

樂的迦陵頻伽紋及寶函四角柱上的力士托舍利寶函的造型，正是佛教淨土內蘊的深刻體現，是佛教淨土宗藝術史的一幅剪影。八瓣寶相蓮花紋代表佛本尊。蓮花紋正中央的圓形代表天。圓形的中央配著代表地的弧邊四角形。弧邊四角形的中央散發出代表太陽光芒的放射線。在此幅圖案中，太陽、大地、圓天與寶相蓮花紋環環套合，代表著中國傳統的天地宇宙觀已經與來自於印度的佛教融為一體。佛位於寶函內部的正中央（佛）。迦陵頻伽紋代表佛經（法）。力士代表護衛佛的眾信徒們（僧）。整體上，舍利寶函代表著佛教中的佛、法、僧三寶。

從舍利寶函的內涵上來看，我們可以從三個方面來探討。一、佛教本土化的演進史—佛教中國本土化的具體表現 —— 舍利瘞埋制度的變化及舍利寶函盝頂造型的採用。二、佛教宗派衍生的發展史—唐代淨土宗的建立。三、中國古代原始宗教 —— 巫術中鎮壓與埋壓的母題觀念。

一、佛教本土化的演進史 —— 佛教中國本土化的具體表現 —— 舍利瘞埋制度的變化及舍利寶函盝頂造型的採用

佛教認為舍利的形成，並非生理上的關係，也非食物結構的原因。只要虔誠信佛，終生修善，功德昭著，就會自然而然地結晶舍利。舍利是積累修行諸佛道法而成。在佛教中，舍利是一種至高無上的神聖物品。尤其是釋迦牟尼佛的生身舍利，更為佛教徒頂禮膜拜，猶如佛即在此。為了表示對佛的虔誠和信仰，信徒們爭相尋覓，供奉舍利。瘞埋舍利便成為佛教最重大的活動。專門為保存或埋葬「舍利」的建築物「塔」便應運而生。整體上，舍利的瘞埋本土化演進分三個方面 —— 舍利的瘞埋方式、瘞埋舍利的葬具及隨舍利瘞埋的供養品。舍利的瘞埋方式主要是指塔內有沒有安放舍利的宮室，塔內的空間位置及形制規格。瘞埋舍利的葬具，指存放舍利的函瓶（缽、罐）及函棺、函塔等器具。隨舍利瘞埋的供養品，就是隨同舍利瘞埋的各類物品。

舍利的瘞埋傳入中國以後與中國傳統文化相結合，經歷了依附、適應、融合、滲透的發展變化過程。使舍利的瘞埋方式、舍利葬具和隨同舍利瘞埋的供養品都發生了很大的變化。北魏、隋時期，尚未形成地宮，舍利石函直接埋入地下。或者用磚石在舍利周圍構築簡陋的墓室狀建築。瘞埋舍利的葬具為函瓶（缽），一般質地為石、銅、琉璃。隨舍利瘞埋的供

養品以金銀飾物和珠寶爲主。到唐代，塔基下出現了仿中國墓室的地宮。瘞埋舍利的葬具有銀質葬具、中國式棺槨及包裹舍利葬具的絲織護帛。隨舍利瘞埋的供養品更加擴大，有金、銀、銅、瓷、琉璃、陶等各種質地的生活用具、供養器及法器。

　　至宋遼以後，舍利宮室的形制結構簡陋。並且在塔內的空間位置也發生了變化。除了舍利地宮外，還出現了舍利天宮及舍利天宮與地宮。改用幢作爲安置舍利的葬具。隨舍利瘞埋的供養品中，開始出現佛像、佛經和塔模。佛教要在中國存在和發展，就必須與中國傳統文化融合，以適應中國民族的思維方式和風俗習慣。唐代以後，佛教吸收了中國的傳統文化，適時地進行自身的改造，舍利瘞埋制度的變化就是佛教中國本土化的具體表現。舍利寶函盝頂造型的採用也是另一種佛教中國本土化的重要具體表現。舍利寶函盝頂造型的採用與中國傳統的覆斗造型習習相關。中國傳統的覆斗造型常見使用於祭壇、帝王陵寢封土、墓室窟頂、石窟內室、宮廷建築、大祠堂、廟宇的藻井、墓誌銘、盝頂寶函等。覆斗造型的源頭可往上追溯至紅山文化與良渚文化的壇狀式祭壇。在中國的歷史上，覆斗造型的使用長達六千年的悠久歷史。盝頂寶函（覆斗造型）就是中國人宇宙觀的縮小版。盝頂寶函代表了天上與人間。這一點也正說明了，爲什麼中國人數千年以來持續不斷地採用盝頂造型的重要性。舍利寶函盝頂造型是佛教中國本土化另一個具體而微的表徵。

┃　二、佛教宗派衍生發展史——唐代淨土宗的建立

　　就中國佛教的發展史來說，唐代是佛教宗教派別衍生發展的高峰期。在唐代佛教中的華嚴、天臺、密宗、禪宗、唯識宗等眾多的宗派相繼衍生。這也是佛教本土化的另一種重要的表徵。善導大師（西元六一三～六八一）也於此時創始了淨土宗，亦稱爲蓮宗。淨土宗講習，奉行的主要經典爲《無量壽經》、《觀無量壽佛經》、《阿彌陀經》，稱爲淨土三大部。這一宗派認爲靠個人的力量企圖解脫現實世界的苦難是不可能的，必須依靠佛力的接引援救，才能離開污穢的現實世界，往生西方淨土。淨土宗用念佛名作爲宗教修行的主要方法。每天念佛萬聲以至十萬聲，長期養成習慣，死後即可得到佛的接引，送往西方的安樂淨土。由於修行簡易，不需要理論，甚至不必識字，只要會念「阿彌陀佛」名號，人人即可得到

解脫，故而在社會上極爲容易流行。隨著時代的遷移，愈爲後代人所奉行，淨土宗是影響中國佛教民間信仰最爲深遠的宗門。筆者認爲，舍利寶函的整體構圖呈現出唐代淨土宗的信仰。蓮花紋、迦陵頻伽紋及力士造像都是代表淨土宗，是淨土宗常使用的紋飾。迦陵頻伽是梵語音譯，漢語譯作妙音鳥，是喜馬拉雅山中的一種鳥，能發妙音。佛教利用迦陵頻伽來宣傳其教義，作爲佛教「極樂世界」之鳥，被描繪成人身鳥形。在此，神話和原始宗教賦予迦陵頻伽的是超人的意志和非凡的神力，有其獨特的審美價值。依《佛說阿彌陀經》記載：「彼國常有種種奇妙雜色之鳥：白鶴、孔雀、鸚鵡、舍利、迦陵頻伽、共命之鳥。是諸眾鳥，晝夜六時，出和雅音。其音演暢五根、五力、七菩提分、八聖道分，如是等法。其土眾生，聞是音已，皆悉念佛、念法、念僧。迦陵頻伽梵文Kalavinka。在佛經裏，迦陵頻伽的作用就是用其美妙的音色來供養佛，愉悅佛。其微妙悅耳之聲，以天籟梵音演說無上妙法，使眾人聽到它的聲音，即可出離苦難，焦躁，煩憂，熱腦。得到自在，清涼，從容，安祥，心生念佛，念法，念僧之心。這些都是阿彌陀佛爲了教化眾生，令法音宣流變化所衍生出，進而達到宣揚佛法的目的。

　　依據學者的研究顯示，迦陵頻伽紋應產生於初唐的末期。以往學者們的研究認爲，唐代的迦陵頻伽紋與唐代的鳳鳥紋有著非常密切的關係，是唐代早期固有的迦陵頻伽形象與花葉形鳳鳥尾相組合的產物，而此一新的造型形成於唐代中期。迦陵頻伽顯示了佛教與本土藝術鳳鳥的相互結合。這也是佛教藝術本土化的另一種表徵。一般迦陵頻伽造像的設計作迦陵頻伽手臂上佩帶手鐲與臂釧，手中持握琵琶、洞簫、三弦、嗩吶、笙、琴、拍板等樂器，或捧著文房四寶、花果等供物。本件迦陵頻伽附帶唐代仕女的髮式與手鐲及臂釧佩飾。手中持握琵琶及拍板等樂器。這樣的藝術造型使得迦陵頻伽由飛禽的造型，發展成更加趨向於天女的形象。因此而顯得更加迷人，使人覺得更加親切。迦陵頻伽使用唐代仕女的髮式、佩飾及樂器。筆者認爲，迦陵頻伽除了象徵西方的極樂淨土世界外，採用迦陵頻伽造像的最大目的是將佛教中抽象的觀念（佛經）具體化的表現方式。迦陵頻伽紋是天籟梵音的形象化與具體化。藉由迦陵頻伽紋的採用，具體地讓千萬的佛教信徒們，藉由迦陵頻伽的圖像感受到佛經天籟妙音的真實存在性。迦陵頻伽紋是阿彌陀佛爲了教化眾生，令法音宣流變化所衍生出的圖像化紋飾。因唐代淨土宗的創立，而使得迦陵頻伽紋產生及普及。並且爲宋、遼、金與西夏所繼承，使用的範圍更進一步擴大至建築的構件上。如西夏石雕人首鳥身的迦陵頻伽。西夏王陵出土的迦陵頻伽是作爲建築的構

件使用。更有學者針對此一建築構件的藝術表現拋出了西夏人的精神認同、本土製造的理論。這些學者認爲迦陵頻伽是佛和西方淨土的象徵，西夏人把這種神鳥的形像用於王陵其目的是爲了昭告世人，安葬在這裏的皇帝就是大夏的佛。這種象徵意義的出現是阿彌陀佛淨土信仰在河西地區傳播的結果。

▎三、中國古代原始宗教──巫術中鎭壓與埋壓的母題觀念

依據王政先生的研究指出，古代器物四角或四方壓負於人身或者獸體的藝術設計表現是包含著原始宗教觀念的一種母題性顯現，它與上古社會一直傳承流衍的鎭壓、埋壓等巫術內涵有關。在古代的巫術文化中，鎭壓、埋壓是消除邪惡與災殃的一大法寶。古人在建造房屋時，會於屋宅的四角各埋入四個牲品，以鎭壓邪惡與災殃。已經發現瘞埋的牲品有大石、人及牲畜。這些扛負神器的人、獸可以作爲人獸扛負禮樂、祭器造型的背景。扛負神器的人、獸可以理解作爲奉獻於該器的犧牲品。古代鎭壓之術十分流行。在出土的古代器物中，四角或四方設計有壓負於人身或者獸體的器物已發現許多件。這些器物自史前時代一路發展，並且延續至封建時代。它們皆出土自王、侯級的大型墓葬之中。

經由本件力士手托舍利寶函的造型，我們可以推演出，隨著時間逐漸往後推移，古代原始宗教巫術中鎭壓、埋壓法術也爲道教所繼承。在唐代，人獸扛負禮樂、祭器的造型與佛教的器物相結合，產生互融互通。本件器物的四柱角以象徵性的力士偶像取代了巫術中實際的犧牲品。以佛教中的金剛力士取代了孔武有力的漢代熊形足造型，創造出更具有佛教意識形態的力士托舍利寶函的造型。力士肩扛器物，手臂下垂，表情憨厚，大肚翩翩，作跪姿等樣貌特徵，都明顯地與漢代跪式熊足有繼承與演變上的關係。在佛教的經典中記載，金剛力士，在佛教中叫那羅延（Nry-ana），是具有大力之印度古神，又作那羅延天，意譯爲堅固力士、金剛力士。在中國古代的傳說中，力士是守護四極的天神，女媧補天後，天地爲了不讓四極折斷，派了四名金剛力士守衛，世稱「四大金剛」。四大金剛每個凶神惡煞，每個長三十丈，力大無窮，一切妖魔鬼怪都怕它，所以才把天給保住了。四角柱力士托舍利寶函造型的設計便意謂著長久以來道教中巫術的信仰已爲佛教做好意識形態及藝術造型的充分準備。中國古代

的傳說中，力士是守護四極之神。四個角被刻意設計成力士依附在舍利寶函的四角柱上，不僅僅對東、西、南、北四方的正面有了鎮壓的威勢，同時也對東南、西南、東北、西北四方有了鎮壓的力量。可見，舍利寶函力士托四角柱造型的設計原型，可往上溯源自最原始的宗教需求。寶函四角柱力士托舍利函的設計不僅造型優美高雅，其歷史與宗教性的內涵更為深遠。

從淨與靜、動與止、圓與方三個藝術韻味的表達上來看，這件舍利寶函用純淨的新疆和闐玉雕琢，藝術韻味既「淨」又「靜」。新疆和闐玉的使用目的是以玉的純淨潔白對比潔淨無暇意念的絕佳材質。這個「淨」的意念與意義與淨土宗修西方淨土的教義相同。「淨」屬佛學中戒、定、慧三學的「戒」學。修行者觀往事，以自戒，修來世，超脫生死輪迴。這時的人就從生界到達天界，把一顆淨化的心與整個生命界，直至宇宙融為一體，人性與佛性融會貫通，進入深沉寥廓和寧靜高遠的宇宙境界。這時無我變成有我，感情與理想之我。潔淨的舍利寶函是浪漫主義與理想的化身，它也是佛義之所在。

從「動」又「止」的含義上來看，寶蓋上的八瓣寶相蓮花紋與寶函四壁上的迦陵頻伽紋分別象徵著天界與大地的四方。蓮花代表靜態，迦陵頻伽代表動態，這個「動」與「止」之間代表了天的循環往復動力，既「動」又「止」。地的恒常靜態又更進一步代表了天界的寧靜祥和美滿，生界的庸庸自擾，萬丈深淵。

這個含「天」也蓋「地」、既「圓」也「方」的意象，表現在八瓣寶相蓮花紋象徵著圓形的天界。並且在圓形天界的四角簇擁有卷草式雲紋以強化天界的意象。寶蓋上的四個斜坡與四個邊側亦裝飾著象徵天界的唐卷草式雲紋。上海博物館的唐代雲龍紋玉飾與臺北故宮博物院的北宋真宗禪地玉匱，都是正中央裝飾著卷龍紋，四角輔助以卷草式的雲紋，四個斜坡上亦裝飾著兩組相對的飛鳳紋及兩組相對的卷草式雲紋。可見這樣的紋飾安排等級之高，非帝王乃至佛陀莫屬。寶函上的四壁正代表著人間的東、西、南、北四個「方」位。這個方形的人間中，由四個迦陵頻伽分別手持琵琶、拍板等樂器，飛翔於天際，以其優揚的天籟美音，深切地呼喚著四方的信眾，藉由樂器具體地讓千萬佛教的眾信徒們，感受到佛經之天籟妙音。側飛的迦陵頻伽的四周也輔助以五至七朵的卷草式雲紋，以強化其進入天界的意象，引導佛教信徒們進入西方的淨土世界。這個「圓」也「方」的意象也表現在整個舍利寶函的形式上。舍利寶函就是中國人天地宇宙觀的縮小版本。舍利寶函的四壁東、西、南、北（四面）及四個力士

所代表的四方又與中央的蓮花構圖作完整的結合。這一點也與中國傳統的五行思想不謀而合。舍利寶函的東、西、南、北、四面、八方與中央正代表了中國人整個的宇宙觀。

舍利寶函的盝頂造型與構圖與中國傳統墓室的室頂、石窟的窟頂與佛教造像的構圖亦大致相同。只是在舍利寶函的構圖上，以蓮花圖像取代了墓室窟頂的星象圖案。寶函四壁上的迦陵頻伽紋取代了墓室四側牆面上，代表四個方位的青龍、白虎、朱雀、玄武四靈圖案。在傳統佛教造像的構圖上，常見蓮花背光與飛揚其上無數的伎樂天，主尊像結跏趺坐於正中央，左右兩旁協侍有弟子、菩薩、金剛、力士，前方置有一博山爐，左右兩旁有護法的護法獅。然而，在舍利寶函的構圖上，蓮花已被上提至寶蓋的正中央。象徵淨土的迦陵頻伽紋取代了伎樂天，被安排於舍利寶函的四壁之上。力士也被移位至四柱角，守護著宇宙的四極。本件舍利函是唐代唯一的一件以立體力士拖舍利寶函的造型。最重要的是，在此主尊神像卻消失不見了，主尊神像在此已經被轉換爲舍利子，舍利子代表最聖潔的佛祖生身，位於宇宙的正中央，與宇宙天地合爲一體，是佛教極樂天國的最佳寫照。

從寶蓋上的八瓣寶相蓮花紋與敦煌石窟壁畫、彩塑以及建築上的裝飾紋樣，特別是藻井圖案的比較上來看，八瓣寶相蓮花紋出現於藻井中心的時間爲唐代中期。藻井構圖的圖案中，寶相蓮花紋與迦陵頻伽紋共同使用的時間也出現在唐代中期。因此，此件舍利寶函的製作年代應該爲唐代中期。

從舍利函的使用方式上來看，舍利函一般都經過多重，重疊套裝後，再進行瘞埋。層數由兩層至最多八層不等，層數的多寡應該與時間前後的演變有絕對的關係。多重疊套的目的，無非是爲了對其中的舍利子提供更進一層的保護，以避免因瘞埋後，被滲透進來的土壤、水份及其他雜質所破壞。直接裝載舍利子的最裏層舍利寶函通常選用最珍貴及耐腐蝕性最佳的材料，如玻璃，黃金，和闐玉等。第二層則經常選用銀質材料。因此，我們也就經常聽到金棺、銀槨這個稱謂。以玻璃裝置舍利子爲源自印度之傳統瘞埋方式。

在中國，依據材質的珍貴性來排列優劣順序，則要數和闐玉名列第一，黃金第二，玻璃則排名末座。這一現象也是中國人對於材質優劣價值觀念的反映。目前所發現的舍利寶函中，多數爲金銀質。陝西扶風法門市寺有一件水晶槨，其中裝入另一件體積較小的和闐玉棺，小的和闐玉棺內藏有釋迦牟尼佛的手指舍利。由此可見和闐玉棺的珍貴性。以此推測，本

件有著平雕八瓣寶相蓮花紋、迦陵頻伽紋及四角柱力士造型的舍利寶函所使用對象的地位應該非常的崇高。和闐舍利寶函既然代表著淨土宗、西方淨土的象徵，寶函所守護的本尊，也應該很有可能是唐代淨土宗大師的舍利靈骨。總之，從這一個小小的和闐舍利寶函中，我們可以深刻地了解到佛教本土化具體而又深入的內涵。無論是在中國佛教本土化的演進史上、佛教宗派的衍生發展史上，或者是中國古代原始宗教──巫術中鎮壓與埋壓的母題觀念上，它都具有不可限量的內涵與價值。

編號4：唐代子母獸（太獅少獅）玉雕

規格：寬5.15×高4.1×厚2.35公分
質地：和闐白玉

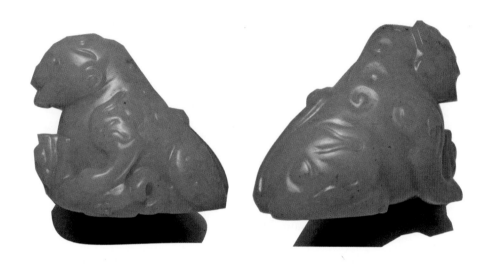

　　從工藝上來看，除了大獅與小獅的頭部、身軀、四肢及尾巴為圓雕外，其餘身軀上的細部紋飾都是壓地及陰線刻的工藝。以壓地技法表現重要的部位，並以陰線刻表現細部的紋飾是唐代玉雕最富有特色及使用最廣的一種琢玉慣用手法。

　　從紋飾的比較上來看，眉尾、耳朵頂部、下額、肘部、鬃毛等部位全部使用壓地式卷雲紋。大量使用卷雲紋的特點也是唐宋玉雕特有的風格。出土的唐代玉雕鷹首及龍首的眉尾及頸背的鬃毛也都作卷雲紋式。頸背上六朵對稱式卷雲紋鬃毛的構圖是源自於南朝的避邪石獸。六朵對稱式卷雲紋的鬃毛是唐代石獅經常採用的裝飾風格。上舉於背上作卷雲式彎曲的尾巴也是唐代動物尾巴常見的處理方式。這一特點宋、元兩代都繼承了不少。在雲紋的運用上，雲紋與佛教的關係密切，很多佛門事物均與雲相涉。如雲衲、雲缽、雲封寺、雲齋等。火焰紋為裝飾神獸四肢的紋飾以表

現神獸的神聖與莊嚴性。嘴角邊的兩個半月形陰刻及腳掌的單個半月形陰刻也都被宋代的玉雕所繼承。大獅的嘴部平齊具有很強的棱角感，四肢筋骨剛勁有力，表現出唐代動物剛毅，健壯的風格。

從本件子母獸玉雕與南北朝、唐代鎮墓獸的比較上來看，南朝時，避邪石獸開始出現大獸一腳微抬踏於小獸身上之造型，唐代大獅腳踏小獅的造型是繼承自南朝避邪石獸的造型。本件子母獸與唐代的鎮墓獸一樣，尾部上舉於背部，採蹲坐姿勢，頸背的鬃毛也都是作卷雲狀。本件唐代子母獸玉雕的造型是後世宋、元、明、清太獅少獅雕塑造型的源頭。功能上，大獅腳踏小獅的姿態是唐代人物雕塑中常見的姿態，表現出其鎮守，保護等威儀的性質。金剛、力士、天王及鎮墓獸足踏牛、小鬼、怪獸、崑崙奴的雕塑都是具有鎮墓保護性質的雕塑。

從子母獸的造型上來看，東漢時期已經有了以子母獸作為藝術造型的主題。如東漢的綠松石子母鴿、子母陶熊、唐代邢窯的白釉子母獅。本件大獅與小獅是唐代子母獸造型的玉雕文物。

從藝術的表現上來看，外型上，側面三角形的動物造形是唐代鎮墓獸與坐姿石獅特有的造型。本件子母獸正是三角形蹲坐護法獅的造形。子母獸相對相望的構圖是源自於波斯薩珊王朝雙獸對嘴的藝術表現風格，也是唐代慣於採用的藝術表現手法。

從佛教的發展史上來看，佛教發展至唐代，由於佛教藝術的興盛，使得佛教藝術與玉器的工藝相互結合，出現了玉棺、舍利罐、舍利函、塔、佛像、飛天等佛教用玉。本件玉雕獅頭的頂部有一個0.5公分微斜的大圓孔，孔洞深達2.6公分。筆者推測，此孔洞應該是作為插香之孔，本件子母獸應該是一件焚香供佛的用具，是唐代佛教與玉雕工藝相互結合的新創佛教禮拜用具。同唐代的鎮墓獸一樣，子母獸玉雕原本應該是一對，置於佛像前方的左右兩側，是具有護法性質的香座。獅子是外來的紋飾，在西方代表王權力量，在宗教上是守護神的象徵。這種蹲坐獅子的形象具備超自然的力量，具有吉祥的宗教含義，與金剛、力士在功能與含義上並無區別，主要的功能是聽法、護法，以拱衛脅侍的性質為主，彰顯佛法之偉大。

編號5：唐代寶珠頂蓋塔式舍利罐

規格：直徑長2.35×高4.7×圈足1.7公分
質地：和闐白玉

　　從舍利罐的發展史上來看，舍利罐是盛裝佛陀遺骨、高僧焚燒遺骨的舍利容器。在古印度，舍利容器的質地有陶、滑石、水晶、凍石、片岩等，這些材質是外層的容器。而金、銀、銅、玻璃等質地的舍利容器大部分都是作爲安置舍利的內層容器。舍利容器的造型有覆缽塔、球形罐、扁平盒子、及圓筒狀的舍利容器，這些舍利容器是古代印度舍利容器的主流型式。中國的舍利容器則有金棺、銀槨、琉璃瓶、水晶棺槨、鎏金銅匣、舍利塔、玉舍利塔、玉函、石函。除了沿用來自於印度的材質外，中國玉匠又加入了最爲珍貴的和闐玉材質，又將舍利容器的外型加以改造，融入具有本土化的金棺、銀槨造型。當時的人們認爲必須以最珍貴的材質作爲內層容器才能安置尊貴的靈骨。以多層的舍利容器及珍貴的材質來保護靈骨完整無瑕的目的亦反映出當時的人們對於材質的優劣觀及對於佛骨至高無上的尊崇觀。中國人一般以石質作爲最外層的容器，接下來的順序依序

爲鐵、銅、銀、金、水晶、玉。在材質優劣層級的安排上，顯現出人們對佛骨至高至尙，至聖至尊的推崇。依據宿白、楊泓的研究，隋唐佛教舍利容器的變化概貌分爲三個階段：第一階段，隋至唐初中國式的盝頂方函。第二階段，唐高宗歐慶五年至龍朔二年中國式的金棺、銀槨舍利容器。第三階段，唐宣宗以後新興的小型舍利塔。

　　從造型上來看，本件舍利罐爲寶珠頂蓋，翻沿唇口，短頸，平折肩，腹的下部漸收，喇叭形圈足，內凹底，薄胎，和闐白玉，掏膛精良。舍利罐爲典型的唐代佛教塔式舍利罐。平折肩是唐代晚期以後罐的流行形式。因此，造型上，本件塔式舍利罐是唐代宣宗以後的珍貴佛教小型舍利罐。

　　從造型的比較上來看，造型上較接近的舍利罐有五件。一、遼寧朝陽北塔博物館的遼代瑪瑙舍利罐，高4.5公分，腹徑1.2公分。二、慶山寺的唐代玻璃青銅鍍金舍利瓶，高5.3公分。三及四、獨樂寺遼代的兩件水晶舍利罐，高2.7公分，腹徑2.8及2.6公分。五、武官營子石函中遼代的琉璃舍利罐，高6.2公分，腹徑2.1公分。以上五件舍利容器的年代有唐代，也有遼代，年代上接近，遼代的藝術又以承襲自唐代的藝術風格而聞名。五件舍利罐及瓶都是安置尊貴靈骨的佛教容器。五件舍利罐及瓶是珍貴的瑪瑙、琉璃、水晶材質。尺寸小都不超過6.2公分。在這樣一件小小的舍利罐上，人們見識到來自於印度的外來佛教，在中國的傳播過程中，爲了更進一步適應中國的意識形態、宗教思想與生活方式，無論在造型、材質以及瘞埋等方式上，都進行了重大的改變，出現了適合中國傳統習俗的新形式。在中國，寶珠最早出現在南朝梁的珠柱柱頭上。在佛教的信仰中，寶珠代表佛國淨土、七寶、轉輪聖王、光明等意義。寶珠是屬於淨土信仰的造像物。

編號6：唐代壽翁獻桃立體圓雕

規格：高7.15×寬2.6×厚2.1公分
質地：和闐青灰玉

　　從壽翁的主題上來看，壽星主要有兩種意義。一種是指星宿崇拜，即角、亢二宿，是二十八宿中東方七宿中的頭二宿，為列宿之長，代表長壽。另一種是指南極星，又稱南極老人星（南極仙翁）是道教中的神祇。道教認為南極仙翁會在某些時刻以降世的方式渡化眾人，帶來吉祥。有福、得祿和長壽等三個目標一直是中國道教信徒和普通民眾追求的共同理想。在夜空中，壽星是南極最亮的星，能持續不斷地發光，應了人壽長久、吉祥的願望，因此備受人們的歡迎。南宋以前，壽星造型的塑造是如意蓮花冠、鶴氅、牌子、玎當、白髮、白鬚、執圭。並且壽星必定搭配一根彎曲奇特的長拐杖。明清以後，民間常將福、祿、壽三星一起奉祀祭拜。福、祿、壽三星的典型形象為福星手中執如意，居中間的位置。祿星居右，作員外郎打扮，懷中抱一嬰孩。壽星在左，為白鬚老翁，額部隆

起，手中持杖，常以鹿、鶴、仙桃等襯托陪伴，以強化其長壽的象徵。

　　從造型上來看，本件壽翁直立，身軀微斜。紋飾上，壽翁大耳垂肩，眼睛刻劃出眼珠。滿頭白髮，滿臉鬍鬚，頭上戴多層葉片式如意蓮花冠帽。壽翁寬袖下垂，交領，繫腰帶，雙層的鶴氅長袍長及地。右手彎曲於胸前，手握一桃枝，左手往上彎舉，手捉握住桃枝的上端。桃子及葉片位於後腦。造型上，本件壽翁顯示出唐代壽翁頭戴如意蓮花冠，身著鶴氅，蓄白髮鬍鬚，持一根彎曲桃枝的藝術造型。

　　從工藝上來看，除了四個圓鑽孔及陰線刻外，其餘工藝均為減地、壓地工藝。特別是，眼睛刻劃出眼球，滿臉絡腮鬍的特徵都是唐代的玉雕特徵。這是一件目前存世最早有關於壽星形象的唐代壽翁獻桃玉雕，是一件唐代世俗化傾向的道教神祇玉雕作品，也是唯一的一件唐代壽翁玉雕。

　　從造型的比較上來看，江蘇無錫唐墓的玉道士紋佩、天津藝術博物館的玉道士紋鉈尾及《天玉居藏玉》中的唐白玉持扇仙人飾，以上三件玉器都是留存下來有關於道士、仙人造像的唐代道教玉雕。神仙、道士及壽翁皆代表著長壽及福祿，都是唐代新出現的道教玉雕主題。在這些例子之中，顯示出唐代已經初現隱含著福、祿、壽、吉祥三星的玉雕創作品。在中國玉雕世俗化的發展中，唐代壽翁獻桃玉雕的出現具有劃時代的意義，它開啟了宋、元、明、清玉雕作品中，同時集寓意與諧音於一件玉雕作品之上的形式 —— 福翁、桃杖及壽桃。本書編號7號的唐代人面犀身複合式玉佩也是一件唐代的道教玉雕作品。

編號7：唐代人面犀牛身複合式玉佩

規格：長3.85×寬2.15×厚1.25公分
質地：和闐白玉

　　從造型上來看，本件人面犀牛身是一件半圓雕的作品。在不作大幅度裁切玉材的原則下，依扁橢圓形籽玉的形狀，僅用壓地技法以凸顯出頭、身軀及四肢的重要部位，再配以輔助性陰刻線以表現動物身軀上的斑點。邊角圓弧，背部平坦沒有任何雕琢。

　　從藝術的表現上來看，瑞獸的姿態為靜態的臥睡狀態。臥睡的造型或許是仿傚佛的臥姿。籽玉的厚度由頭至尾逐漸下縮。額頭為最高點，尾及腿部為最低點。這樣的構圖設計似乎是針對觀看的角度而刻意設計。瑞獸的肌肉結實豐滿，骨格剛勁，散發出濃厚的唐代平雕式工藝風格。人面犀牛身的複合式造型及大耳的藝術表現方式更透露出在宗教上的使用功能與神祕性。在佛教的造像中，經常出現大耳的藝術表現方式，大耳的特徵是作為佛聆聽天地上下訊息之用。

　　從犀牛的主題紋飾上來看，犀牛在中國的文化史上，佔據著非常重要之地位。從史前時期開始，中國人便對犀牛產生崇拜。商周時期就有青銅鑄造的犀牛。戰國有犀製的護身甲冑。唐高祖李淵陵前有一對巨型鎮墓的獨角犀牛石雕。古人認為犀牛是一種靈異的獸，可以避邪、鎮凶、保平安、抗水。犀牛是靈界溝通的神器，是解毒退燒的中藥，更是人與人之間

的默契。道家認爲佩帶犀牛角有看見鬼神的功效。犀牛角所做成的通天號角可以調遣天兵天將，是擁有非常強大能量的法器。筆者認爲，在唐代，犀牛的古老傳統文化信仰與道教文化產生相互結合的現象。在唐代，歷經千年繁衍流傳下來犀牛固有的鎮墓、避邪、陆凶等傳統文化信仰，便與此時發展已達頂峰，教理、道典、儀軌，典章制度都已齊全的道教文化相互結合，犀牛的形象也被製作成具有濃烈道教避邪、鎮凶、護平安等作用的隨身佩戴物。人面犀身玉雕是犀牛固有傳統與道教兩者相結合的產物。當時，可能只在上層統治階層中使用。目前未見任何相關的出土報告。在唐代的佛教信仰中，已經衍生出飛天、摩竭魚及迦陵頻迦等佛教的玉佩飾。筆者認爲，在唐代的道教信仰中，也已經產生相關的道教玉器。如本件唐代道教人面犀牛身複合式玉佩及唐代道教壽翁獻桃立體圓雕。筆者推測，應該還有一些未被發現的唐代道教玉器。這種現象也是道教觀念及道教圖像藝術在本土喪葬文化的滲透及世俗化的具體展現。道教中，銅鏡及犀牛角的使用是魏晉時期劾鬼術由秦漢時期以語言文字爲主的方術，進一步發展爲以圖像視覺爲主要手段的一種顯現。銅鏡的使用與視鬼術有關。犀牛角的使用是見鬼藥的一種。人面犀身的特殊臥睡姿狀態也有特殊的意義。根據出土的睡虎地秦簡（日書）甲種的（詰篇）中記載，屈臥、箕坐、連行及跨立等姿勢都是鬼神所厭惡的幾種姿勢體態。因此，臥睡的姿勢絕對也具有驅邪趨吉的功能。因爲目前只有這一件，尚未能進入人們的視野之中，也未能引起人們的重視。也尚未有人針對此一領域作深入性的研究。這件玉雕呈現出一段有關大唐道教盛況的往事，一段塵封許久，已經不爲世人所知悉的道教往事。

編號8：五代善財童子玉佩

規格：高5.3×寬2.5×厚0.75公分
質地：和闐白玉

　　從造型上來看，本件五代散財童子為和闐白玉片狀式圓雕。童子大鼻，小嘴，大耳，刻劃出眼珠。身著窄袖寬衣，手腕刻纏臂金，衣服上裝飾著米字紋及卷雲紋。童子頭側擺，呈現出正面三分之一的側面角度。頭向下斜視張望，雙手又於腰間，身體右彎，站立在漂浮的如意雲彩之上，衣衫隨風搖曳。善財童子的姿態具有唐代金剛力士之威儀。

　　從紋飾上來看，童子採用了高達六種的紋飾：網格紋、長斜線紋、弧線紋、米字紋、平行斜線紋、卷雲紋。

　　從工藝上來看，本件童子結合了圓雕、透雕及陰線刻的工藝。玉佩上有二十四個穿孔，穿孔繁複。

　　從童子與飛天造型的比較上來看，本件五代善財童子與杭州雷峰塔

五代玉善財童子立像的造型完全相同。造型上，兩件童子又與唐代玉飛天的構造相同，都是片狀的透雕人物，加輔助性雲紋的裝飾。但飛天作橫躺式，底部以三朵雲紋作爲輔助性的裝飾。童子作站立姿勢，腳踏祥雲，祥雲由腳底部延伸至童子的左側身。童子與飛天的朵雲紋都是作爲輔助性的裝飾，表示人物正處於天際之中。但雷峰塔的童子高8.6公分比本件童子玉佩大。本件童子雲下無榫，也沒有方形的底座。在使用的性質上，雷峰塔童子與本件童子不同。

從藝術的表現上來看，技藝高超的唐代玉匠籍由將人物的身體右扭彎曲及眼睛刻劃出眼珠的方式，試圖表現出人物的氣韻動態與內在的精神。唐代工匠將中國古代傳統雲氣升天成仙的思想與外來的佛教信仰巧妙地結合。在唐代，雲氣紋扮演著許多重要的角色與功能。造像上，工匠使用了許多的雲氣紋，藉由雲氣來表現出人物的動態，表現人物飛行往返於眾香國，或表現人物站立於虛空、天界之上。藉由雲氣紋，使圖像中的世界充滿了賜福的氣氛，也加強了外側空間的莊嚴性。雲氣紋所表現的是天上的靈性與超現實性。

從玉雕的發展史上來看，將佛教的主題融入於玉雕作品之中，唐代算是佛教主題玉雕創作的早期階段。本件童子的形象也開創了後世童子譆戲玉雕的藝術主題。五代玉雕完全繼承了唐代的玉雕風格。五代善財童子玉佩的紋飾複雜，構圖細膩新穎，形象地表現了善財童子爲求正果，跋山涉水，遍訪名師的一段不尋常的經歷。本件五代善財童子是一件極爲珍貴的五代時期佛教玉雕作品。

編號9：遼代迦樓羅帽正玉雕

規格：高6×寬5.05×厚2.6公分
質地：和闐淺黃色玉

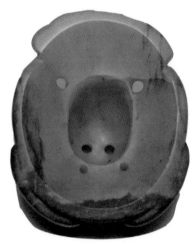

　　從迦樓羅的發展史上來看，本件迦樓羅中文的譯名爲金翅鳥或大鵬金翅鳥，迦樓羅是印度神話中主神毗濕奴的坐騎。印度的佛教吸收此鳥爲天龍八部之一，因此，迦樓羅的形象隨佛教而傳入東亞，在中亞和南西伯利亞受到藏傳佛教影響的地區也存在迦樓羅的神話。佛教認爲迦樓羅是護持佛的天龍八部之一的護法神，迦樓羅有種種的莊嚴寶相。迦樓羅也是觀世音的化身之一。在西藏密宗的體系中，迦樓羅是五方佛中北方羯摩不空成就佛的坐騎，人面鳥身寓意法王引導，攝受眾生。在藝術表現中，迦樓羅通常以半人、半鳥或全鳥的形象出現。本件遼代迦樓羅帽正玉雕是人首鳥身的形象。

　　從迦樓羅造型的比較上來看，俄國收藏的西夏文獻中有一幅白描金翅鳥王畫稿，金翅鳥帶冠人面鳥嘴人身。金翅鳥著圍腰短裙，開展羽翅，全身無毛羽，雙腳呈八字形的半蹲姿態。本件遼代迦樓羅與俄國金翅鳥的造

型近似。但本件遼代迦樓羅不是鳥嘴，也不是半蹲的姿態，而是空中飛翔的姿態。本件遼代迦樓羅鳥與故宮博物院迦樓羅的紋飾基本相同，但本件雕工更好，玉質色澤更佳，器型也更美。

從迦樓羅造型的演變上來看，在造型上，遼金時期的迦樓羅都是人首鳥身，並且頭在前身在後作飛翔的狀態。而元代迦樓羅為人面鳥嘴，身體看似人身，全身無毛羽，雙腳呈八字形半蹲的姿態。元代的迦樓羅應該是鳥的造型。本件迦樓羅帽正玉雕是遼代人首鳥身飛翔的形象。

從遼、金、元迦樓羅的構圖演變上來看，遼金時期的迦樓羅都是單體人首鳥身加飄帶的造型，構圖上較為簡單。但元代的迦樓羅，除了正中央為迦樓羅本尊外，肩上披彩帶，彩帶長垂至地，迦樓羅的四週更安置有雲朵紋作為輔助性的紋飾。在造型的源頭上，遼金的迦樓羅與元代的迦樓羅應該源自於兩個不同的佛教宗派信仰。

從遼、金、元、明迦樓羅的藝術表現上來看，遼金的迦樓羅為單體人首鳥身造型。構圖上較為簡單，但為動態的飛翔，藝術表現強調其頭部，頭部的比率明顯較大。迦樓羅戴箍形冠，束髮，有火焰式眉以凸顯其神威。為了更加突顯雙目的重要性，雙目透孔，再加裝上有顏色的眼珠。全身毛羽刻劃清晰，鳥身的特徵明顯。元代的迦樓羅較繁複，除了正中央為迦樓羅本尊外，還有彩帶及雲朵紋輔助性的紋飾。因為元代的迦樓羅是戰神，雙目圓凸窅炅有神，佩帶骷髏頭，手持武器，腳踏夜叉，威風凜凜。藝術的表現上，元代的迦樓羅強調全身，身上未刻劃毛羽，呈靜態狀，藉輔助性雲紋與彩帶來呈現動態的天國景象。明代以後的迦樓羅大多數完全為人形，背部有鳥翼。

從目前傳世遼代迦樓羅的紋飾、數量、材質、尺寸及刻工上來看，紋飾上，遼代的迦樓羅為人首，圓目珠，吊角眼，火焰式眉，蒜頭鼻，鳥嘴，平行陰線髮絲，箍形冠，束髮，招風大耳，佩環，正視，雙臂對稱彎曲於雙耳下方，伏臥狀，有鳥身和羽翅，孔雀式開屏尾，有鑲嵌孔。數量上，目前遼代迦樓羅共有十五件，很稀少，顯現其高貴的層級。迦樓羅的持有者應該有大小階級之分別，並且是特層階級才能擁有之宗教信仰物品。材質上，十五件的質地都是和闐玉，但質地有優劣之分。尺寸上，除了一件在尺寸上較大為擺件外，其餘全部為鑲嵌與佩帶件，尺寸介於3.5至6.6公分之間。刻工上，亦有優劣之分，優質者目前都收藏於各大博物館之中。比較之下，本件遼代迦樓羅帽正的造型、紋飾最優雅，刻工與玉質均佳，尺寸也算大。

從帽正與帽頂上的造像、功能及材質上來看，雖然本件迦樓羅是帽

正，不是帽頂。但帽正與帽頂的使用功能相同。帽頂有遼代陳國公主銀鎏金高翅冠上的帽頂及內蒙古烏蘭察布化德的元代金帽頂。由於契丹貴族對於道教的尊崇，遼代的帽頂裝飾著道教的元始天尊造像作爲帽頂，以表示佩戴者地位之崇高。同樣地，由於蒙古族對西藏密宗的倍極尊崇，元代的金帽頂採用迦樓羅造像。元代金帽頂，高4.1，口徑4.5公分，重41.1克。在元代的金帽頂上，迦樓羅被設計成中心的圖像，爲了凸顯迦樓羅的尊貴性，以四個型體較小的輔助性菩薩環繞迦樓羅，下層再拱托八大金剛形象及蓮瓣紋底。這樣的構圖安排可見主紋迦樓羅在西藏密宗中的重要性。北方的遊牧民族向來以金、銀材質爲貴，因此，金、銀材質的帽頂很尊貴是皇室的所有物。陳國公主的帽頂爲銀質，元代的帽頂迦樓羅造像爲金質。以此推測，雖然本件遼代迦樓羅不是帽頂，是縫綴在帽子前端的帽正。但同樣是帽子上的裝飾物，是更珍貴的和闐玉材質，帽正擁有者的身份等級應該很高。另外有一點需要說明的是內蒙古烏蘭察布化德的元代金帽頂定名爲迦陵頻迦造像，但其造像應該是迦樓羅才對。

　　從迦樓羅、大黑天神與大威德金剛三者的比較上來看，三者之中，有相同，也有差異。三者都是密宗所供奉的神祇，但三者之間的差異亦明顯可見。三者身上的裝飾與手中所持握的宗教器物不同，主神的顏色亦不同。造像上，迦樓羅與大黑天神較接近。三者在密宗信仰中相當重要，頻頻出現於過街塔、牌飾、泥金繪圖、鎏金造像、說法圖上，可見其重要的程度。大黑天神（迦樓羅）信仰流行的區域有印度、西藏、遼金、蒙古、西夏、雲南、印尼、泰國、日本。從其傳播與信仰地區可以看出大黑天神（迦樓羅）的信仰源自於印度，一路東傳流入中國北方地區的遊牧民族，如遼（契丹）、金（女眞）、元（蒙古）。另外一路南傳流入中國的西南地區，如西藏、西夏、雲南（大理國），以及東南亞國家印尼、泰國。最後再流傳入日本。遼、金與元蒙的大黑天神（迦樓羅）信仰應有各自不同的源頭，流傳的時間也不一樣。元蒙的大黑天神（迦樓羅）信仰直接源自西藏，流傳的時間較晚。由於蒙古人是驍勇善戰的遊牧民族，把大黑天當作軍神，特別崇拜他。迦樓羅由於流傳的時間長，源頭不一，因此功能很多，樣式繁複。針對此一圖像的宗教美術考古研究，目前仍舊處於相對薄弱的環結。因此，一時半載之間，還很難加以徹底釐清迦樓羅、大黑天神與大威德金剛三者間彼此相互之關係。迦樓羅玉雕鳥盛行於兩宋、遼金時期，是典型的兩宋、遼金玉器。遼代常以玉雕琢迦樓羅鳥寓意吉祥如意。

第二單元 ┃ 容器 ────────────┤

編號10：商代帶流虎鋬四虎紋玉杯

規格：直徑長2.5×寬3.8×高8.7公分
質地：和闐青白玉

　　一九七六年商代安陽殷墟婦好墓中，出土了兩件象牙的觥杯及虎鋬杯。觥杯高55公分，虎鋬杯高42公分，直徑11.2公分，壁厚0.9公分。兩件象牙杯的造型讓人們第一次見到了商代象牙製的酒器珍品。從本件玉杯與婦好虎鋬象牙杯的比較上來看，兩件杯子的造型相同。本件玉杯是虎鋬杯的縮小版本。但兩件杯子的紋飾不相同。因受限於象牙的外形，殷墟虎鋬象牙杯為圓筒狀的造型，流為向外的弧形。而本件玉杯為模仿虎鋬杯外形的玉杯。在使用功能上，殷墟虎鋬象牙杯是容量較大的盛酒器具，應該是作為祭祀及團體飲酒用。而本件玉杯的容量較小，應該是飲用烈酒的個人用小杯。

　　從紋飾上來看，本件帶流虎鋬四虎紋玉杯的杯身通體雕刻繁縟精細的

虎紋，除流內側缺口的週邊外，幾乎沒有空白處。主紋飾爲兩隻虎上下疊合，左右兩邊對稱，四虎的紋飾佔滿杯身。把手爲圓雕的獸面。獸面口中吐一向下再折起之彎曲把手。

從工藝上來看，玉杯運用壓地假陽文與圓雕相結合之工藝。

從構圖上來看，構圖嚴謹，層次分明，佈局合理，紋飾細膩，顯得富麗又堂皇。

從虎的主題紋飾上來看，本件商代帶流虎鋬四虎紋玉杯的主紋飾爲虎紋。四虎紋應該是徽號，是作爲標示氏族的徽幟。距今四千年前，座落於長江中游江漢平原的石家河史前文化就是一個以虎爲代表的崇虎史前文化。年代稍後，距今三千年前的商代時期，在四川的巴、蜀文明也是一個崇虎的文化。根據殷墟甲骨文中的記載，商代在長江中下游鄱陽湖地區，也有一個崇拜老虎的邊遠方國，稱爲虎方。江西省新干大洋洲出土的器物中，發現了許多具土著特色的標識，鑄有老虎形象的青銅器。新干大洋洲的鼎大量以變體的虎形扁足和虎形耳的形式出現。當時的虎方國，國民以虎爲圖騰，不但在器物物品上刻有很多老虎的圖形，甚至國民的身上也要刺上老虎的圖案。青銅禮器上頻繁出現的虎造型，似乎都在印證著江西就是猜測中，古代虎方古國的所在位置。不知這件四虎紋玉杯是否也是出土自虎方的玉杯。如果不是，本件玉杯也應該是出土自四川及長江中游的地區。

編號11：西周獸面雙神人紋龍耳玉杯

規格：長16.2×寬8×高5.5公分
質地：白色透閃石玉

　　從商周玉質容器的數量上來看，出土的商周玉質容器數量很少。依據近數十年來的資料粗略統計，商代有十件，西周有二件，分別是安陽婦好幾何紋青玉簋、獸面紋白玉簋、十字鏤空紋玉盤、玉杵臼、玉觶、石豆、故宮博物院的商代幾何紋玉碗、河南鹿邑長子口的商代渦紋玉簋、商代玉斗、山西天馬曲沃遺址的商玉罍、陝西扶風雲塘上務子村的西周玉簋、陝西扶風齊家村的西周玉匜。根據以上商周容器的種類來分類，商代的玉質容器有簋、盤、杵臼、觶、石豆、碗、斗、罍，涵蓋食器、酒器、水器、雜器、研磨器等五大類別。商代玉質容器的器形端莊，紋飾精美，說明了商代晚期玉容器的製作工藝已經成熟。然而西周的玉質容器卻只有簋（食器）、匜（水器）兩種，這一現象部份的原因應該與周人的戒酒有關。製作上，玉容器製作的難度很大。掏膛工藝是考驗工匠技能的難題。用料多，製作費工費時，因此玉容器數量很少，是帝王使用的高級生活器皿。

　　從紋飾上來看，本件西周玉杯的杯腹正中央陰刻著獸面紋，獸面紋的左右側輔以側面的神人紋飾，神人相互對望。玉杯的口沿及腹底以兩道陰刻弦紋為界框。腹底裝飾陰刻的三角形幾何紋飾。玉杯有橢圓形圈足及一對立體的卷體龍耳。

　　從杯耳造型的比較上來看，本件玉杯的立體卷體龍耳與陝西扶風齊家

村西周玉匜的牛耳造型近似。

　　從裝飾紋飾的比較上來看，本件玉杯與陝西扶風西周玉簋、玉匜的裝飾紋飾比較，本件西周玉杯較爲華麗繁複，端莊高雅。本件玉杯與安陽婦好商代獸面紋玉簋的紋飾相比較，二件都是以獸面紋爲主紋飾，以弦紋爲界線，以三角形幾何紋爲邊框。

　　從本件玉杯與商周青銅器的紋飾比較上來看，青銅器也是以獸面紋爲主紋飾，以弦紋爲界線，以三角形幾何紋爲邊框。西周中晚期以後，玉器中已不見獸面紋加神人紋的裝飾方式。獸面紋被龍紋取代。龍紋的兩側輔以側面的神人紋飾的例子很多。如西周的神人紋玉璜、西周的神人紋玉佩。這些龍紋加側面神人紋的玉器都是出土自西周晉侯、虢國的貴族墓。

　　從年代上來看，本件玉杯有立體的卷體龍耳及側面神人紋飾，特別是依舊保留了獸面紋紋飾的特徵上來看，本件玉杯屬於西周早期。商代目前未見杯形器。因此，本件玉杯是目前唯一的一件西周玉杯，具有獨特性，本件玉杯開創出新的器型，新的卷體式龍耳，新的側面神人紋。玉杯結合了商代的獸面紋，又融入了屬於西周才有的側面神人紋，具有劃時代的意義。

　　從紋飾的文化含義上來看，筆者認爲，中央的獸面紋代表了西周繼承商代的正統與合法性，代表神授君權於西周的宗室。側面的神人紋代表族徽，代表源自於華夏族伏羲女媧的血脈傳統。神人紋的使用亦間接反映出西周比商代更具有人本主義的精神。常素霞認爲西周時期借助客體的動物來說明主體人的存在與心理的活動。創造出人與動物交合的形象，體現出兩者之間密切的關係。藉由動物展現出人的神靈性與神聖崇高之地位與身份是中國古代物我一體思維方式的呈現。

編號12：春秋晚期至戰國初橢圓形卷體單鳳鋬玉鉌

規格：長14.75×寬8.5×高6公分

質地：和闐黃玉

　　從造型上來看，本件玉鉌橢圓形，斂口，器腹弧形，底部有一個橢圓形圈足，單側有鳳鳥環形耳。口內沿的邊角銳利有割手感，口沿下方有一道寬帶弦紋，器口與弦紋間作弧形處理。外表通體光素，內部圓弧規整，琢磨細膩精緻。

　　從本件玉鉌與標準器鉌造型的比較上來看，本件橢圓形單鳳卷體鋬玉鉌的造型可能與春秋時期的銅鉌有關。銅鉌是春秋時期興起的一種青銅酒器。這種器形首先被發現在青銅器上，當時出現了一個字的銘文，該銘文是金字加個「和」，發音「舟」，寓意是小船的意思。

　　從鉌的外形上看，它的確如同一隻船，因此印證了這種器皿的正確名稱是鉌。鉌的特徵為橢圓形，有唇，斂口，器腹弧形，兩側有環耳，平底或者圈足。戰國早、中期銅鉌也較多見，後來被耳杯（羽觴）所取代。耳杯就是銅鉌的改良型版本。改口微斂為口微侈，改環形耳為月牙形鋬。羽觴杯從戰國時期開始出現，持續使用至唐代終止，使用時間長達一仟多年。在造型的比較上，本件玉鉌就具備了橢圓形，斂口，器腹弧形及圈足等特徵。但是本件玉鉌只有單側的鳳鳥環形耳，口沿下方有一道寬帶弦紋。有圈足的鉌出現較晚，應該是由銅鉌器形過渡衍變成耳杯的中間類型。因此，本玉鉌應該是春秋晚期至戰國初期之容器。器形

上，目前未見任何相似的第二件作品，本件玉鉩是首次見到的容器。

　　從容器造型的比較上來看，本件橢圓形單鳳卷體鋬玉鉩和西漢中山靖王劉勝的鳳鳥紋銅杯的造型近似，特別是，單鳳卷體鋬的造型相同。劉勝墓總共出土相同樣式的銅杯五個及金杯一個。銅杯中最大者，長25.9公分，容納1,800毫升。最小者，長8.3公分，容納65毫升。以此推測，本件玉鉩原本應該也是整套的酒杯。並且，在尺寸上，本件玉鉩可能是整套容器中的第三大件酒杯。

　　從鳳鳥鋬的雕琢上來看，鳳鳥整體的刻劃及肩膀上的卷雲紋羽翅及網格紋較爲拙稚。鳳鳥的邊角也都是較爲剛硬的風格，鳳鳥應該是春秋晚期至戰國初期的雕琢工藝。

　　從使用功能上來看，筆者推測，本件玉鉩與中山王劉勝的鳳鳥紋銅杯的使用功能應該相同，是一套行令飲酒用的特殊飲酒器。材質上，本件玉鉩爲高檔的和闐黃玉，材質勝過劉勝的鳳鳥紋銅杯及金杯。本件玉鉩絕對是出土自王室貴族的大墓。春秋時期鐵器已經產生，在出土的玉器中，因春秋玉器與鐵器經常共埋，玉器的表面常出現大面積的褐色鐵銹沁。本件玉杯必定是與鐵器共埋的玉器，杯上才會出現鐵褐色的鐵銹沁。玉杯通體已經全部沁成深咖啡色，但依然透光。

編號13：春秋龍首蟠蛇雲紋索絢三扉棱玉尊

規格：長10×寬10×高6.5公分
質地：和闐黃玉

從造型上來看，本件容器的外形具備喇叭狀侈口，長縮頸，寬鼓肩，折肩圓腹下縮，矮圈足，圈足外撇等特徵。

從紋飾上來看，喇叭狀侈口上裝飾著三條凸出的扉棱。侈口與鼓肩接近同寬。圓腹上也裝飾著三條凸棱，凸棱上有五個扉棱。侈口上的扉棱與圓腹上的扉棱對齊排列。圓腹上凸出的扉棱之間，中間隔以索絢紋以形成上下二層的寬橫帶紋飾裝飾區。紋飾裝飾區的上及下方陰刻著弦紋，紋飾裝飾區內滿飾不對稱的浮雕臥蠶雲紋。臥蠶雲紋中藏有龍首及蟠蛇紋。上層紋飾區內有四條蟠蛇紋，下層紋飾區內有三條蟠蛇紋。上下兩層紋飾區內的蟠蛇紋，三段內共有二十一條。壁面厚達0.6公分。

從工藝上來看，內部掏膛打磨得非常圓弧，均整與細膩。口沿、頸部、圈足及扉棱上的邊沿非常銳利，有割手感。

從喇叭狀侈口的比較上來看，因為爵、尊、篹、罍、瓿、觚、卣、盉、斝都是酒器，所以都有喇叭狀侈口的特徵。

從容器外形的比較上來看，爵、觚、卣、盉、斝可以排除。因為本件玉製容器的器形較接近尊、篹、罍與瓿四種酒器。這四種酒器都具備喇叭

狀侈口，長縮頸，寬鼓肩，折肩圓腹下縮，矮圈足，圈足外撇等器物外形特徵。

　　首先探討簋。簋是一種盛放煮熟黍、稷、稻的食器，流行於商代至戰國時期。但器形較大，最主要因爲是食器多數口沿外侈度不大，因此簋的外形與本件玉製容器不像。

　　再來探討罍。罍是一種大型的儲酒器，又可以兼盛水。流行於商代晚期至春秋中期。因爲是儲酒器，器形較高大，罍的外形與本件玉製容器也不像。

　　最後探討瓿。瓿是一種儲酒器，流行於商代中期至晚期前段，流行時間極短，數量極少，流行時間也不同。因此本件玉製容器也不是瓿。探討至此。只剩下尊的可能性最大，特別是有肩大口尊的造型。

　　從尊的發展史上來看，尊是一種大型或中型飲酒及祭祀禮器，流行時間最長，達數千年之久。可見尊在所有酒器中的重要性。從新石器時代，陶質大口尊開始流行，尊一直流行至清代。商周後，尊僅在南方地區使用。在春秋時期，尊、簋、罍與瓿四種酒器中，只剩下簋與尊還在使用。在後期發展中，尊被更加莊嚴與尊貴化，又衍生出南北朝時期的青釉蓮花尊，宋代的汝、鈞、官、定、龍泉窯仿漢瓷尊，元代的青花瓷尊，明代的六面扉棱瓷尊，清代的大型瓷尊。因此，本件容器是經莊嚴與尊貴化後的春秋時期黃玉尊。

　　從紋飾上來看，尊腹上的浮雕臥蠶雲紋以不對稱的方式佈局，以索絢紋作爲區隔橫條。頸及腹上都有扉棱。扉棱三等均分圓徑。尊上有蟠蛇紋二十一隻，龍首紋十八個。以上的這些特徵都是楚國紋飾的特徵。在楚國器物的裝飾紋飾上，臥蠶式雲紋向來以不對稱方式的佈局而凸出，以索絢紋作爲區隔而見長，蟠蛇紋善長以數量多，蛇身呈現盤繞糾結而出色。以此來看，本件尊上的紋飾正展現出楚國玉雕的風格。

　　從紋飾的文化含義上來看，楚國容器的蓋子上，常見三個或四個鈕，尊腹上，上層與下層的紋飾區內分別有三及四條的蟠蛇紋。本件玉尊的頸及腹上也有三個扉棱，腹上也有三條及四條的蟠蛇紋。筆者藏的另外一件春秋時期楚國玉鐲（見p.39圖），在玉鐲的環形管上，也有三個蛇紋作三等均分圓周。玉鐲的側面上，以長條形的穿透孔將玉鐲的側面分成上下的兩層，每一層之中有兩隻鳥首蛇身鳳作相互糾結的纏繞狀。鳥首蛇身鳳三等均分側面的圓周，玉鐲側面的圓周上共有十二隻鳥首蛇身鳳。楚國的玉雕中，屢屢安排三及四隻的鳥及爬蟲類動物於圓形的器物之中，必然與楚人的圓天作三或四等份的劃分信仰有關。更何況本件玉尊上凸出的扉

棱也是三個均分圓周。

　　從扉棱的使用上來看，依據廖泱修的研究，玉器上的扉棱最早出現在大汶口文化中，傳播至龍山文化後，扉棱才真正發展開來，直到東周時期才消失。扉棱主要流行於黃河中下游的大中原地區。商代中晚期部份的式樣傳播至中原以外的地區，並衍生出不少新的樣式。扉棱是突出玉器外緣上的凸飾，是經過人為思索下創造出來的抽象形態，為某一文化族群所特有的樣式。扉棱是鳥抽象形態的表達方式。早期扉棱的造型與母體間有一定的關係，發展至周代後，扉棱通常與母體已經沒有太大的關聯，多數為獨立呈現的凸飾，單純只是作為裝飾於玉器邊緣的樣式。

　　從本件三個凸出式的扉棱上來看，本件玉尊上三個凸出於器腹上的凸飾形式正是春秋時期的「城垛形扉棱」。與許多青銅器上的扉棱一樣，春秋時期的扉棱與母體已經沒有太大的關聯，只是作為裝飾於玉器邊緣的凸飾，以呈現出其莊嚴與肅穆性。

　　經過以上的各種探討與舉例，在外形上，本件玉尊有喇叭狀侈口、長縮頸、寬鼓肩、折肩圓腹下縮、矮圈足、圈足外撇等特徵，種種特徵都證明它是一件飲酒尊。尊腹上裝飾著春秋時期楚國的龍首、蟠蛇、不對稱式臥蠶雲紋、索絢紋及三個凸出的城垛形扉棱紋飾。尊的壁面厚達0.6公分，這個特徵也是春秋戰國時期玉雕片厚度的平均值。春秋時期的尊僅在南方地區使用，楚國屬於南方國家之一。本件玉尊是一件融合型的黃玉尊，玉尊仿中原三段式鼓肩大口尊，添加了楚國因素的紋飾。本件融合型黃玉尊是春秋時期，楚國在與列強逐鹿中原的過程中，楚國器物逐漸中原化的產物。和闐黃玉尊也是中原以黃色為貴重的觀念之反映。黃玉尊是春秋楚國王室用來舉行宗教祭祀的器物，也是舉辦國家重大慶宴時的飲酒重器。就連中文中「尊貴」兩字的形容詞也是以「尊」來表示貴重。

編號14：戰國獸面雙鳳紋玉羽觴

規格：長12.8×寬10.1×高3.8公分
質地：和闐白玉

　　從羽觴的發展史上來看，羽觴又稱羽杯，耳杯，是中國古代的一種盛酒酒杯。戰國晚期羽觴開始出現。因爲兩側有耳像鳥的雙翼，到了漢代以後便被定名爲羽觴杯。漢代是耳杯使用的高峰期，多數爲漆製品，銅製的較少見。東漢時，耳杯、案與盤已構成墓中祭奠的基本組合。耳杯的使用一直延續到魏晉南北朝。唐代的時候羽觴才完全絕跡。宋代已無羽觴。明清時，羽觴才又出現，但形制上已有所改變，用途已變爲禮器或擺件。在中國各地的考古發現中多有羽觴出土，材質有玉、金、銀、銅、漆、陶器等。玉、金、銅、漆羽觴都是實用的器物。陶羽觴則是一種隨葬用的冥器。漆羽觴出土的數量很多。湖南長沙楊家灣六號墓一次就出土二十件。古人飲宴必伴以音樂鼓瑟，方能賓主盡興。古人禮儀以雙手執耳杯飲酒，不像今天的人以單手執杯。古時天子用爵飲酒，公卿以下用羽觴飲酒。

　　從晉國的藝術風格上來看，本件玉羽觴與本書中編號62號的玉戈及編號84號的玉鋪首都是來自於春秋中晚期「新田」風格的晉國器物。晉國是周成王弟叔虞之封地，因晉國地處古代中西文化的交通要沖上，晉國的北方與戎狄相接壤。在與北方草原民族長期的相處中，晉國的器物吸收並且融合域外藝術之風格，使得晉國在象生動物的藝術創作中，常出現動

物與動物，動物與人博擊的形象。晉系的青銅器中常見虎攫鷹，虎鷹相擊，虎噬人及鷹抓蛇等搏擊的紋飾。夔龍吞蛇，夔龍銜鳳，獸面紋，鳳鳥獸身紋都是晉文化所獨有的紋飾。在藝術的表現上，滿地裝飾，多層浮雕雕琢。動物的羽翅華麗，猛禽鉤喙。圖像上，往往由多種動物混合，動物相互纏繞糾結，相互吞咬或踐踏，含有生氣與動感。本件玉羽觴就具備以上所列舉的晉國藝術風格。學者們認為，儘管晉國藝術有令觀看者耳目一新的感受，但其造型與題材卻大多源自商代晚期。晉國藝術的造型與題材是一種復古式的紋飾復興。晉國藝術體現出尊神信鬼的濃厚宗教意識觀念。春秋時期，北方黃河流域的晉國與南方長江流域的楚國是中華文化的兩大主流。

　　從紋飾上來看，本件羽觴杯橢圓形的兩端裝飾著浮雕的獸面紋，獸面紋的兩旁陪襯著側面式大彎啄的鳳鳥，鳳鳥彎勾，張翼。羽觴口沿的邊欄內裝飾著心型卷雲紋。心型卷雲紋環繞口沿一圈。主紋飾獸面紋的兩旁及上端有附加的鳳鳥及心型卷雲紋。獸面紋加鳳鳥、雲紋這一古老藝術主題的使用具有濃烈尊神信鬼的觀念。在主題上，晉國依舊承襲著沿自良渚、龍山及石家河等文化一路傳承下來的獸面紋及太陽鳥主題，這是晉國身為一種文化古國，身為周代姬姓諸侯國的一種潛意識藝術表現方式。

編號15：西漢方形雙耳凹弦紋玉鼎

規格：長6.9×寬6.9×高6.15公分
質地：和闐黃玉　口徑：4.5公分　足高：2.35公分

　　從造型上來看，本件玉鼎為子母斂口，扁球形腹，獸蹄三足，足粗短，圜底，方形附耳，耳微外侈。在鼎腹部的正中央有一道寬帶凹弦紋（竹節紋）。根據目前學者對青銅器鼎的研究分類，此玉鼎的形制屬於漢代中原式鼎甲類Ａ型器物。本件玉鼎的一耳與一足同側，也稱為「耳足重合式鼎」。玉鼎造形的直接源頭為戰國晚期中原鼎之風格，此類鼎受秦文化影響，為東周時期中原鼎風格之延續。此玉鼎的年代為西漢早期，使用的時間從漢初延續至中晚期。從西漢中晚期開始，足部逐漸變瘦長，同時出現環形耳。進入東漢後，鼎的腹部出現凸棱。

　　從紋飾上來看，鼎腹部正中央的寬帶弦紋也是繼承自東周時期中原鼎的風格。筆者認為，弦紋真正的源頭應該可以更往上追溯至紅山文化──大汶口文化──龍山文化。如，紅山彩陶的寬紋帶、大汶口觚形器上的弦紋及龍山黑陶蛋殼高足杯上的弦紋。漢代的青銅鼎一般使用細凸弦紋，凹

弦紋一般則出現在較爲重要的器物上。

　　從工藝上來看，本件鼎的弧線與直角都琢磨得精準到位。連工藝技術難度極大的掏膛技術也都琢磨得一絲不苟。鼎內部的凹弧線規整，器壁的厚度平均，琢磨的技術已達爐火純青的境界。

　　從玉質的容器上來看，目前未見過任何漢代以前的玉鼎。商代婦好墓中出土的兩個玉簋是商代皇族使用的高級生活用具，是王后專用之器。玉質容器珍貴稀有，大多屬於珍貴文物。由造型、爐火純青的工藝及和闐黃玉的三項特質上來看，本件玉鼎必定出土自帝王大墓。由玉鼎所展現出的工藝技術上來看，玉鼎必定是西漢宮廷的玉雕作品。

　　從鼎的使用功能上來看，鼎是一種烹煮用具，鼎是中國容器中最重要的器形之一。除了作爲食器之外，鼎也是作爲祭祀神明和祖先的禮器與陪葬明器。鼎的材質以青銅或陶爲主。新石器時代就已經開始使用陶鼎。到青銅時代，青銅鼎才開始出現。青銅鼎的使用在周代達到鼎盛。作爲西周禮樂制度的一部分，在列鼎制度的規定中，只有周天子才能使用九個鼎。在所有的青銅器中，鼎是最能代表王者權力至高無上的象徵器物。鼎代表身份、等級和權力。中國最早一統天下的權力觀念就與鼎的誕生有著直接的關係。這個玉鼎使用者的身份可想而知。

編號16：三國——吳蛙形玉質硯滴

規格：長8.6×寬6.7×高3.9公分

口徑：2.9 底徑：2.9公分

質地：和闐青黃玉

　　從硯滴的發展史上來看，硯滴也稱作水滴、水注、書滴、蟾注等。硯滴的出現與筆墨的使用和書畫的興起有關。硯滴貯存硯臺所需要的水，以供磨墨之用。漢代就已經出現了各種形狀的水盂。用水盂往硯裏倒水時，水流量往往過大，於是發明了便於掌控水量的硯滴。硯滴的出現晚於水盂，硯滴是水盂的改良物。

　　從傳世和出土的硯滴器物上來看，漢代已經有硯滴，最早的硯滴為銅製，後改為陶、瓷、玉、石等材質。硯滴樣式不定，歷代都有所創新。漢代硯滴多為龜、蛇、熊、羊的造形。魏晉時，除了繼續流行漢代的熊、龜形水滴外，蛙形的青瓷硯滴也頗為流行。以蛙形作為青瓷水盂、水滴的造型，從三國至南北朝時期都有生產，但以三國至西晉時期的蛙形青瓷水盂、水滴的造型最為優美，工藝較為精巧。蛙形硯滴成為魏晉時期的代表作品。東晉以後，蛙的造型較為僵硬呆板。至南北朝時期，以動物為水滴的造型更為普遍。除了蛙形、兔形外，還有青瓷棒槌形硯滴。唐代硯滴的形制小巧，造型別致，除了瓷製的硯滴外，還有銅製品。宋、元之時，瓷硯滴再度興盛，尤以龍泉窯燒造的硯滴最為新穎別致，有舟形、坐俑形、童子牧牛形、魚形等。明代瓷業高度發達，瓷硯滴自然是爭奇鬥妍，百家爭鳴，尤其以宣德時器之物特別有韻味。清代的硯滴作工精巧，以象生形象最多，在所有的文房用具中，硯滴的傳世量最少。

　　從造型的比較上來看，本件蛙形硯滴與三國至兩晉的越窯青瓷蛙形水盂、水滴及大英博物館的蛙形青瓷硯滴的造型完全相同。蛙形水盂、水滴是三國至兩晉時期越窯青瓷的代表精品，而越窯的窯場正處於三國吳國的國境內。在造型的比較上，本件蛙形玉質硯滴正是三國時期吳國的硯滴，應該是出土自東吳王室的器物。

　　從造型、工藝、玉質及色澤上來看，造型上，本件蛙形硯滴的腹部及上肢圓鼓，蛙雙手持捧羽觴的造型優雅可愛。工藝上，雕琢精巧細膩熟練，羽觴及硯滴的內部掏膛及外部的琢磨精緻非凡，圓弧度精良規整。玉質及色澤上，使用優質的和闐青黃玉。本件蛙形玉質硯滴是最精巧的一件三國吳國的蛙形玉質硯滴。目前未見任何玉質的蛙形硯滴。蛙形玉質硯滴的造型充滿濃厚的宗教迷幻思想。

　　從蛙的文化含義上來看，在魏晉人們的心中，蛙與蟾蜍是辟五兵，鎮凶邪，益年壽，主富貴，呈吉祥的神獸。本件玉蛙的身軀上刻劃著飛翼，顯然是當時人們心目中的飛天神蛙。在漢代，蟾蜍一度成為月亮的代名詞。漢畫像磚石上，常刻劃著日中金烏，月中蟾蜍。日金烏、月蟾蜍這一主題是史前人類日、月崇拜、物候節氣這一古老觀念在魏晉時期的反映。蛙形硯滴是魏晉時期人們企求長生不老，羽化成仙，飛奔仙境思想的最佳反映載體。

編號17：魏晉搖錢樹座式雙疊神獸承露玉杯

規格：長7.5×寬3.3×高7公分
質地：和闐青白玉

　　從造型上來看，本件雙獸重疊有如疊羅漢的造型。這種雙獸重疊的構圖應該取材自搖錢樹的樹座造型。搖錢樹主要發現於東漢至六朝時期中國的西南地區。它是一種專為喪葬製作的明器。搖錢樹雙獸的組合有多種的方式：有蟾蜍、烏龜、羽人、西王母、狩獵紋、鳳鳥、植物、門闕、龍虎衛璧、搖錢場地、羊或避邪。從組合的元素中，可以看出所使用的動物，除了避邪獸外，都是自史前時代以來就一直被反覆使用的題材。這些動物都是圖騰、神獸及避邪的神物。道教也將其運用，使其成為升仙的工具。在後期，這些動物又衍生變成代表財富、長壽、吉祥等意義的代名詞。

　　從數的含義上來看，取雙獸重疊的造型，在雙數與重疊的『雙重』含義上，具有世俗化的傾向，有多重，倍數，雙倍致福的象徵意義。

　　從使用功能上來看，搖錢樹及雙疊神獸承露玉杯這兩種器物皆為模擬仙界，具有升天成仙、永生、保佑福祿平安、子孫繁榮等功能，使用的目的也相同。

　　從升仙的思想上來看，西漢武帝特好神仙之道，遍尋海外仙洲及甘液玉英，以求長生不死。漢武帝聽信方士之言，建造了承露盤，將玉磨成粉屑後與承露盤所承接之甘露相調和飲用，武帝認為服用玉粉甘露可以祛病，延壽長生。這個承露玉杯正印證了漢代的人們認為服用甘露可以祛病延壽長生的普遍心理，承露玉杯見證了兩漢至六朝時期，神仙思想瀰漫了整個社會階層的一個現象。

　　從創作年代的背景上來看，考量搖錢樹主要流行於中國的西南地區，而東漢時期西南地區正是早期道教盛行的區域。本件雙疊神獸承露玉杯應該是西南地區道教的承露玉杯。玉杯上也是滿地裝飾著升天的流雲紋。避邪獸身軀上的裝飾紋飾，特別是三趾的刻劃方式，明顯地本件玉杯的製作年代已進入魏晉時期。東漢至六朝時期神仙思想瀰漫整個社會階層，在這樣的一個社會氛圍與環境背景之下，玉匠創造出這樣的一件玉雕作品。本件雙疊神獸承露玉杯應該出土自魏晉時期四川蜀地的權貴墓中。它的構圖充滿濃厚的道家羽化成仙的思想。雙疊神獸的背上背負著流雲杯，杯內裝滿著甘露，邀約其主人飲用，以求達到祛病，延壽，長生的祈願。本件玉器是一件容器，但容量不大，所容納甘露的量，正剛好搭配靈丹服用。筆者推測，本件玉杯原本應該還有一件套在器物口沿之上的承露盤，夜間時，將承露玉杯置放於露天的地點，方便承接露水飲用。漢人企圖以甘露搭配靈丹服用，以達到與金石同壽，長生不老、羽化成仙的目的。另外，目前收藏於揚州市博物館的東漢飛熊玉硯滴，筆者猜測，應該不是硯滴，而是一件裝靈丹的藥罐。

編號18：唐代雙昇龍朵雲蕉葉紋玉杯

規格：高8×寬4.2×口徑3.7　底徑3公分
質地：和闐白玉

本件雙昇龍朵雲蕉葉紋玉杯是一件從未見過的酒杯器形。

從容器造型的比較上來看，比對唐代的容器造型，本件玉杯的敞口，長縮頸，凸肩，滑身，平底器形的特徵接近唐代的注壺及瓶。功能上，唐代的注壺及瓶都是作為盛酒的容器。因此，在造型與功能上，本件玉杯是一個唐代的玉酒杯容器。

從工藝上來看，本件玉杯的紋飾結合了壓地、減地、網格紋及陰線刻工藝，這些玉雕工藝都是唐代最常使用的工藝。

從紋飾上來看，本件玉杯上的龍紋，龍首、鱗紋、三腳趾、尾纏後腳及身體上昇的姿態都是唐代龍紋的典型紋飾。頸上裝飾蕉葉紋的風格最初出現在商末周初的青銅器上，以後便消失不見。目前，瓷器界認為，瓷器的頸部裝飾蕉葉紋的風格是開始於宋代。但從本件玉杯的杯頸部上裝飾蕉葉紋的情形上來看，頸部裝飾蕉葉紋的風格是開始於唐代。蕉葉紋的採

用與道教的發展和文人的精神生活有關。芭蕉多死又復生，一年一枯榮，生命力極爲旺盛。在宗教上，芭蕉葉因此被道教採用，成爲道家的八寶之一。八仙之一的鍾離權手中所持的就是芭蕉扇，據說用它可以起死回生。在精神生活上，自唐宋以來，詩人、畫家多以芭蕉入詩入畫，借芭蕉抒情是文人墨客、高僧、雅士們的一種精神生活方式和文化人格的追求。因此，玉杯頸部上的蕉葉紋裝飾也符合時代的審美觀念。蕉葉紋作爲一種裝飾圖案，也有著美好的寓意。

從雙的數字上來看，雙昇龍的雙數也代表著，雙，雙倍，福祿雙重。在數的含義上，雙昇龍顯示出雙重、昇空的意涵，有世俗化的傾向。

從藝術的表現上來看，雲龍紋以龍爲主要的紋飾，雲爲輔助性的紋飾。龍爲蟠曲直立式的昇龍。昇龍在雲間蟠舞，展現出唐代龍紋一股清新奮發向上的精神。唐代的雲龍紋開創出後世，宋、元、明、清瓷器上以龍紋爲主的藝術風格。龍在雲間蟠舞，奮發向上的精神是與唐代的大時代精神維持一致的。它凸顯出李唐皇族龍紋的尊貴氣勢。無論是在器形、裝飾紋飾及數的含義上，本件唐代雙昇龍朵雲蕉葉紋玉杯都具備前衛、創新的時代特徵。玉杯採用優質的和闐白玉，是一件唐代皇室的高級容器精品。

編號19：宋代鳳首柄玉筆洗

規格：長14×寬7.3×高3.5公分
質地：和闐青白玉

　　從造型的比較上來看，本件宋代鳳首柄玉筆洗與北京故宮的宋龍柄玉杯、南京大學的遼玉魁、臺北故宮的宋鳳鳥紋玉杯可以進行比較。北京故宮宋龍柄玉杯及遼玉魁的把手是龍首，龍首正面置於容器側面正中央的位置。臺北故宮宋鳳鳥紋玉杯的把手是鳳首，鳳首正面置於魁的上端。而本件宋代鳳首柄玉筆洗的把手，不同於另外三件的首部作正面表現的方式，是側面式的鳳首，鳳首置於洗的上端。四件具備龍、鳳首手柄的杯、魁及洗都是重要的玉質容器。在器形的比較上，遼代龍柄玉魁的器形與本件鳳首柄玉筆洗的器形較類似。四件中，南京大學博物館的遼代龍柄玉魁是年代最早的玉質魁。玉魁上刻有遼代的契丹文字，是遼代皇室的玉質容器。在遼代，龍柄玉魁已經由盛羹的容器演變成裝酒的容器。

　　從玉魁造型的源頭上來看，依據徐琳研究柄為龍或鳳的玉質容器的造型其源頭應該源自於漢代的魁。遼代玉魁的源頭是漢代的魁，漢代的魁是盛羹的器物，以單柄外向的龍首為主要的形制特點。龍為最高等級的神獸，符合「魁」字中「首、大」的意義。早期的魁常以陶、木製作。兩漢、魏晉時期銅質的龍首魁比較多，如廣西合浦的西漢青銅龍首魁、廣州大元崗的西漢龍柄陶質魁、遼寧北票的鮮卑龍首柄銅魁、遼寧朝陽袁臺子

的東晉龍首柄銅魁。南北朝時期，魁這種器物主要流行於北方的漢人和少數的民族之中，一直到元代時還被廣泛使用。遼代玉魁的造型應該源自於漢代的魁。

　　從建築臺基結構的比較上來看，筆者認爲，構思上，容器的柄安置龍、鳳首的方式很像中國建築物中，臺基上外突的螭首。北京天壇祈年殿臺基上的螭首有上、中、下三層之分。上層爲龍首，中層爲鳳首，下層爲雲形。很明顯地，在意識上，上、中、下（龍首、鳳首、雲形）三層結構的安排具有封建時代嚴格的社會等級觀念，是重要的裝飾，起到凸顯特殊身份與地位的功能。當然，龍、鳳首柄的杯、魁及洗是宋代的器物，而北京天壇祈年殿的臺基是後期的清代，但在創作器物的構思與意識上，創作的思維方式是相同的。因此，漢代的魁與遼宋的杯、魁及洗上裝飾龍及鳳首柄的功能也應該是起到凸顯特殊身份與地位的作用。

　　從玉質容器優劣等級的判斷上來看，判斷玉質容器時：一、優先判斷紋飾的精美度與複雜性。二、容器由頭至尾，器身圓徑變化的工整度也是非常的重要。三、特別是內部掏膛地子的處理更加決定了玉質容器的優劣等級。四、判斷質地的好壞。一般來說，玉質差的容器不會有好的雕琢工藝，等級高的容器越是紋飾精緻美麗。

　　本件玉筆洗上的鳳首柄也應該是起到凸顯特殊身份與地位的作用，是一件精緻高貴的筆洗。

　　從使用功能上來看，本件宋代鳳首柄玉筆洗不是一件深腹的容器，是一件玉質的筆洗。容器的內部近把手處還遺留有黑色的墨汁沁。看起來，漢代的魁在宋遼時期產生變化，不僅在材質上優質化，功能上也多樣化，有飲用的魁、玉杯，也有文房用的筆洗。

第三單元 ▏動物 ————————————

編號20：紅山人面鳥身獸足棲鳥圓雕

規格：長4.75×寬1.9×高3.3公分

質地：岫岩白玉

　　從造型上來看，本件玉雕為人面、鳥身、獸足及棲鳥複合的造型，是一件不曾見過的紅山文化玉器。

　　從紋飾上來看，本件人面鳥有大的凸鼻，尖凸的下巴，橫闊嘴，獸足及棲鳥。人面戴帽，身軀各重要的部位是以寬砣盤琢雕的方式來呈現，很有時代的風格特色。

　　從藝術的表現上來看，鳥腳為向後折肢伏臥的姿勢。在玉雕的表現上，前肢向後折肢伏臥常用在牛、羊、馬、鹿及駱駝前肢的表現上。因此，本件人面鳥向後折肢想要表達的是獸類的前肢，而不是鳥的腳。鼻樑的正中央有一道陰刻槽，或許是，一種雙鼻的表現方式，也很有特色。

　　從本件人面鳥與紅山玉器的比較上來看，本件人面鳥與紅山的雙人面三孔器比較，兩件的人面都是朝下，並且都是以寬砣盤雕琢的方式來呈現人面及鳥身的重要部位。以寬砣盤雕琢的方式來呈現身軀的重要部位，還有一些重要的例子，如遼寧阜新胡頭溝的玉龜及玉鱉、內蒙古巴林右旗洪格力圖的石面飾。遼寧玉龜及玉鱉的頭、四肢、腳趾及尾部都是以寬砣盤雕琢的方式來呈現。石面飾也是以寬砣雕琢簡易的面紋。以寬砣盤雕琢的工藝是一種較為原始的琢玉方式。但這一特徵也是紅山文化製玉不同於其他文化玉器的重要特徵。本件人面鳥羽翅合攏，尾部彎垂勾捲的方式也與紅山玉鳳的造型相同。紅山的玉器中有三個傳世的鳥魚佩玉雕，鳥的羽翅都是合攏狀，尾部都是彎勾狀。

　　從眼睛的比較上來看，本件人面鳥未刻劃出眼睛。紅山玉器中未刻劃出眼睛的例子很多，如紅山的雙人面三孔器、東山嘴遺址的雙龍首玉璜、白音長汗的石雕神面、巴林右旗的石雕女神、興隆洼的白石小女神、震旦藝術博物館的玉神人雕像、暫集軒的玉神人雕像。這些未刻劃出眼睛的雕像都是年代較早的紅山系作品。

　　從具象複合的造型上來看，本件人面鳥為複合造型的玉雕。在《山海經》中，可以查到八例有關於人面鳥身的記載與描述。他們的名稱分別為鴹、末果、顒、橐蜚、鳧徯、人面鴞、鸞鵰、鳥身人面神。根據《山海經》中的記載，這些神禽遍佈中國的貴州、廣東、廣西、陝西、青海、內蒙古、黑龍江、河南、安徽及浙江十個省份，人面鳥是中國上古時期普遍存在的一種神靈。其中一例，座落於柜山的鴹鳥更與本件人面鳥身玉雕的獸足表現方式雷同，雖然不是獸足，但鴹鳥採用的是人手，而不是鳥的腳。根據《山海經》中的描述，此類人獸複合型造型的神禽大部份都是神靈，或者是山神。即然是山神，那本件玉雕就應該是與祭祀山神有關的神物。在《山海經》的海外東經中，東方有東方句芒，鳥身人面，乘兩龍。

句芒的出現與天地之間傳遞消息的使者有關。而本件人面鳥身，背上載著一隻小鳥，應該是四方使者之一，鳥是天神的信息傳遞者。本件人面鳥身獸足棲息鳥的造型與《山海經》中的記載很接近。除了《山海經》之外，在中國其他古文獻以及世界其他民族的神話和民族的圖騰記載中，一般都有半人半獸的形象。半人半獸的形象是新石器時代中晚期人類的社會由汎神論的萬物有靈發展，過渡到圖騰、祖先神崇拜時的特定產物。標示著此一時期人類的宗教信仰進一步進化。人面鳥身獸足棲鳥或許是原始社會後期氏族首領與圖騰相結合的造神反映。

從造型結構與心理學兩個層面上來看，人面、鳥身、獸足與棲鳥，這種人、獸、禽的複合型造型，在《山海經》裏，比比皆是。在出土的文物中，半坡、姜寨的人面魚紋彩陶、人首蛇身彩陶也都是人獸的複合型造型。印度河流域的宗教藝術中，大量的塑像是人與動物的合體。古埃及文化中，男神是蛙首人身，女神是蛇首人身，虛無之神是鷹首人身。古希臘、羅馬藝術中，人和動物的複合神像就更多了。實際上，複合型造型是一種自然屬性相加的視覺表達，不僅要達到與體現萬物有靈的目的。同時，還直接為「互滲律」的思維方式所孕育。它將某一物的自然屬性附會到主體物的身上。其主旨主要在強化和增大主體物的神靈性，體現了對超能力的崇拜。本件玉雕是屬於異質自然形體的複合。人鳥獸複合的形象具有濃郁虛幻和神秘的色彩。每一種複合形象都有其特定的文化內涵。原始人通過自然形體複合的造型方法，力圖展現出他們時刻所感同身受到的現實和超現實的神祕世界。在原始人們看來，鳥是一種擁有通天能力的神鳥，翅膀被原始人看作是一種具有神性的形象。透過本件紅山玉人面鳥身獸足棲鳥圓雕，為我們間接反映出當時紅山文化人所處的精神文明階段，萬物有靈的泛神論階段。它的人面尚未刻劃出雙眼，意味著此期的紅山仍舊是處在萬物有靈的母系社會階段。父系社會的思想可能尚處在形成時期的初期階段。附加的獸前足與站立於背部上的棲鳥都是為了進一步強化此尊造像的神通能力。棲鳥應該是部落的圖騰，代表信奉該神的氏族部落。紅山文化時期的人們在心中設立了一個至高無上，超越人間的「天」，其造象的意義在於通的能力，通天、通地、通人。對蒼天的敬畏和向往，成了現實人生最高的境界和目標。動物與動物之間可通、動物與植物之間可通、動物與人之間可通、植物與人之間亦可通。總之，天、地、人、神之間無所不通。通於一而萬事畢，無心得而鬼神服的終極目的是紅山文化人的終極理想。

從使用材質與顏色上來看，一般來說，針對重要造型的玉器，紅山

人都會選擇質優及顏色特殊的玉材來進行創作，如牛河樑遺址出土的雙獸首玉梳背飾。雙獸首玉梳背飾的玉質、顏色及造型都相當特殊，顏色偏白。興隆洼文化的白石小女神也是白色。古玉市場、拍賣圖鑑及私人的藏品中，也見到過白色玉質的豬龍、太陽神玉雕及鷹。因此，筆者推測，舉凡以白色玉質創作的玉雕都是紅山玉雕中重器中的重器。白色玉質的紅山玉雕少之又少，相當稀有與珍貴。在紅山人的心目中，玉是靈物、神物，是享神之物，是神靈降靈時的附身物。唯有選擇高檔、色澤特殊的玉質才能產生同物相感的靈性，配帶於巫師或者王者的身上，以強化其神力，凸顯其神威及崇高的身份與地位，像徵王者掌握天、地、人三者之神通的力量。本件玉雕玉質之優良，質感之溫潤，色澤之均勻，可以媲美新疆和闐白玉。從本件玉雕所折射出在圖騰信仰、政治地位、社會階段及精神文明等層面的訊息上來看，它都是一件戡稱為國寶級的文物。

編號21：紅山文化圓雕玉蛙

規格：長4.4×寬2.4×高2.4公分
質地：青白色岫岩玉

　　這是一件從未見過的紅山青白色岫岩玉蛙。玉蛙的出現使我們第一次看到紅山文化中存在著蛙的玉雕形象。史前時代的考古文化區系共分為六大區糸。六大區糸中，仰韶文化、大汶口文化、龍山文化、良渚文化及石家河文化中都有蛙形象的文物，唯獨紅山文化中未見蛙。蛙圖像在史前文化中的重要性使得我們不得不去想，紅山文化中也應該存有蛙紋的圖像。本件紅山圓雕玉蛙的出現剛好填補這一個缺口，玉蛙的出現剛好印證，在史前各文化中，蛙的重要性及其本身所承載的文化意涵。在史前人們的眼中，蛙的生活方式類似月亮的朔望交替，半明半暗。在月亮的出與沒中，月出像生，月缺像死，剛好與蛙的多眠互相吻合。大自然界中，盈缺不斷輪回的週期規律是史前時代人們對蛙的物侯觀念在文物上的展現。蛙代表月亮、生命繁殖。對史前的人們來說，蛙與月亮相互之間產生了天象與人事物間的交感類比。

　　從工藝上來看，玉蛙圓眼的週邊壓地，使眼球凸起，圓眼的週邊無

過渡的間層。嘴巴為大瓦溝槽。從眼睛及嘴巴的刻劃方式可以確定是紅山文化的玉雕。背部有褐色沁及白色細小剝裂狀的龜裂，這一特徵也是紅山文化岫岩玉的特徵。前兩足的刻劃方式非常與眾不同。玉蛙沒有雕琢任何的前肢，僅以大的圓鑽橫向鑽通蛙的身軀以作為前肢。大圓孔的內部經過仔細修整，琢磨絲毫不馬虎。大圓孔的樣式很像現代的汽車輪軸，也很像西漢時期的鳩車童玩玩具。這種刻意而為的大圓孔，必定有特定的使用功能。

　　從使用功能上來看，玉蛙或許是裝飾於權杖之上，也或許是巫師進行施法、占卜時，佩戴在頸上，通神靈的道具。也或許是一種我們目前尚不知道的使用方式。

　　從藝術的表現上來看，紅山玉匠的藝術創作來自於生活，但又不是完全忠實地模仿。在抓住基本特徵的基礎上，紅山玉匠摹寫對象時加以適當的誇張與變化。正如本件玉蛙所展現出的大圓凸眼及大瓦溝槽嘴是以一種似像而不像，神似形不似的面貌出現。紅山動物玉雕的創作往往展現出其藝術性高於生活性的特質。

編號22：紅山猴面蹲坐神人

規格：高6.3×寬3.8×厚2.2公分
質地：岫岩青黃玉

　　從雕塑的發展史上來看，距今八千至七千五百年前的史前時代，人類開始以骨、牙、石、陶等材質製作動物及人物雕塑。此期，動物的雕塑遠遠多於人物的雕塑。一般來說，雕塑品偏小，雕塑工藝較爲原始。大約在六千八百年至五千年前之間出現了小型的人像玉雕。因此期是玉雕的初創期，所以小型片雕居多，立體圓雕相當稀少。此期仍然以圓雕動物爲多。相形之下，人物玉雕就顯得更加珍貴稀有。到了距今五千年前後，宗教信仰上發生了重大的變化，母系社會萬物有靈的圖騰信仰退居次要的地位，屬於父系社會的祖先崇拜代之而起，人格化的雕塑大量出現。

　　從母系社會雕塑人物的造型上來看，母系社會人物的身上常見一些共通的特點。人物的雙手攢卷或握腕，左右手交叉於腹，曲肘或張臂伸手。人物雙腿跪坐，蹲坐，盤膝，盤腿正坐或直立。乳房及腹部凸起，臀部肥大，表現出陰部，肩膀圓潤。人物的五官及髮式刻劃清晰分明。顯然這些

雕塑人物都是作為母系社會中被膜拜的女神像。據宋兆麟的研究指出，母系社會人物的造型顯然都是為了安放於一定的底槽，栽於土地或置放於平臺上，作為神祇偶像供奉與膜拜的用途。這些雕塑人物是母系社會中萬物有靈的圖騰信仰物。

從人物雕像的造型上來看，在歷史上，人物雕像的出現具有劃時代的重要意義。它意味著人類對自身存在價值的認同。目前出土的紅山文化玉人中，只有牛河樑遺址十六號地點四號墓的一個例子。玉人雙腿并足站立，曲肘，雙手置於胸前。對於文物、藝術、考古研究等方面來說，玉雕人物身上所反映出的髮式、帽形、首及頸胸飾、服飾、容貌整理、刺青、姿態、人種等特徵都具有非常重要的收藏與研究的價值。

從複合的造型上來看，本件猴面蹲坐神人，在面貌上像猴子，在坐姿上像人，是人猴複合的造型。人獸複合的玉雕是母系社會萬物有靈的圖騰信仰。人獸合一的玉雕主題含有圖騰信仰的特徵，可能是佩戴於身上，或者縫綴在巫師法衣上的圖騰靈物、法器。以猴面蹲坐神人作為自己主要信仰的宗教主題與當時母系氏族社會的現象相同。本件紅山猴面蹲坐神人為猴面人身坐姿複合式造型的玉雕。神人蹲坐及雙手前拱置於膝上的姿勢是人類才會有的坐姿與手勢。猴面蹲坐神人顯然是母系社會時期圖騰信仰的神祇偶像。

從神話學的角度上來看，猴面人坐姿的複合造型反映出上古時期圖騰信仰中猴祖神話的母題。猴祖神話主要流傳在藏、緬語族的各民族之中。其猴祖神話大致上可分成兩種類型；一、猴祖創世的類型。二、是猴與女性始祖婚配締造人類的類型。距今六千年前的紅山文化比藏緬族的文化發展更早，處於東北的紅山文化或許也是猴祖神話原型的發源地之一。

編號23：紅山拱手大肚直立玉神人

規格：高8×寬4×厚3.3公分
質地：青色蛇紋石閃玉

　　從母系社會雕塑人物的造型上來看，人物的身上常見一些共通的特點。人物的雙手攬卷或握腕，左右手交叉於腹，曲肘或張臂伸手。人物的雙腿跪坐，蹲坐，盤膝，盤腿正坐或直立。乳房及腹部凸起，臀部肥大，表現出陰部，肩膀圓潤。人物的五官及髮式刻劃清晰分明。顯然這些雕塑人物是作為母系社會中被膜拜的女神像。據宋兆麟的研究指出，母系社會人物的造型顯然都是為了安放於一定的底槽，栽於土地或置放於平臺上，作為神祇偶像供奉與膜拜的用途。這些雕塑人物是母系社會中萬物有靈的圖騰信仰物。

　　從人物雕像的造型上來看，在歷史上，人物雕像的出現具有劃時代的重要意義。它意味著人類對自身存在價值的認同。

　　從複合的雕塑造型上來看，人獸合一的玉雕主題含有圖騰信仰的特徵，是母系社會中萬物有靈的圖騰信仰物。人獸合一的玉雕可能是佩戴於

身上，或者縫綴在巫師法衣上的圖騰靈物、法器。母系社會以圖騰及動物作為自己主要信仰的宗教主題與當時母系氏族社會的現象一致。

　　從造型上來看，本件紅山拱手大肚直立玉神人為複合式造型的玉雕。神人有梭形大眼，外翻的耳，三角形凸鼻及大闊嘴，頭頂上長著一雙後仰的圓錐形長角。面相上，神人不具備人的五官面相。神人的肩膀為九十度的圓角，雙手前拱置於胸前，刻劃出四指，有細腰，腹部凸起，臀部肥大，曲膝直立的姿態又接近女性的軀體。體態上，本件神人的外形似女性，像東山嘴的孕婦型女神像，但又像神獸，半人半獸的造型顯然是女神像與太陽神的合體神。本件神人是母系社會圖騰信仰、神祇偶像的產物。遠古時期的人類以善能生育之婦女為美。這一點已經被當時的陶器、石器等出土的人物、文物所證實。遼寧省喀左東山嘴兩件孕婦型女神像的體態與本件近似。本件神人曲肘的左右手，交叉於腹部的雙手，凸起的腹部，肥大的臀部，粗狀曲膝站立的腿等特徵都是企圖展現出女性的生殖特徵，從神人的造型反映出紅山人對於大地與女性生殖的尊崇與崇拜。

編號24：良渚陰刻扁平立體式鳥形玉器

規格：寬6×高4.8×厚1.35公分
質地：淡綠色透閃石玉

　　從鳥的圖像上來看，良渚文化中，鳥的表現方式有陰刻與立體兩大類。陰刻式的鳥可以進一步再區分成一式九類。如，玉琮、冠狀器、鉞、璜及鳥立臺形器上的陰刻鳥紋及黑陶上各式的陰刻鳥紋。立體式的鳥也可以區分成立體與扁平二式七類。立體式有新地里、福泉山、趙陵山及臺北故宮博物院的立體玉鳥。扁平式飛翔玉鳥有瑤山的一件及反山的四件。良渚文化的陶器也有仿生的鳥形陶器、堆塑的鳥形陶器。時代較早的河姆渡文化象牙匕狀器及雙鳥朝陽牙雕也都有鳥紋的圖案。從以上所舉的鳥紋圖像與雕塑中，人們更加可以看得出來鳥紋在良渚文化中的傳承及重要性。

　　從鳥的種類上來看，良渚文化的鳥類都是較爲嬌小與溫順的燕、雀、鳩。與良渚文化恰恰相反，紅山文化的鳥類都是猛禽類的鷹、鴞鳥類。

　　從工藝上來看，本件良渚文化玉鳥的圖案是陰刻式的鳥，但造型是扁平式。玉鳥的造型是良渚陰刻與立體式兩大類鳥的結合，是目前唯一的一件陰刻扁平立體式玉鳥。它結合了陰刻、鑽孔、立體與扁平四種工藝於一件器物之上，非常的特殊。

　　從紋飾上來看，在紋飾的刻劃上，本件玉鳥與反山玉琮及玉鉞上的陰刻鳥紋相似。玉琮及玉鉞上陰刻的鳥紋是代表神權的太陽鳥。而有著陰刻鳥紋的玉琮與玉鉞及各式的黑陶都是重器。反山及瑤山遺址又都是良渚的帝王大墓，可見鳥的造型在良渚文化中的地位及重要性。良渚文化的鳥是太陽鳥，往返於天上與人間的神鳥，代表著由神所授予王者的神權、王權與軍權。

　　從使用的功能上來看，本件玉器上有一個上下貫通的大鑽孔，應該是用來連綴於其他物件的用途，以張顯佩戴者的王者風範。

　　從鳥的文化含義上來看，良渚是一個信奉太陽，崇拜鳥的民族。在良渚人的信仰中，鳥最接近太陽，鳥是能往返於天地之間的神禽，鳥能將天的意願下達傳遞至人間帝王的手中。鳥是太陽的化身，是代表天帝的使者，是崇高神聖的象徵，表彰王權神授的觀念。因此，無論陰刻，或者立體表現的鳥都是地位崇高的表徵，唯有王者才夠資格佩戴。

編號25：石家河對鳳神祖紋玉鱉

規格：長5.3×寬3.4×高2.1公分
質地：黃色岫岩玉

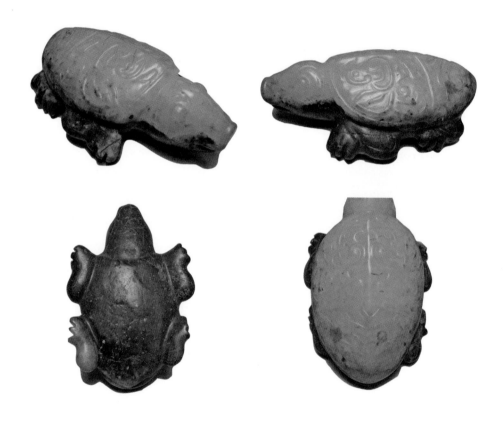

　　這是一件從未見過的石家河文化黃玉鱉。玉鱉為特優質的黃色岫岩玉。史前的苗、蠻先民們顯然已經有了以顏色與質地來區分貴賤等級的觀念。

　　從造型上來看，玉鱉呈站立狀，兩側凸出四隻三腳趾的足。在造型上，玉鱉較接近紅山文化的玉龜，而不像良渚文化的玉龜，玉鱉的造型應該與紅山文化的玉龜有更深的淵源。

　　從工藝上來看，玉鱉是以減地、壓地的工藝來形成全器的凸陽紋。

　　從紋飾上來看，玉鱉的大圓凸眼上有月彎形的凸眉，極富特色。玉鱉有雙圓孔的豬形鼻，鼻頭邊有卷雲紋，嘴巴上有陰刻線及橫穿孔。甲背上的脊樑線分明。龜甲的下部有神人。神人露獠牙，戴船形帽，穿耳環，風格上近似龍山文化的神人。神人紋的上方有對嘴側立的雙鳳鳥。鳳鳥粗腿，羽翼上揚，尾翼往下彎垂內勾。雙鳳鳥的樣式較接近商代早期的鳳鳥紋。頭與四肢以龜甲作為區隔。腹部為圓弧形，短三角形的尾收於腹下。玉鱉底部已深沁成棗紅色。本件石家河對鳳神祖紋玉鱉的紋飾同時具備了紅山、良渚、石家河、龍山及商代文化的紋飾於一件器物之上，很有特色。因為這五個文化同為東夷族。在文化的基因上，五個文化之間有前後繼承與演變上的關係。

　　從紋飾的含義上來看，神祖對鳳紋代表太陽神（太乙神、太一神）及隨侍在側的太陽鳳鳥，紋飾代表著史前先民對太陽的崇拜。龜甲象徵天穹，龜腹甲代表大地（黃色），鱉的四足代表四極，支撐天穹的四根擎天柱。龜甲突起，脊棱中分龜背使成為左右的兩半，以表示天穹的陰陽開合。左右向的雙鳳代表著太陽的東昇與西落，一天中的日夜與白黑，陰陽的循環往復。整個玉鱉代表了天地宇宙的模式。從這件玉鱉作品中亦顯露出石家河文化中應該盛行著龜靈的崇拜。對石家河的人們來說，龜是靈物。在中國的星占上，龜能上通天意，下達民情。龜首豬鼻的雕琢方式可能亦代表對於北斗七星的崇拜。在中國古籍中，早有「北斗化身為豬」的說法。因此，石家河文化應該同時盛行著太陽崇拜與北斗崇拜。太陽崇拜是石家河文化本族既有的文化，北斗崇拜應是承襲自中原的龍山文化。根據楊建芳的研究，堯舜禹時期，華夏打敗了三苗，將三苗遷徙至三危地區。因此，北斗崇拜應該是華夏、三苗長期戰爭衝突中，三苗人在文化上學取了華夏龍山文化的北斗崇拜。本件玉鱉是巫師隨身佩戴之靈物，是內涵最為深厚，反映出多重文化與天文意識的一件珍貴文物。

編號26：商代晚期圓雕轉首玉臥牛

規格：長11.8×寬7.8×高5.8公分
質地：和闐青玉

　　從牛的主題上來看，從舊石器時代晚期至明清時期，在藝術的創作中，牛的主題從來不曾間斷過。牛是人類最早圈養的重要動物之一。牛被人類作爲肉食、牛役，甚至被作爲貴重的牲禮，奉獻給神靈與祖先。甲骨文中，牛 ♀ 及羊 ♀ 以頭部的正面形象表現方式顯現出牛及羊的重要性。其餘的動物都是作側面全身式的表現方式，如虎字作 ♛。按照古禮的規定，一般只有天子及諸侯才能使用牛、羊、豕三牲大牢作最隆重的祭祀禮。這件玉牛應該就是在這樣的需求下所創造出來的藝術珍品。出土的商代玉牛分爲二式：牛首轉首伏臥及跪臥式。這些姿態應該都是作爲牲禮的表現方式。商代出土玉器的量數以千計，但大多數爲片雕，立體圓雕的數量很少。這些數量稀少的立體圓雕件都是出土自商代的帝王大墓。

　　從造型上來看，本件玉牛的體積很大，長度達12公分，造型優雅，

雕工又精，絕對是出土自帝王的大墓。雖然本件玉牛不是商代玉雕琢中，唯一的一件玉牛。但是從其尺寸、優質、立體巧雕等特色上來看，其他的商代玉牛都無法與本件玉牛相比。

　　從藝術的表現上來看，在身軀的比例上，玉牛的四肢明顯過大，底部平坦，頭位於身軀近中央的部位不是很合理，似乎有違反身軀比例的原則。但仔細察核下，玉牛是一件籽玉雕琢的作品。爲了配合玉材原有的形狀，在不做大塊面積截減的原則下，玉匠只能選擇將頭擺放於現有的位置。這種巧雕的方式也反映出，在面對每一塊不同形狀的玉材時，商代玉匠所展現出的構圖巧思及熟練技術。

　　從甲骨文字上來看，筆者認爲，商代動物的角、眉、目、羽毛、耳、鼻及背（北）等刻劃的方式應該是仿傚商代的甲骨文文字，這是商代一種以圖畫性的甲骨文字來對禽鳥與獸的五官與軀體進行刻劃的獨特方式。商代玉雕，在針對動物各種不同部位的刻劃，都有獨特的使用規則。這或許與商代時期，文字仍然是處於初創的階段有關。商代的甲骨文字中，依舊充斥著大量的象形文字。這種圖畫性的甲骨文字是在文字尚未完全脫離象形文字階段以前，一種介於圖像與文字之間的文字。隨著文字不斷地進步變化，春秋戰國以後，部份圖畫性的甲骨文字便消失不見了。針對此一現象，值得作更進一步的深入研究。例如，商代的玉雕中，角 A 使用於動物之雙角上，並且以角中間的三角形陰刻紋 ⋀ 作指示上方與下方的作用。三角紋 ⋀ 指上方，三角紋 ⋁ 指下方。本件臥牛的三角形短尾也是以三角紋 ⋁，作下方的指示作用。動物眉與目的刻劃方式與商代甲骨文文字中的 𠂤 眉與目 ◔ 如出一轍，目 ◔ 就是所謂的臣字目。羽毛 𣥂 刻劃的方式爲多列並排的方式，翎毛中輔助以鉤紋。羽毛可以作爲禽鳥的羽翼或者獸的毛髮紋，羽毛一律置放於禽鳥與獸身軀的左右兩側。耳朵的刻劃方式近似甲骨文耳 𠂤。鼻子的刻劃方式近似甲骨文的鼻 𠂤 字，但只取用甲骨文鼻字中的下半部，並且將兩側的卷曲度加大，成爲卷雲紋式鼻。動物的背部紋飾近似甲骨文的背字 𠈌，但當時的背字作「北」字，沒有下半部的月部，人字相背的兩隻長腳再向上勾捲。

　　從特殊的紋飾上來看，菱角紋◇被置放於動物的額心以表示額頭。菱角紋的刻劃與巫術信仰有關。菱角紋的使用源自於史前時代的岩畫，良渚、夏代、商代都使用菱角紋於動物的額心。卷雲紋被置放於禽鳥與獸的肩膀，四肢上再刻劃「Ч」字形的陰刻紋。動物蹄及腿間的分界以平行陰刻線作爲分界線。重環紋（盾形紋）被置放於動物之頸椎部位及身軀上。重環紋及雙重菱角紋表示鱗片。祖形角 ⌘ 表示龍及鳳的角。

編號27：商代鶚踏人首蛇身玉墜

規格：高6×寬2.1×厚1.15公分
質地：白色和闐玉

　　從造型上來看，本件商代鶚踏人首蛇身玉墜為複合式的造型，構圖的主要元素有鶚、人首及蛇身三大部份。鶚的主題經常出現在商代的各類文物上。本件玉雕的人首作側臉的表現方式，有似船型帽的橫髮，單陰線眼，人首的面相比較接近石家河的人首。蛇身及重環紋這兩種紋飾也經常出現在商代晚期的文物上。在造型上，以鶚、人首及蛇身構成複合式的造型是從未見過的造型，造型相當獨特。

　　從造型的比較上來看，本件鶚踏人首蛇身玉墜與北京故宮的石家河鷹擄人首玉佩、上海博物館的石家河鷹擄人首玉佩及美國紐約歐內斯特──埃里克森的石家河文化玉觿的構圖相同，四件玉器都是鷹（鶚）及人首的構圖，人首都作側面的表現方式，並且四件都是鷹（鶚）在上，人首在下的圖像。從本件玉器之上，又再一次呈現出石家河與商文化，兩文化間關係的密切，兩者都是東夷、苗蠻的文化。

　　從人首蛇身的比較上來看，本件玉雕的人首蛇身與河南寶相寺春秋黃君孟夫婦的一對人首蛇身玉飾的造型相同。依據學者的研究指出，黃君孟人首蛇身玉飾是表現伏羲女媧的玉雕。有些學者認爲人首蛇身玉飾代表華夏族。但是，依據林繼來的研究，這一對玉雕片分別創作於石家河及春秋兩個不同的時期。（玉文化論叢1——林繼來）。

　　從本件玉墜單陰線及雙陰線假陽文的裝飾方式上來看，鴞踏人首蛇身應該是商代中期的玉雕。與黃君孟的人首蛇身玉飾比較，本件商代鴞踏人首蛇身玉墜增加了鴞鳥的紋飾。從石家河至商代、春秋這一段期間都有表現伏羲女媧的玉雕。

　　從紋飾的文化含義上來看，鴞由於其獨特的生理結構及生活方式被商代的人們視爲聖鳥，是商人心目中的神鳥，地位非常的崇高。顯然商人安排鴞鳥踏於人首蛇身之上是有優先順序上的排序作用，鴞鳥的地位尊崇。筆者認爲，鴞代表東夷文化，商人也是東夷族的一支。人首蛇身代表夏族、夏代文化。鴞鳥踏於人首蛇身上的構圖應該代表著中國歷史上華夏及東夷兩大集團長期以來東西對抗的結果。最終，來自於東方的商人打敗西邊的夏人。商人取代夏人，成立商朝，成爲天下的共主，夏、商兩個民族最終融合爲一體。鴞踏人首蛇身玉墜眞實地反映出夏、商融合的重大歷史事件，意義非凡。商代滅亡之後，周人爲了表明其統治的合法性，刻意對鴞鳥的形象進行詆毀，使其成爲惡鳥，鴞鳥從此在從中國的歷史舞臺上消失不見。

編號28：戰國中山國鳳鳥騎天馬玉佩

規格：長3.8×寬1.5×高2.6公分
質地：和闐青白玉

　　從造型上來看，本件玉雕爲複合式的造型。構圖是鳳鳥騎馬。

　　從造型的比較上來看，在出土及傳世的文物中，怪獸騎馬的文物有許多件。玉器中，一、陝西咸陽漢元帝渭陵附近漢代遺址的仙人騎馬玉飾。二、臺灣金華堂的熊獸佩。三及四、河南洛陽小屯村戰國的兩件童子騎獸。仙人騎馬，長8.9，寬3，高7公分，新疆優質羊脂白玉。熊獸佩長3.2，寬1.7，高3.4公分，雕一胖熊騎乘於馬上。童子騎獸人獸複合玉雕，一件長3.3，寬1.4，高3.1公分，另一件長1.8，寬0.8，高2.5公分。年代上，除了仙人騎馬玉飾是漢代的玉器外，以上這四件複合式造型的玉雕（包括本件）都是戰國時期的玉器。在構件上，本件鳳鳥騎天馬與熊獸佩較爲接近，兩件都是神獸騎馬的造型，馬都作跪臥的姿態，其餘的三件都是人騎馬及虎的造型。尺寸上，各分別長1.8、3.2、3.3及3.8公分，尺寸也較爲接近（不包括漢代的仙人騎馬）。金器中，本件鳳鳥騎天馬與新疆阿合奇庫蘭薩日克春秋戰國金質鷹鹿飾的主題相同，兩件同樣爲祥禽騎獸

的主題。本件鳳鳥騎天馬長3.8公分，金質鷹鹿飾高3公分，兩件的尺寸都不超過4公分。在地域上，金質鷹鹿飾是鄂爾多斯草原文化的金器，而本件鳳鳥騎天馬的刻劃方式較接近戰國中山國玉器的風格，鳳鳥騎天馬的造型具有草原文化的藝術風格，鳳鳥騎天馬可能是出土自戰國時期的中山國，一個由白狄所建立的國家。

　　從本件鳳鳥騎天馬與戰國、漢帛畫的比較上來看，長沙子彈庫楚墓的《御龍升天圖》及長沙東南郊陳家大山楚墓的《人物龍鳳帛畫》。因為這兩幅圖畫是繪圖於帛書之上，因此兩幅帛畫有較多的空間來表示更多與主題相關的附屬性裝飾元素。因此，在這兩幅帛畫中，除了有玉雕上人及獸的主題之外，帛畫中亦見到了代表天、地的魚、鶴、華蓋及龍鳳。因為帛畫作品注入較多的組合元素，更進一步的勾勒出此類神獸騎馬、人騎馬及虎玉雕的主題是墓主人駕馭飛龍升天、龍鳳引導墓主人靈魂升天的主題。兩幅帛畫中，人物及獸行進的方向也都是朝向西方。西漢馬王堆一號墓和三號墓的T形非衣帛畫也繪有神靈騎獸相背而立，飛奔東西的圖像。針對這種奇特複合造型的解釋，張光直指出，這些坐騎是巫師的助手，幫助引導墓主人的靈魂升天。這一主題也就是中國古代美術中，常見的人獸關係母題「巫蹻關係」。道教中，道士所使用的龍、虎、鹿三蹻具有載人昇天的能力。筆者認為，巫蹻圖像可以往更早的史前時代的文物中去追尋。良渚文化反山大玉琮上的神人獸面紋就是神人騎獸的複合紋飾，玉琮上的神人獸面紋是太陽神、（太乙神）及其使者太陽鳥的關係。隨著時間發展至戰國時期，雖然神靈神仙的色彩仍舊彌漫著整個社會，但紋飾已經演變成駕馭飛龍、神獸騎馬、人騎馬及虎、龍鳳引導墓主人靈魂升天的意向。

　　從創作年代的背景上來看，本件玉雕就是在這樣一個企求靈魂升天的社會氛圍下所創造出來的藝術品，具有重要的時代精神與意義。與良渚的神人獸面紋比較，本件玉雕的構件由獸面紋變成神馬，神人被鷹鳥所取代，因為，馬與鷹都是草原文化更為熟悉的奔馳與飛天的神獸。

編號29：戰國楚國奮翅揚尾鳳銜蟠龍圓雕

規格：長3.9×寬2.5×高3.4公分
質地：和闐白玉

　　從龍鳳的主題上來看，在「破譯天書」一書中，蔣書慶指出，戰國、兩漢時期的鳥啄魚構圖源自於仰韶文化彩陶花紋中的鳥啄魚圖像。特別是陝西寶雞北首嶺的鳥啄魚細頸壺以及河南臨汝閻閣村出土的鸛鳥石斧圖。鳥啄魚的圖像發展演變至戰國、兩漢時期，鳥啄魚的含義逐漸向世俗化的方向發展，演變成受人們喜聞樂見，具有關照庇護的龍鳳吉祥瑞物。戰國、兩漢時期有許多以鳥魚為主題的文物，如秦代鳥啄魚瓦當、漢代鳥啄魚畫像石、漢代漆器上的鳥魚紋、鳥魚紋銅洗、鳥銜魚燈具等。蔣書慶指出仰韶文化時期的鳥啄魚紋是陰陽交而萬物生，農業生產季節到來的信號，是對自然一定規律寓意的象徵與再現。有些學者對鳥啄魚紋的解釋，除了陰陽的交合外，還有圖騰、習俗等意義。筆者認為，河南臨汝閻閣村的鸛鳥石斧圖應該是象徵著廟底溝的鳥族打敗了半坡的魚族，兩族合併為

一族的意涵。到戰國、兩漢時期，鳥啄魚的圖像又分枝發展成龍與鳳的主題。鳥進一步變化爲鳳，魚變化爲龍。因爲鳥、鳳都是空中的飛禽，魚、龍都是水中的生物。鳥與魚進一步優質化，幻化爲龍、鳳神瑞。由魚至龍、從鳥到鳳的變化應該肇始於商周，而形成於戰國、兩漢時期。在主題上，本件鳳銜蟠龍的造型就是由史前仰韶文化的鳥啄魚優質化所形成的龍鳳。鳳銜蟠龍是當時人們心中祥瑞的代表。

　　從造型上來看，本件玉鳳嘴中銜著龍，雖然龍首的特徵非常清楚明顯，龍身也已經遍佈著鱗紋，但龍身偏長，還未能從水中的生物（魚）中跳脫出來，未變成四足的獸身。再看鳳鳥奮翅揚尾的造型，很明顯地，鳳鳥是戰國時期楚國的鳳鳥，鳳鳥飛騰，氣勢與動態十足。鳳鳥有一雙近似人的大腳。大腳有四趾，腳掌與腳跟刻劃細膩分明。這種同時保有鳳鳥及人腳特徵的複合式造型玉雕體現出異質自然形體的複合。

　　從複合造型的文化內涵上來看，鳥與人腳複合的形象具有濃郁虛幻和神秘的色彩。每一種複合的形象都有其特定的文化內涵。從本件玉雕中，玉匠力圖展現出他們時時刻刻所感同身受到的現實和超現實的神祕世界。附加的人腳與口中銜龍蛇的動態鳳鳥都是爲了進一步強化此尊造像的神通能力。其造象的意義在於通的能力。通天、通地又通人。對於戰漢時期的人們來說，對蒼天的敬畏和向往，成了現實人生最高的境界和目標。動物與動物之間可通，動物與植物之間可通，動物與人之間可通，植物與人之間亦可通。總之，在先民們的心中，天、地、人、神之間無所不通。

編號30：戰國玉鳩杖首

規格：長10.3×寬3.5×高4.5公分
質地：和闐青白玉

　　從鳩杖的發展史上來看，鳩杖又稱爲鳩杖首，就是在手杖的扶手處做成一隻斑鳩鳥的形狀。在古代，鳩首杖是長者地位的象徵。考古發現證明，早在距今三千五百年前的青海湟源卡約文化遺存中，就發現有青銅鳩杖。所以，鳩首杖最初應該是原始部落的權杖。鳩首杖與遠古先民的鳥圖騰崇拜有著密切的關係。後來，隨著社會的演變與文化的發展，鳩首杖的權杖功能逐漸淡化，地位下降，幫助老人行走的功能逐漸凸現，鳩首杖尊老敬老的象徵意義逐漸衍生。漢代更是以擁有皇帝所賜的鳩杖爲榮，故鳩首杖又稱「王杖」。據《禮記・王制》中的記載，漢代規定，七十歲以上的老人持有官府頒發的鳩杖，可以享受特別的優待，出入官府衙門，不受限制，行走王土，食宿均有照應，做小本營生，一律免稅務。並且身份與地位受國家的保護，有膽敢欺凌拄鳩杖老人者以蔑視皇帝罪論處，嚴重者處以死刑等等。可見，古代的鳩杖就是老人受優待的「老人證」。《漢書・禮儀志》中記載，漢明帝在位期間，曾經主持過一次祭祀壽星的儀式，還安排了一次特殊的古稀老人宴會，只要年滿七十歲，無論貴族還是平民，都有資格成爲漢明帝的座上客。盛宴之後，皇帝還贈送酒肉、穀米和一柄做工精美的手杖。甘肅省武威縣磨嘴子漢墓出土過西漢帝王，武帝

及宣帝贈老人王杖的詔書令簡冊。但是魏晉以後，斑鳩的王杖換成了桃木手杖，鳩杖的政治教化功能也逐漸被削弱。而依據道教的信仰，桃木能袪病，強身，延年，益壽，過去象徵特權的王杖產生了功能上的變化，變成了壽星手中袪病強身的長壽吉祥物。

從造型上來看，本件斑鳩俯首，後腦上有雙叉的羽冠，喙下有綴肉。羽翅刻劃精緻，栩栩如生。雙翼翅呈包合狀，長尾斜直。雙腳踏於扭絲繩索之上。腹部下有一個圓銎，圓銎的兩側有穿孔是作為安裝杖桿之用途。本件玉鳩杖首的年代為戰國晚期。

從造型的比較上來看，本件戰國晚期玉鳩杖首的造型可以與北京故宮博物院及臺北故宮博物院的玉鳩杖首的造型比對。三件玉鳩杖首最顯著的差異為首部、羽翅及尾部的部份。戰國玉鳩杖的鳥首低垂，漢代玉鳩杖的鳥首平視。戰國玉鳩的羽翅往上合攏，漢代玉鳩的羽翅往下合攏。戰國玉鳩的尾部為圓柱形，漢代玉鳩的尾部為偏扁平形。鳩杖首在此期人們的心目中是長者身份與地位的表徵。在身份與地位上，玉質的鳩杖首為最高的等級，數量不多。

編號31：戰國燕國立熊抱雙羚羊紋玉墜

規格：高5×寬3.6×厚1.65公分
質地：和闐白玉

　　從燕國的週遭環境上來看，春秋時期，燕國的疆域主要包括冀北，今北京地區和遼寧西部的大凌河流域。疆域周圍多分佈著戎狄和貊部族，東南與齊國鄰接。戰國燕文侯時（西元前三六一～三三三）燕國東邊有朝鮮、遼東，北邊有林胡、樓煩，西邊有雲中、九原，南邊有滹沱、易水。戰國燕昭王時（西元前三一三～二七九），在燕國東北方內蒙古赤峰和遼寧朝陽及其周邊地區居住著東胡。大將秦開率軍攻打東胡，東胡大敗。燕國在東胡居住地區設立了上谷、漁陽、右北平、遼西、遼東五郡，並且沿著邊境修築了長城。朝陽地區屬於右北平郡和遼西郡。在歷史上，燕國居北方，因長期與草原遊牧民族接壤，因此聚集了許多不同的文化。在燕國的文化中，商的文化因素最重，周的文化因素次之，間或顯示出少量的張家園上層文化及北方其它民族的文化因素。

　　從造型上來看，本件立熊抱雙羚羊紋玉墜的熊首採高浮雕的正面像。熊首的下端有兩隻羚羊作側身相對臥。熊與羚羊巧妙結合的構圖流露

出北方草原遊牧民族的特有紋飾。

　　從造型的比較上來看，本件立熊抱雙羚羊紋玉墜與春秋中期朝陽十二臺營子墓群出土文物的構圖相同。動物的頭部居於正中央的位置，左右側的動物作側面的表現。根據烏恩岳斯圖的研究指出，此類結合浮雕、透雕、圓雕及野獸形象的藝術表現方式是西周中期至春秋中期長城地帶中段所特有的藝術形式，不見於其他地區以外的草原遊牧民族（北方草原考古學文化比較研究）。本件玉雕與河北易縣燕下都三十號墓的浮雕熊羊鑲嵌松石金飾件的造型相同。燕下都金飾件長4.9，寬3.8公分。在外型、長度及寬度上，兩件玉雕幾乎雷同。燕下都金飾件的背部有輾刻記重的銘文「二兩十一朱」。此類金飾件共出土六件，列為二級的文物。燕下都墓出土的金飾片總共十八片以上。燕下都三十號墓的墓主為貴族。浮雕熊羊鑲嵌松石金飾件現收藏於河北省的文物研究所。另外，本件玉雕的造型、構圖也與劉勝、趙眛及劉母智的對羊紋金飾片的造型、構圖相同。劉勝、趙眛及劉母智對羊紋金飾片的鷹首及羚羊為浮雕，兩隻羚羊也作側身相對。以上所列舉的文物皆出土自皇室貴族，異常的珍貴。

　　從使用的功能上來看，本件玉墜可能與當時人們的巫術信仰及祭祀活動有關。玉墜可能是作為佩帶的法具。

　　從紋飾的文化含義上來看，熊與羚羊是圖騰崇拜反映到藝術的作品之中。熊是中原與北方文化都有的圖騰，羚羊是北方草原遊牧民族的圖騰。本件玉墜是戰國時期中原與北方草原文化彼此交融為一體的最佳表現載體。

編號32：西漢玉馬首

規格：寬7×高6.2×厚2.8公分

質地：和闐青白玉（大型組裝件的附件之一首部）

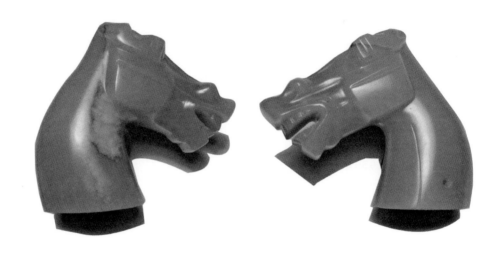

　　從馬的主題上來看，漢代是一個洋溢著生命與激情活力的強大封建帝國時代。漢代疆域遼闊，國土廣袤。在當時，馬是一種長途交通的運輸工具，更是戰爭時期的重要軍事裝備。漢武帝為了鞏固國防，開拓疆土，武裝騎兵，抗擊北匈奴，積極建設騎兵，引進西域良馬，設立了馬政，重視馬的培育與改良。馬成為國家統一，民族強盛的標誌。良種馬匹被看成是各級官僚等級身份和禮儀的標誌，成為了財富和地位的象徵。由於馬在當時的特殊地位、作用以及受帝王的喜愛，在客觀上，促進了有關馬的藝術創作發展。馬成為漢代繪畫和雕塑中經常出現的題材和內容。漢代的陶馬和青銅馬較為常見，以陶馬較多。木馬也有，玉馬最少。最有名的青銅馬是甘肅省武威雷臺墓的東漢青銅馬踏飛燕。漢代的玉器中，圓雕的玉牛、玉羊較為常見。相較之下，玉馬的數量就顯得很少。玉馬有北京故宮博物院的漢代有翼玉馬、陝西咸陽博物館的漢代玉雕羽人馭馬、英國國立維多

利亞阿伯特博物院的漢代青玉玉馬、南京東晉墓的玉馬首。漢代玉圓雕的藝術價值最高，表現手法注重寫實。

　　從造型的比較上來看，本件玉雕只剩下馬首。本件玉馬首與英國國立維多利亞阿伯特博物院漢代青玉玉馬的馬首同類型，兩件玉馬首都是漢代大型拼裝玉馬的馬首部件。在琢刻的風格上，兩件馬首相同，馬張口，露齒，嘶吼，鼻孔向外奮張，馬臉頰上的線條剛直，具備令人震撼的藝術感染力。

　　從藝術的表現上來看，本件圓雕玉馬垂首，張口，露齒，嘶吼，鼻孔向外奮張作吐氣狀。馬的神情逼真，一股蓄勢待發，張力動人的模樣，馬首充滿了動勢與靈氣。馬臉頰上雄健與渾厚的肌肉增添了馬的威武雄壯。漢代玉器雕琢的表現手法較為寫實，此玉馬首正是其中的優秀作品。在漢代的藝術作品中，動態、力道與氣勢就是它的本質，所塑造出的動物形象具有更多的野性。本件圓雕玉馬首就是一匹隨時在等待著機會效命於疆場的戰馬英姿。玉馬首穿越時空，留存至今，是漢代那個強大洋溢著生命與激情活力帝國時代的一個小縮影。藉由觀賞馬首之中，讓今天的觀看者依舊可以感受到漢代那股雄渾與豪壯的氣息。

編號33：西漢回首抬頭扭身角觝玉牛

規格：長6.45×寬4.2×高3公分
質地：和闐白玉

　　西漢時期社會安定繁榮富裕，百戲表演藝術非常發達。人們圈養動物，從事各種鳥禽、猛獸類的戲劇表演。從造型上來看，本件玉牛展現出一隻當時正在進行角觝的公鬥牛。

　　從藝術的表現上來看，牛回首揚頭，雙眼圓瞪，張口，齜牙，裂齒，鼻孔奮張。牛扭身回首作防衛的姿態。左前腿前伸，右前腿折腿臥地。後兩腿作一前一後的行走狀。四腿皆作低臥彎曲狀以保持身軀重心的

穩定，避免遭受對手的攻擊。牛尾上舉貼於右臀成S形的姿勢亦呈現出牛是處於防禦的狀態。牛的脊樑凸起，脖子下的肌棱分明，全身的肌肉健狀，扭力十足，充分體現出雙牛間互相纏鬥時牛所展現出的力與美。

從漢代的畫像磚石上來看，河南南陽的漢畫像石保留了許多西漢時期人們進行角觝鬥牛時的圖像。東漢後，因戰爭為社會所帶來的動盪與不安，角觝鬥牛便逐漸失去了存在的基礎。

從牛種上來看，漢代時期河南南陽的人們最喜歡從事公牛角觝鬥牛。因此，本件玉牛或許是表現河南南陽的黃牛。本件玉牛有八字形的短角，牛腹部下刻劃出公牛的睪丸及生殖器。

從玉牛造型的比較上來看，本件西漢回首扭身角觝玉牛與震旦博物館的漢代玉牛的造型接近。震旦玉牛長12.4，寬8.2，高4.7公分。尺寸上，震旦博物館的漢代玉牛較本件玉牛大。兩件玉牛都是正在進行角觝的公鬥牛。

從鬥牛的文化含義上來看，據牛天偉、金愛秀兩位學者的研究，民間流行的鬥牛角觝戲是源自於古老的蚩尤戲。神話傳說中，蚩尤有牛的特性，體壯好鬥，耳鬢如劍戟。蚩尤頭戴牛角與軒轅氏黃帝相觝，被人們奉為戰神。在民間農閒時，人們三三兩兩頭戴牛角相觝。戴牛角相觝是對遠古時代牛圖騰，牛好鬥習性的崇拜孑遺。戴牛角相觝更是因緬懷戰神蚩尤的行為而演變成民間的一種角觝戲。西漢時期的立體玉牛不算多，角觝式玉牛更是稀少珍貴。角觝玉牛的存在呈現出西漢時期曾經存在過的那一段因社會安定繁榮，倉稟充足，人們生活富裕，百戲表演藝術得以發達的真實寫照。

編號34：東漢直立小象

規格：長4.6×寬2.6×高2.9公分
質地：淺黃色和闐玉

　　從象的活動痕跡上來看，依據學者們的研究，中國古代的黃河流域
有象的活動跡象。河南簡稱「豫」，因爲河南原本有象群。甲骨文中的
「象」爲 ♀ 。關於中原地區對大象的記載一直持續到西漢。從西漢以
後，大象的蹤跡就越來越往南移。唐代時浙江一帶還有大象。北宋時，象
群一度北移，再往後期，就只剩下雲南有象群。

　　從象的主題上來看，早在石家河文化中就有陶塑的象。商代有象紋及
象尊的青銅器。商代的玉象有片雕、圓雕兩種。商代的玉象遍體刻劃著雙
鉤紋飾，是屬於神靈性的動物，尚未跳脫史前時代萬物有靈的動物崇拜階
段。目前未見任何有關於西周象的雕塑作品。漢代象的文物不多，河南洛
陽孟津東漢石象是漢代帝王陵園的神道石象。河南省新安縣古路溝東漢墓
的陶騎象童子是百戲中戲象演出場景的忠實再現。漢代畫像石中的象則是
馴象的場景。無論是石象、陶象還是畫像石象，漢代的象都是作寫實的表

現方式，已經跳脫神靈性，進入寫實創作的風尚。唐代的象也不多，有一件胡人騎象作雜耍表演，也有臥象玉雕，是漢代戲象主題的延續。宋代有童子洗象玉雕，見編號41號的作品。明清兩代，玉象的作品增多，多數為複合造型，作品有吉祥的寓意。

從工藝上來看，本件玉象的姿態、地子、額頭、耳、眼、鼻、尾的製作顯得較稚嫩笨拙，不夠細膩，時代特徵偏向東漢時期。

從象的種類上來看，雖然現今中國象已不多，但仍可與現存的四種亞洲象進行比對。一般來說，亞洲象的耳朵較小，背脊隆起，額頭上有兩個隆起的橢圓形。雌象的牙較小，前腳有五蹄，後腳有四蹄。本件玉雕象的耳朵較小，額頭上就正好有兩個隆起的橢圓形。明顯地，東漢玉匠是以中國的本土象作為範本而創作了本件玉象。但本件玉象的前後腳都只有三蹄，不知道是不是因為小象發育未成熟的原因。

從造型的比較上來看，本件東漢直立小象與洛陽孟津東漢石象的造型相同。兩件都是寫實的作品，但孟津石象是成象，而本件玉雕象是幼象。玉象的出現宣告著漢代對於動物的雕塑已經跳脫先前朝代的神靈性，開始進入世俗化寫實風尚的描述。筆者推測，本件玉象原本應該有一對，為一對的母子象雕。因為青銅器象尊的背上常鑄有一頭小象作為蓋鈕，青銅象尊也都是一對的母子象。

從象的文化含義上來看，石雕象、陶塑象、玉雕象、青銅象尊的出現應該與當時的圖騰信仰、舜帝象耕傳說、避邪、祭祀及特定的農耕禮有關。

從年代的背景上來看，漢代由於社會安定繁榮富裕，百戲表演藝術得以發達。圈養大象從事象戲的表演成為從帝王至一般百姓所喜好的百戲表演項目之一。本件小象所表現的是一隻東漢時期被圈養著倍受呵護的小象。

編號35：東漢魏晉單手抱膝坐地搔首蟠尾玉猿

規格：高4.4×寬3.5×厚2.6公分

質地：和闐青白玉

　　從造型上來看，玉猿坐地，右手抱膝，左手搔首，尾巴蟠捲至左腿上。

　　從紋飾上來看，玉猿的臉內凹，雙眼又圓又凸，有長凸鼻，雙鼻孔，陰刻的嘴及半圓形的耳，五官有猿的特徵。四肢刻劃出五趾爪，頭頂及腹肌上有波浪式的皺紋，腹部上有乳頭及肚臍。

　　從工藝上來看，玉猿內凹的臉及凸圓眼都是必須耗費長工時才能完成的工藝。鼻孔為桯鑽鑽孔的工藝。頭頂及腹肌上的波浪式陰刻皺紋是以砣刀經多次修整而成頭尾尖，中間寬的凹槽。五趾刻劃精細。玉猴的背部從腦後至尾部有一道規整的背脊線，背部的右側亦有一道垂直的邊棱線。以上這些工藝特徵都是漢代玉雕的工藝特徵。

　　從玉質上來看，青灰色的玉質有許多細小的白色飯沁點，這種顏色的玉質較多出現於東漢至魏晉時期的玉雕作品上。西漢玉雕的用玉較為白

透些。

　　從面相的比較上來看，此猿的臉部特徵與山東博物館魯國戰國猿形銀帶鉤的猿面近似，特別是那深凹的臉及凸長的鼻子。臉部表情一副逗趣令人喜愛的模樣。

　　從猿的姿態上來看，本件玉猿的坐姿與東漢至魏晉時期動物的坐姿比較，找不到一模一樣的單手抱膝坐地搔首蟠尾的坐姿。坐姿上，東漢至魏晉時期的蹲坐玉熊比較接近。但玉熊都是坐地、蹲坐及胡跪的姿態，而不像本件的單手抱膝坐地。漢代的猴子文物中，猴子採單隻腿蹲坐及跪坐的造型，沒有任何的附屬裝飾物。以黑色煤精製作的東漢煤精猴是作為五行五色繫臂的避邪厭勝用途。姿態上，雖然本件玉猿不是與上述動物的姿態百分之百的相同，但本件玉猿的年代可以劃入東漢至魏晉時期。

　　從猿猴的文化含義上來看，史前時期，猿猴是部落氏族之圖騰、祖先、避邪及護身符之物。進入商代，除了延續前期對猿猴的信仰及功能外，在商晚期的王室中，已經出現圈養猿猴、戲猿猴的習俗。周秦時期，人們已經將猿猴從獸類中區分出來，強調其敏捷善攀援的共同特性。在周秦的文物上，猿猴常出現在青銅燈具及帶鉤上作為燈飾及帶鉤上的裝飾物以強調其敏捷、善攀援的特性。猿猴已經是人們喜聞樂見之吉祥物。兩漢時期，有關猴子的文物更經常出現在青銅器、石質燈具、玉器、避邪物、畫像石及搖錢樹上。兩漢時期的軍隊中經常圈養猴子。漢代的人認為猴子可以避免馬匹得到瘟疫，猴子被稱為弼馬溫，因此在青銅器中有猴子騎馬的造型。漢代的蹲猴舉燈石燈可能代表著光明長照，長壽吉祥。《春秋繁露》中記載，猿被認為具有某種神秘的特質，能延壽百年，代表長壽。猴戲也成為百戲之一，出現在漢代的畫像石中。四川廣漢萬福錢樹下，有人持弓射猴。臺灣中央研究院邢義田解釋為射爵射侯的意涵。在漢代，猴代表侯位，寓意升遷吉祥。到魏晉南北朝時期，漢代以猿為仙的觀念得到更進一步的普及與發展。但唐宋時期，開始出現對猴的負面評述，認為猿是優雅高潔，猴則是囂躁粗淺。在唐宋時期的文物上，「猿優猴劣」的觀念被體現的相當得明顯。元明清時期，人們對猿猴兩種動物的認識，在沿襲前人觀點之餘，開始出現混淆，但遺留有很多的馬上封侯及玉猴獻壽的玉雕。筆者認為，東漢時期出現的猿猴類雕塑作品，除了作為避邪、祈福、護身、長壽、吉祥等用途外，也有可能是作為隨身佩戴的十二生肖文物，或者是作為几案上的裝飾擺置物。本件東漢至魏晉單手抱膝坐地搔首蟠尾玉猿是受兩漢魏晉神仙方士思想影下而產生的仙猿。漢畫石中，猿猴也是經常出現在神山、仙山的仙獸。

編號36：魏晉玉翼虎神獸

規格：長11.9×寬2.7×高3.8公分
質地：和闐糖色玉

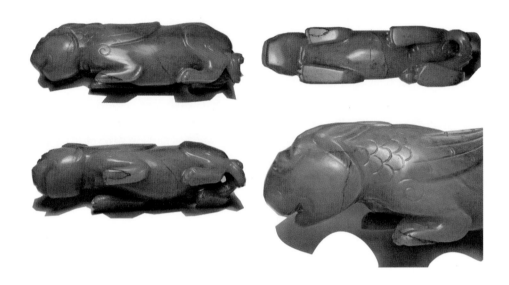

　　從造型上來看，這是一件以方條形籽玉雕琢而成的魏晉翼虎神獸。虎開口，露齒，頭的長度超過前肢約全身三分之一的長度。虎首前伸下垂微傾。虎大眼有眼珠、濃眉、長鼻、長角。匙形雙耳往後掩，頸部有鱗紋，雙翼貼肩成四翅三角形。前肢較短，後肢較長，四肢一前一後低伏行走。大圓肚幾乎貼地。長尾作雙股分叉，一股捲曲於左後腿，另一股越過右後腿捲曲。頭的兩側、肩部、腹部、腿肘上刻劃著細短的毛髮紋，虎為四趾爪，未刻劃腳蹄。

　　從藝術表現上來看，開口、露齒、頭超過前肢之長度、帶翅、四肢低伏、尾巴越過右後腿、無腳蹄等雕琢特徵為魏晉時期動物的玉雕風格。

　　從紋飾上來看，全身裝飾著細毛髮紋也是漢至魏晉時期的玉雕風格。

　　從玉的質地及顏色上來看，和闐糖色玉魏晉時期採用較多。綜合以上特徵來看，本件玉虎應為魏晉時期的作品。

　　從創作的年代背景上來看，兩漢及魏晉時期，由於受到神仙方士思想的影響，當時盛傳著海上有蓬萊、方丈、瀛洲三座的仙山。神山上遍佈著珍禽、異獸和仙人。本件玉翼虎神獸是在當時那個年代背景下所產生出的獨件式翼虎藝術品。玉虎被人們置放於几案之上作為玩賞的用途。

　　從有翼神獸的造型上來看，根據李零的研究指出，在中國古代文物中，有翼神獸是一種使用範圍很廣、流行時間很長的藝術主題。有翼神獸的出現可以上溯至到春秋晚期，從那時侯起便逐漸發展成為中國藝術的重要主題。秦代和西漢前期，有翼神獸曾被用於裝飾在某些宮觀以及某些小型器物之上。隨著西漢平定匈奴和開通西域後，有翼神獸更加活躍，被廣泛用於各種的材質上。有翼神獸是受漢代最輝煌，大一統帝國時期「紀念性藝術」的影響而產生。自東漢以來，有翼神獸的地位十分突出，流行程度高，也被用於陵寢的裝飾，成為兩漢、魏晉南北朝時期中國紀念性藝術的重要組成部分。無論從文獻記載及文物形像的兩個方向上來看，中國的有翼神獸都與西亞、中亞和歐亞草原的藝術有不解之緣，是受外來影響之物，但有翼神獸與中國的藝術主題長期共存，二者之間是互動的關係。本件魏晉玉翼虎神獸既有先秦王者思想的印記（虎的威武與勇猛），又有道家思想的濃縮（飛天的翼虎神獸）。

編號37：西晉籽玉鏤雕捲曲鳳鳥玉墜

規格：高6.4×寬2.6×厚1.8公分
質地：和闐白玉

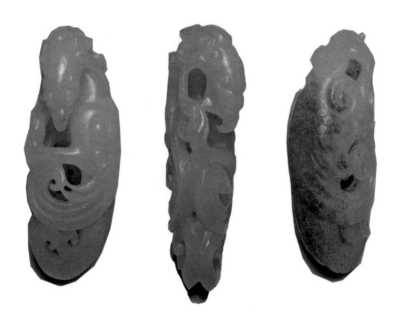

　　從造型上來看，這是存世唯一的一件西晉籽玉透雕捲曲鳳鳥玉墜。鳳鳥直立，彎頸，鳳首低垂至腿上。鳳鳥的左腳踏於右翅的彎曲羽翅上，右腳上舉，張爪搔首。雙翅抱合，長尾下垂，再彎鉤與雙翅貼合。

　　從紋飾上來看，左腳踏羽翅，右腳上舉，張爪搔首的姿勢是西晉皇室工匠的創意安排。腿上兩個高浮雕的如意紋又大又圓，很有特色。樣貌上，西晉時期的鳳鳥造型與紋飾更接近於唐宋時期的鳳鳥。

　　從工藝上來看，本件玉雕結合了減地、壓地、高低浮雕、鏤雕、陰線刻、鑽孔與掏膛等多種的工藝。在鏤雕方面，本件玉雕共有大大小小，形狀各異的二十三個穿透孔。鏤雕工藝佔據全器相當大的比率，鏤孔依形透雕，精準到位。以深挖斜磨進行透雕鏤刻，鏤孔的邊棱犀利，內膛掏空深

邃，難度極高。藉由鏤雕工藝的使用，玉匠企圖加強玉雕作品給予觀賞者
更深切的立體與空靈感。在藝術的表現上，本件鏤雕玉器展現出西晉皇室
工匠藝術的超前性。運用高難度的立體鏤雕制作玉器，工藝展現出高超的
玉雕技巧。在中國的玉雕史上，漢代的玉雕是後世各代的玉雕所無法跨越
的一座高峰。既使是清代康熙、雍正、乾隆三代的玉雕也無法與漢代的玉
雕相比。但本件鳳鳥的雕琢手法顯然已經超越了漢代的玉雕技藝。

　　從本件西晉鏤雕捲曲鳳鳥與漢代玉雕的比較上來看，造型上，本件
鏤雕捲曲鳳鳥有漢代螭虎的氣勢。紋飾上，鳳鳥有漢代螭虎及鳳鳥的剛健
利爪。但本件鳳鳥也融入西晉時期才有的新風格，鳳鳥的眼、眉、耳、角
及鬃毛都比漢代的鳳鳥更加立體細膩。翅膀與尾巴精工雕刻，分層分段，
起浮有緻，琢製靈巧，形神兼具。玉匠刻意保留了籽玉的外形，隨形巧思
雕琢。翅膀與尾巴上的節段紋與三角形羽翼紋都是繼承漢代螭虎與鳳鳥的
紋飾。

　　從造型的比較上來看，本件鏤雕捲曲鳳鳥玉墜與安徽懷遠唐集東漢墓
心形玉佩的造型相同。兩件橢圓球體鏤雕是目前存世僅有的兩件。橢圓球
體鏤雕是此期新創的鏤雕工藝。

　　從年代的背景上來看，意識型態上，西晉時期，社會上依舊瀰漫著
一股濃烈的神仙思想。自古以來鳳鳥就被人們視為是天帝與升仙的使者。
西晉時期的鳳鳥更是被當時的人們視為仙境中的祥禽瑞鳥，是人們求仙長
生與美好願望的表徵。鳳鳥的重要性被人們更加地凸顯出來。在此期，鳳
鳥特別被西晉時期的玉匠們從四靈玉雕的主題中抽離出來，進行獨立的創
作。此期鳳鳥的樣貌更加立體與寫實化，成為更加代表人們美好願望的鳳
鳥，而非朱雀。在封建體制等級森嚴的西晉，鳳鳥玉雕應該是代表皇室的
標幟，一般人不得僭越使用。也正因為如此，目前留存下來的西晉鳳鳥橢
圓球體鏤雕玉墜只此一件，非常地珍稀與難得。

編號38：南北朝虎食獸玉圓雕

規格：長5.6×寬1.6×高2.6公分

質地：和闐青白玉

　　從造型上來看，虎低首，口中撕咬著獵物作緩步行走於平底座上。

　　從工藝上來看，本件虎食獸為圓雕，但老虎的耳、眼、鼻、嘴及鼻樑線只施以陰刻及壓地的技法。工藝技法流露出簡省的雕琢風格。

　　從藝術的表現上來看，姿態上，由頭至臀部呈現出曲線的身軀，尾部再捲曲成弧形，虎的身軀側視成流暢的波浪起伏。虎低首，口中撕咬著獵物，表情凶悍。四肢剛健有力，四爪尖銳，使虎極度凶猛的性格更加地形象化。

　　從造型的比較上來看，中國北方草原的青銅帶飾有很多虎低首警戒，尾部彎曲行走食獸的造型。這種青銅帶飾就是俗稱的鄂爾多斯青銅器。其動物的造型與紋飾以前稱為斯基泰藝術。根據目前的考古發現，這些青銅帶飾都出土自長城地帶中段，流行時期從春秋晚期開始至戰國中晚期達到繁榮階段，使用者為戎狄部族及後來的匈奴族。本件虎食獸圓雕與鄂爾多斯青銅帶飾的造型與紋飾比較，本件玉雕藝術創作的主題是以鄂爾多斯及匈奴青銅帶飾的虎為範本而進行製作的南北朝時期虎食獸玉雕。

　　從虎的主題上來看，從史前時期老虎就代表著圖騰、族徽、神靈。在中國人的心中，老虎長期代表著威武與勇猛。史前時代的石家河文化已經有虎首的玉雕。殷商時期也有一些圓雕虎。但西周只有片雕式的玉虎。春秋時期是創作老虎的高峰期。戰漢魏晉時期，虎的形象減少。至兩宋、遼金時期，虎的創作又漸漸多起來，這一現象與遼金遊牧民族四季狩獵的習俗有關，楊伯達稱之為春水秋山玉雕。本件玉雕是很少見的南北朝時期虎食獸圓雕。

　　從玉器附平底座的形式上來看，宋代以前附平底座的玉器，目前只有兩件：一、山東省曲阜魯國故城的戰國早期立雕玉馬。二、陝西省咸陽漢元帝渭陵遺址附近的西漢仙人騎馬玉飾。戰國立馬附長方形的平底座，長4.8，高5.7，寬1.6公分。西漢仙人騎馬附橢圓形的平底座，長8.9，高7，寬3公分。兩件玉器是來自於華北的國度，也應該都是來自於帝王的大墓。兩件都是玉質精良，有平底座的動物主題玉器。動物四足的落腳點都是逼近平底座的四邊。尺寸上，戰國立馬的長度較短，只有4.8公分，西漢仙人騎馬的長度較長，有8.9公分，本件虎食獸5.6公分，尺寸大小介於兩者之間。在陶塑的器物中，也有附平底座的動物與人俑。附平底座的陶塑俑自北朝時開始以較大的量流行，並且流行至現代，如北魏的陶畫彩擊鼓騎馬俑、北魏的陶畫彩載物臥駝、北魏的陶驢、北魏的陶馬、北齊的陶持盾武士俑、北朝的陶母子狗、北朝的陶臥羊、隋代的陶黃釉女騎馬俑及唐代的陶畫彩牽駝女俑。

　　綜合以上的資料來看，戰國魯國與西漢帝國的國都都位於華北。而北魏、北齊與隋唐的政權也都來看於北方。陶動物、人俑與玉雕附平底座的傳統似乎是受北方草原文化的影響而產生的雕塑形式。雖然戰國時期南方的楚國也有器物附底座的傳統，但楚國的底座有平底、圓錐及盝頂三種的形式，並且以盝頂爲重。因此，楚式器物附底座的傳統應該與陶動物、人俑與玉器附平底座的傳統沒有關聯。附平底座的陶動物、人俑與玉器應該直接繼承自北方草原的傳統藝術形式。因此，在中國藝術的表現形式上，除了北方草原文化有器物附平底座的北方傳統，南方的楚國也有器物附底座的南方傳統。楚國器物附平底、圓錐及盝頂底座是南方藝術的表現形式。圓錐及盝頂底座是南方不同於北方的另外二種底座表現方式。而本件虎食獸附平底座圓雕應該是繼承北方的藝術傳統。本件的橢圓形平底座與西漢仙人騎馬的平底座形式相同。虎食獸長弧形下垂尾與底座連接的方式也與西漢仙人騎馬的方式相同。本件虎食獸圓雕是南北朝時期簡省風格的玉雕作品，五官只有簡省式的陰刻及壓地技法。

　　從創作年代的背景上來看，筆者認爲，附平底座的玉器首先出現在華北的國度——戰國魯國與西漢。而西漢皇室的器物，向來又以新奇前衛，參雜胡風等特徵而著稱。發展至北朝時期，附平底座的動物與人俑形成普遍的雕塑形式。與戰國魯國、西漢的玉器相同，北朝動物雕塑四足的落腳點也都是逼近平底座的四邊，這是一個非常顯著與重要的特徵。本件玉雕是南北朝時期虎食獸的玉雕。

　　從虎的文化含義上來看，史前時期，猛虎被視爲神獸，猛虎特別是草原文化所熟知的動物，是代表威武勇猛與善戰的象徵。因此，猛虎經常被裝飾於各種器物之上，特別是兵器之上以達到嚇敵致勝的效果。

　　從玉質及色澤上來看，老虎及平底座有許多深藏於玉器內部的細冰裂紋及顯現於玉器表層上的絲狀黑色斑紋。以此現象來研判，玉器應該經過燎祭。燎祭是把玉帛、犧牲放在柴堆上焚燒以祭天，是古代祭祀儀式之一。本件南北朝時期的虎食獸圓雕應該出土自近北方的國度，是南北朝時期極少見的玉虎。

編號39：南朝轉首抬尾行走避邪獸

規格：長4.65×寬2.75×高2.7公分

質地：和闐白玉

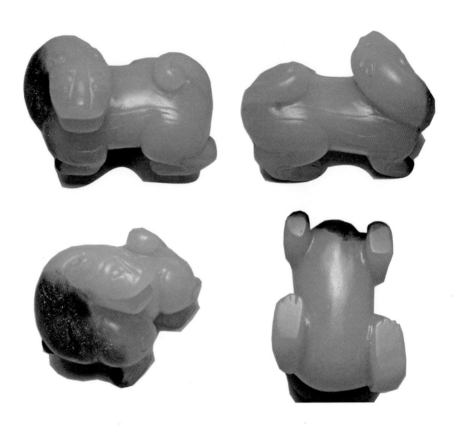

　　從造型上來看，避邪首左轉平視。長頸似蛇，挺胸鼓頸。身軀偏扁圓，腹部圓弧，背部微凹。尾巴上抬至背。四肢短小粗壯，腳底無刻劃掌紋，低姿緩步行走。

　　從紋飾上來看，避邪獸張口，沒有刻劃角及牙齒。避邪有平齊的嘴部，寬闊的Ｖ形嘴，陰刻的羽翅，圓球尾。

　　從玉質上來看，玉質潔白純淨，材質優良。前頸部、雙肩及前腳腳

趾上有大面積的黑及褐色沁斑，褐色沁斑間夾雜著由銅沁所造成的綠色小斑點。

　　從工藝上來看，僅以陰線刻劃出粗眉及梭形眼。玉匠將長鼻樑、粗眉、眼球及湯匙形耳週邊的地子稍微壓地及減地，使其較為立體化。以桯鑽鑽出耳孔，以雙弧陰線鉤勒出腿關節處的肌腱紋也很有特色。羽翅僅陰刻，平底四趾腳，腳掌上無紋飾。

　　從藝術的表現上來看，拉長的長頸先偏右斜，再折向左邊作平視。頸部拉長是六朝動物玉雕的風格。耳與眼之間的間距也拉長。首部懸空於左肩之上，身軀是低伏的姿態，作緩步行走狀。工藝上，採用簡省的工藝，因此五官的刻劃方式不夠立體。四腿的雕琢也因隨材賦形而趨向方角化，身軀上僅有陰刻的紋飾。

　　從本件避邪與兩漢避邪獸的比較上來看，本件南朝避邪與兩漢的避邪獸有很大的差異。本件南朝避邪獸的身體偏扁圓形。南朝避邪的身上沒有兩漢避邪的角、牙、舌、圓卷紋、三角形毛髮紋、鱗片紋、頸節紋、腳底紋及股溝紋。南朝避邪獸採用簡省的工藝。避邪的尾巴更是上抬至背部，成卷球狀。避邪獸開口的方式也很不一樣，為寬闊的V形嘴。頭部懸空於肩上，頸長似蛇，腿肘上無毛髮絲。以上避邪的特徵都是南朝避邪獸不同於兩漢避邪獸的差異。

　　從本件避邪獸與六朝動物的比較上來看，六朝青瓷動物的造型大多數為折首，轉首或者直視，尾巴上舉，或者下垂，身軀為圓鼓，低伏的造型；如東漢的褐釉虎子、西晉的青瓷虎子、西晉的青瓷獅形燭臺、西晉的青瓷羊形器。本件南朝辟玉邪獸就具備折首，舉尾，身軀圓鼓，低伏的造型。六朝的鎮墓獸、石雕及玉雕動物都是身軀圓鼓，四肢壯碩的造型。本件南朝避邪獸也是身軀圓鼓，四肢壯碩的造型。

　　從六朝玉雕工藝的表現上來看，六朝的簡省雕琢技法及動物舉尾至背部的方式開創出隋唐玉雕風格之先導。在雕琢技法上，因為簡省的原則，五官及身軀上的紋飾能省則省。為了省工，不用浮雕，改採壓地、減地及陰刻的方式。地子的處理也較隨意些，玉器底部地子的施工不如背部的均整講究。這些工藝特徵都反映出處於玉雕衰退期的六朝玉雕的風格與簡省的精神。在螭虎面相的刻劃上，也越來越接近隋唐的螭虎。總之，本件避邪獸正具備了許多六朝玉雕工藝簡省的風格。目前南北朝的動物玉雕在數量上不過數十件，本件南朝轉首抬尾行走避邪獸是一件為數極少的南朝玉圓雕動物，相當稀少與珍貴。

編號40：唐代昂首立牛玉雕

規格：長9.2×寬3.8×高4.5公分
質地：和闐青白玉

　　從造型上來看，玉牛抬頭，雙角往後平仰，有健壯的身軀，四肢站立，四腳一前一後錯開行走。

　　從紋飾上來看，五官刻劃細緻寫實，背脊上下起伏，肌肉為團塊狀，有三岔扇形的大尾，細密的短陰線及皺褶紋。

　　從工藝表現上來看，本件牛採用寫實的風格。頭、尾及身軀具有健壯的骨骼。牛的背部隆起，腰部凹陷，身軀注重體態的起伏。頸背，前胸及腹部有許多的皺褶。除了一肢作曲折的表現外，其餘的三肢都是直立的姿態，四肢的肌肉發達，筋脈暴露，具有很強的寫實性。

　　從唐代藝術的風格上來看，唐代的雕刻大刀闊斧，大中顯精神，展現出唐代人的雄強自信與奮發向上的總體精神。唐代雕刻的表現手法精細，細中動見靈氣，使作品生動活潑，充滿生活的氣息。唐代雕刻的風格非常注重與強調動物形體的肌肉，動態，力量與體積感。圓雕動物的體態豐滿，神情昂揚，散發出一股歡快跳躍，流露出大唐盛世繁榮茂盛的時代氣息。動物的四肢常見提腳及墊腳尖的姿態，刻意展現出動姿。在尺寸上，唐宋玉雕的體積較元明清玉雕的體積大一些，尺寸平均介於7～10公分之間。比較之下，本件玉牛左前肢為提腳作行走狀，刻意展現出動姿。五官的刻劃細緻寫實，神情昂揚，動見靈氣。身軀健壯，四肢的肌肉發達，暴露出筋脈，強調動物的體積與肌肉感。玉牛長9.2公分是唐宋玉雕尺寸長度的平均值之內。整體上，本件玉牛正俱備了唐代玉雕的藝術風格。

　　從本件玉牛與唐代文物的比較上來看，玉器上，本件玉牛的牛首面貌與唐代羚羊首瑪瑙杯上羊首的面貌相似。本件玉牛與收藏家聶連友的唐代玉牛的體態近似。金銀器上，本件玉牛的體態與唐代金銀器上動物的體態相同，動物同樣為站立，墊腳尖或者提腳，四腳前後錯開行走，刻意展現出動的態姿。動物都昂首，挺胸，身軀健壯為團塊狀，有大的團尾，狀似火焰。背脊作上下起伏狀。雕塑上，在後腳脛的刻劃方式上，本件玉牛與唐代雕塑馬及駱駝後腳脛的刻劃方式極為相同。壁畫上，本件玉牛與陝西富平唐墓崙侖奴驅青牛屏風壁畫的青牛相同。兩隻牛的軀體，步伐，肌腱及動態的刻劃上都呈現出一致性。紋飾上，本件玉牛與觀復博物館的唐代玉雕臥牛紙鎮及唐代韓滉《五牛圖》中的牛都是同一個形象，全身都是皺紋，是典型的中國秦川牛。繪畫上，本件玉牛也與韓滉《五牛圖》中，牛的體態相似。在體態與氣勢上，雖然韓幹的夜照白是馬，不是牛，但與本件玉牛也相似。

　　從創作的年代背景上來看，除了人物畫、山水畫之外，唐代的花鳥走獸畫也進入了獨立發展的階段。受到宮廷與民間的廣泛歡迎，出現了一批

專門畫花鳥及畫牛馬的畫家。唐德宗時的丞相韓滉，字太衝（西元723～787），是唐代著名的畫家。他擅長畫田家風俗、人物、水牛。韓滉作品《五牛圖》畫中，有五種不同姿態的牛，牛的姿態方向各不相同，但前後互相呼應。畫家用鐵線描與蘭葉描來充分展現出牛身的筋骨與肌膚的質感。運用粗放豪邁的線條來表現出牛的健壯樸厚。在色彩的暈染上，顯現出明暗感。韓滉是長安人，今天的西安。他畫牛的特點就是牛的背部有一個隆起，而且前胸部位的皺褶非常多。此特點正與本件玉牛相同。韓滉當時畫了牛的五種形態，是以牛來比喻做人之道。無論在朝爲官，還是在野，都要表現出一份安然的心態。當官的時候要清廉，做老百姓的時候要安逸，祥和。

　　另一位唐代畫家戴嵩是韓滉的學生，擅長畫牛及田園、農家、山川、草原之景。戴嵩筆致精細入微，畫牛能得「野性筋骨之妙」，與韓幹畫馬並稱「韓馬戴牛」。同樣地，本件玉牛骨骼肌肉發達，筋脈暴露，如同戴嵩畫筆下的牛。戴嵩的弟弟戴嶧也擅長畫水牛。唐代還有杜秀才畫立走水牛詩歌留世。唐代的農耕文化對文人的影響很大，不僅產生了以上牛的繪畫作品，還創作了牛的玉器作品。本件玉牛是爲數不多的唐代水牛樣貌，是很難得的玉質圓雕，牛的樣貌與五牛圖其中的一隻牛幾乎雷同。唐代玉雕水牛的創作與唐代山水田園畫的興起有關。由於山水田園畫題材的推波助瀾，農耕水牛的題材也受到關注，水牛頻繁地出現在畫作與雕塑上。它也折射出唐代水稻農民大量使用水牛從事農耕的一段水稻耕種史。唐代的繪畫藝術風格可以往上追溯到魏晉時期河西走廊一帶的壁畫墓風格。

編號41：宋代童子洗象玉雕

規格：長10.8×寬5.7×高5.8公分
質地：和闐黃玉

　　從造型上來看，本件玉雕是一件很少見的宋代童子洗象圓雕，主題為太平喜象。大象回首，身軀豐滿健碩，肌理雕刻精細逼真，右前腿作抬起彎折狀，左前肢跪折於腹下，後肢均作伏臥狀。大象有大耳，眼睛有眼珠。長彎的象牙從卷鼻中穿出。大象神情安逸，憨態可掬。童子趴臥於象的左後側上，細眉杏目，闊鼻大口，手持刷子刷洗，樣貌甚為討喜。

　　從工藝上來看，大象的四肢與身軀為深刀的雕琢，下腹部與臀部之間有較深的股溝，肥臀飽滿，尾巴為絡狀，緊貼於肥臀上，尾巴上的毛絲刻劃清晰。象蹄刻劃寫實。大象的眼睛刻劃出眼珠及雙陰刻的眉線。以上大象身上所俱備的各種特徵都是宋代動物玉雕的重要特徵。童子身上的衣褶紋及大象身軀上的紋理處理流利，刀功表現獨到。本件宋代童子洗象是非常難得一見，集形、質、色、工皆優的宋代玉雕佳品，是一件珍貴的黃色和闐玉作品，只是因為有大面積的沁色，較難以分辨出來。

　　從藝術的表現上來看，童子與象的畫面喜慶祥和。大象靜中含動，童子的表情生動，充滿童真的情趣。玉匠巧妙地透過童子洗象的優美形式，將兩極化的物質進行整合，體現出人與象之間，一種大與小，輕與重，動

與靜，剛與柔之間的聯繫與統一，一種和諧的美。透過童子洗象的造型，將宋代工藝美術中理性的美，靜態的美，含蓄的美，內向的美，充分的表達出來。

　　從創作的年代背景上來看，宋代是一個重文輕武的文治時代。受儒家理學思想的影響，在精神文化上，宋代主張理性，平民化，重內向，尚思辨。在行為舉上，宋代主張恬淡高雅的風格。在藝術的創作上，宋代興起言必有意，意必吉祥的構圖，宋代是藝術民俗化傾向的重要轉折時期。

　　從象的主題上來看，最早出現的象是石家河文化的陶塑象。博物館中也有幾件商代的青銅象尊。但是，除了青銅子母象尊外，商代的象尊都是單隻象的青銅作品。從漢代開始，出現了騎象的童子陶塑，是反映漢代百戲中象戲演出的場景。到宋代時，傳承自前代的大象及童子圖案也被賦予新的元素、內涵與意義——童子洗象的主題。

　　從童子洗象的主題上來看，童子洗象是中國最為經典的傳統吉祥題材，有「喜像升平」之意，表達國家有象則天下太平，家有象則吉祥平安。在明代晚期，以「洗象」為主題的作品也頗為流行，流行的原因與明代晚期的復古風潮有關。在清代的玉雕中，童子洗象也一樣是吉祥如意的傳統題材。

　　從童子的藝術題材上來看，最早的童子是出現在北魏石雕中的蓮花化生童子，是受佛教影響而產生的圖像。童子象徵新生，歡笑，幸福及希望。在宋代的藝術創作中，童子的題材被人們更加普遍地應用。在陶瓷、絲織、刺繡、銀器、漆器中，普遍地出現童子的圖像。宋代時，人們將喜聞樂見的大象與童子作更進一步的結合，賦予新的內涵作為童子洗象的藝術創作主題。童子與大象同樣為吉祥，太平，喜樂與如意的象徵，再藉由「洗」與「喜」諧音，「洗象」寓「喜像」之意，表達喜象的寓意。

第四單元 ▮ 人物 ————————————

編號42：紅山雙手併攏跪坐玉人

規格：高6.9×寬3×厚2.7公分
質地：淺綠色岫岩玉

　　從造型上來看，本件紅山淺綠色岫岩玉玉人頭戴三層輪狀冠飾，眉及眼呈八字形下斜狀。有三角形的大鼻，蓄三角形的鬍子。雙手併攏跪坐，手掌刻劃清晰，似作禱告狀。

　　從造型的比較上來看，本件玉人與內蒙古巴林右旗那斯日臺紅山遺址的石雕跪坐人及臺北養德堂玉人的造型相同。造形上，那斯日臺石人與本件玉人完全相同。裝扮上，那斯日臺石人頭戴三層輪狀冠飾，蓄三角形鬍子，表現出一位蓄鬍頭戴著高帽地位尊貴的長老巫覡正雙手併攏作法禱告。巫是女巫，覡是指男巫。那斯日臺石人是紅山文化男巫的形象。因此，本件跪坐玉人也是男巫的形象，但大小差異極大。養德堂玉人的臉部及手部的表現方式與本件略有差異。

　　從本件玉人與紅山玉雕人物的比較上來看，目前有正式出土記錄的紅山玉人，只有牛河樑遺址十六號地點四號墓一例。玉人雙腿并足站立，曲肘，雙手置於胸前，相當珍貴。但公私立博物館及私人的紅山太陽神人有七例，一、北京故宮博物院的太陽神人，高6.3公分，寬2.7公分，厚2.3公分。二、北京瀚海的拍賣品太陽神，高7.7公分，青黃色玉質。三、英國菲茲威廉姆博物館的太陽神，高12.2公分，青黃色玉質。四、美國福格藝術博物館的太陽神，高13.6公分，青白色玉質。五、美國克里夫蘭藝術博物館的太陽神，高13.5公分，青白色玉質。六、英國劍橋大學博物館的太陽神，高12公分，青白色玉質。七、Ermest Erickson的太陽神，高10.8公分，青白色玉質。以上七件的太陽神人與本件跪坐玉人都是非常稀有珍貴的玉神人，並且有五件已經銷往英、美國家。顏色上，多數是優質的青黃，青白色的玉質。尺寸上，本件跪坐玉人高度較小。

　　從本件玉人與紅山其他材質雕塑的人物之比較上來看，目前在紅山文化遺存中，石雕、陶塑、泥塑的人形造像已經有數十例之多。形態上，有立像也有坐像，以坐姿造像發現的數量最多。其坐姿涵蓋了當今社會所能見到的屈腿盤坐，垂腳高坐，屈膝跪坐，伸腳踞坐乃至伸腿箕踞等各種的姿態。在遼寧喀左東山嘴、建平牛河樑及內蒙古赤峰敖漢興隆溝的三處遺址中，所發現的盤腿坐姿造像都是具有準確出土地點和層位關係的科學發掘品。而敖漢興隆溝發現的坐姿人形陶像則是在目前發現的所有人物坐像中，體態最完整、學術價值最高的一尊。紅山文化遺存中，發現的盤腿坐姿人形造像是目前世界範圍內見於公開報導的第一個盤坐塑像。而在南亞次大陸一帶，至今還很少見到早於紅山文化盤腿坐姿造像的報導。本件玉人也是跪坐的古老男巫形象。

編號43：紅山抄手直立玉人

規格：高8.3×寬5.3×厚3公分
質地：青黃色岫岩玉

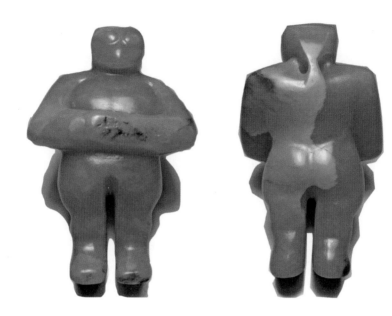

　　從造型上來看，本件紅山直立玉人為擬人化的神祇。玉人大頭平頂，後腦有三角形髮，尖下巴。五官中，僅刻劃出梭形眼，非人眼的梭形眼呈倒八字的形式。胸肌微凸呈團塊狀，是男性的胸脯。四角形寬肩，粗臂。比例上，雙臂略大，雙手抄手作揖禮的狀態。後臀也微凸，呈團塊狀。大腿與小腿分節浮雕，刻劃出節次段落層，大腿與小腿均結實粗狀。身軀的各個部位處處表現出剛毅，健壯的風格，玉人為模擬自男性的擬人化玉雕作品。

　　從工藝上來看，玉人胯下與兩腿之間，以圓鑽切割再修飾出雙腿的紅山雕琢方式為後繼的商代玉雕所繼承。

　　從本件玉人與牛河樑玉人造型的比較上來看，牛河樑玉人是目前出土明確唯一的一件紅山玉人。牛河樑玉人雙腿并足站立，曲肘，雙手上舉置

於胸前，明顯已經具備了人格的特質。與牛河樑玉人比較，雖然本件直立玉人不是百分之百的人，但也具備了一些人的特質，是相當珍貴的人形玉雕。兩件玉人的玉質相同，都作直立站立。但手的擺放姿勢不同。本件玉人只有梭形眼，但牛河樑玉人具備清晰的五官。

　　從雙足造型的比較上來看，本件玉人的雙足與齊家文化的雙腳形陶罐、青海樂都柳灣遺址辛店文化的陶靴、甘肅玉門火燒溝遺址四壩文化彩陶雙耳罐上的靴子相同。本件玉人雙靴的造型與上述的陶靴很像。齊家文化是雙腳形的陶罐，柳灣辛店文化是陶靴，火燒溝四壩文化彩陶雙耳罐的陶人像，雙手招腰，腳上是一雙大靴子的樣式。四件的靴子互相比較之下，齊家、辛店和四壩文化的靴子應當是真正的雪靴。可見靴子在史前時代已經出現。中國的西北地區寒季較長，風雪也大，靴子的發明與流行也應該是一件很自然的事。那個年代遊牧業發達，用羊皮來做皮毛靴子應該不難想像。但最大的不同點是，齊家、辛店和四壩文化都是四千年前的史前文明，而紅山文化則是距今六千年前的史前文明。紅山文化地處中國的東北地區，同樣也是寒季長，風雪大的區域。或許，中國最早的靴子最初是出現於中國東北的紅山文化。

　　從使用功能上來看，本件擬人化玉人的後頸部有牛鼻對穿孔，是紅山文化巫師作法祈禱祭祀時佩戴在身上的圖騰、靈物、法器。玉人是作為輔助巫師以溝通天地間神靈的器物。人獸同形的神人玉雕也宣示著紅山文化的原始宗教信仰，逐漸地向人形化過渡，由萬物有靈的信仰，逐漸邁向祖先崇拜的信仰。

編號44：商代戴箍形冠玉跪人

規格：高3.4×寬2.3×厚2公分
質地：青色岫岩玉

　　從商代的刻紋方式上來看，商代玉器的刻紋方式分成三種，一、凸陽紋。二、單陰線刻。三、雙陰線刻。出土的商代玉雕中，商代晚期雙陰

線刻的作品佔大多數，再來就是單陰線刻，使用最少的是凸陽紋。筆者認為，單陰線刻的使用時間應該較雙陰線刻為早。凸陽紋為商代早期玉雕所使用的紋飾，因為商代早期玉雕發現最少，凸線陽紋的商代玉器也就很少。商代玉雕所展現出的三種刻紋方式是時間先後順序及繼承與演變的關係。

從工藝先後與演變的關係上來看，筆者認為，由於早期凸線陽紋的工藝最費時費工，因此逐漸被單陰線刻工藝所取代。再發展至商代晚期，玉工為了讓玉雕在視覺上給予人較立體的感覺，進而又發展成為商代晚期成熟的雙陰線工藝。無論是玉材、紋飾及構圖，商代的玉雕應該是間接地吸收玉雕工藝較為發達的紅山、龍山、良渚及石家河文化的玉雕。現在，展現在眼前的便是一件極為稀有的商代早期凸陽紋戴絞絲紋箍的玉跪人。

筆者判定本件玉跪人是一件商代早期的玉雕，有以下的四點理由：一、使用青色岫岩玉，在材質的使用上較接近紅山玉器。二、玉人的前胸及後背平素，沒有刻劃任何的紋飾，只有身軀的兩側有減地的凸陽紋直角雲紋，不像商代晚期的玉器，紋飾刻劃較為繁複，因此年代較早。凸陽文更是石家河玉雕的特色工藝。三、本件玉人的雙眼不是商代的典型臣字目，鼻子也非卷雲紋式，雙耳更不是商代人物的典型耳朵。在面相上，目前還找不到與本件面相相似的商代玉雕人物。四、在外形上，玉跪人的身上保有較多的棱角，呈現出較為原始剛毅的特質，而不是商代晚期的圓角形邊角。以上所列出的四項特徵都是玉雕工藝尚處於較為原始階段的現象。最特別的是，本件玉人頭上的箍與河南省安陽殷墟婦好柄形跪坐式人佩的箍相同。唯一不同之處在於本件玉雕的箍筒為螺旋絞絲筒，婦好墓玉人的箍筒為圓筒。本件玉人箍筒上的絞絲紋工藝所展現出的細膩度與精緻性，真的不得不叫人讚嘆與佩服。

從絞絲紋工藝上來看，本件商代絞絲紋玉雕工藝的出現，對於人們已經熟知絞絲紋最早出現於西周的觀念，必須做作出修訂，但不是將絞絲紋的出現推前至商代，而是往前推至更早的紅山文化。因為，本書編號54號的紅山牛首羊角神人像匕形器就有最早的絞絲紋工藝。但商代的絞絲紋工藝較為工整，細緻，銳利。

從面相的比較上來看，本件商代玉跪人的面相較接近南美洲馬雅人的面相。難怪有些學者嘗試比較中國商代與南美洲馬雅文明兩種文明間的差異與雷同，針對這一點是非常值得作更進一步的探究。

編號45：商代商王拜天地玉雕

規格：長4.4×寬3.6×高2.4公分
質地：和闐青白玉

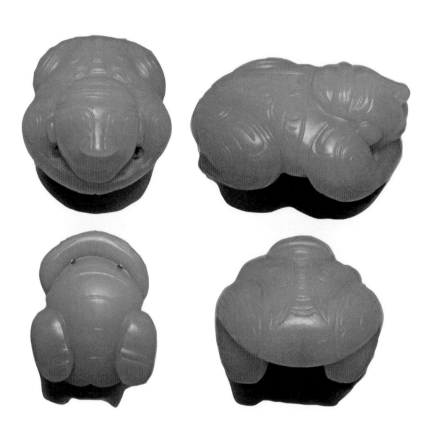

　　古代天子有祭拜天地的禮儀。祭拜天地時，天子須穿著繡有卷龍之袞
冕服裝。本件玉人趴地伏臥的狀態是當年商代的商王正在祭拜天地的真實
情景再現。

　　從造型上來看，手勢上，玉人的手指並列，雙手拱握。大部份商代
玉雕人物的手勢也都是作手指並列，雙手拱握的狀態，這種手勢是古代的
拱手禮儀。姿態上，玉人伏地趴臥所呈現的是商代的稽首拜禮。在古代的

九拜之中，稽首拜禮最爲重要，是國君對於神之至尊者所行之禮。因此，在手勢與姿態上，本件玉雕人物是商代商王祭拜天地，祭祀場景的忠實再現。玉人的祭拜姿態與後代祭拜孔子的大禮相同。玉人祭拜的姿態也與《甲骨文》裏的〔趴〕字體完全一致。這是一件非常難得的文物。透過本件玉人，人們可以重新建構出商代禮儀中，有關於商代商王祭拜天地時的五禮及服飾的細部圖像資料。在目前出土的所有商代文物中，未見任何商代玉雕人物作伏地趴臥狀，這是存世唯一的一件孤品，具有商代文化研究的高度價值。

從工藝上來看，本件玉人爲立體圓雕。人物的五官刻劃寫實逼眞。配合隨材賦形的雕琢，並且爲了展現伏臥的姿態，人物的身軀偏向扁圓體。臉頰兩旁的圓鑽鑽孔乾淨利落，精準到位，沒有任何錯位的現象。玉人全身的陰刻處理得利落灑脫。從陰刻的線條中，展現出商代玉器剛直方折，肅穆威攝的風格。身軀與四肢接縫處地子的處理也是細膩精緻，少有走刀的現象。

從玉人顏面的雕刻上來看，玉人臣字目，塊狀雙耳，高顴骨，大寬鼻，尖凸下巴，五官與面貌的刻劃寫實細膩。側視顏面玲瓏剔透，凹凸有致，栩栩如生，是商代人物的顏面特徵。從出土的商代人物雕塑中，人類學專家考定商人爲典型的亞洲蒙古人種。

從玉人的服裝與紋飾上來看，服裝上，玉人穿著上下連身式的衣褲，沒有明顯的上衣與下裳之分別。服飾上的構圖以背部正中央爲中軸線作左右對稱式的佈局。背部上滿飾羽翅紋，胸部上的紋飾較爲簡略些，只有四道陰刻的弧線。手與腿上，滿飾繁密的龍身身軀紋飾。衣裳上的卷龍紋圖案顯示出商代已建立起一套嚴密，用於表示社會階級地位的服飾禮制。商代時期，已經具備了在服裝與禮儀儀軌間相互對應的一套禮制制度。政治上，龍的圖騰代表著商王合法地繼承了夏代的法統標幟。但畢竟商族是信仰玄鳥圖騰的部族。也正是基於此因，終其一代，商代至始至終，龍與鳳（鴟鴞）兩個圖騰，並行不相違背。龍代表夏代的龍部族，鳳（鴟鴞）代表商代的玄鳥部族，兩部族因戰爭，最終融合爲一，完成了中國歷史上第一個朝代的更替，部族的融合。頭飾上，玉人頭上所戴的冠，包頭雙層式弁帽，帽簷上有一個三棱凸玄紋，其特徵與石家河玉人所戴的冠有相似性。商代人物的眼、鼻、嘴的雕刻方式，也與石家河玉人的眼、鼻、嘴近似。很明顯地，石家河的玉雕技法都被殷商文化所繼承。石家河文化是早於殷商文化一千年以上的新石器時代晚期文化。當然在風格與玉雕的技法上，也不可忽略，石家河與山東龍山文化的共性更大一些。石家

河文化、山東龍山文化或者是殷商文化都是東夷苗蠻的民族。因此，石家河文化與殷商文化間勢必會展現出一些共性。兩文化之間，必然有前後繼承與演變的關係。

從人物顏面的比較上來看，本件玉人與虎噬人形青銅器、人面紋青銅鼎及婦好墓玉石雕塑人物的顏面相同。將這些商代人物的顏面進行比較，便可以見到顏面中的共通性：臣字目，高顴骨，大寬鼻，小嘴及尖下巴。

從本件玉跪人與商代玉雕人物的比較上來看，商代圓雕玉人的數量不多，但件件精彩，精雕細琢，玉人全部都出土自商代的帝王大墓。出名的商代圓雕玉人有婦好墓的陰陽直立玉人、跪式玉人及柄形跪坐式玉人。本件玉人與婦好墓的玉人相較之下，本件商代商王跪拜天地的造型是從來沒有見過的造型，是展現出商代晚期玉雕工藝登峰造極的作品。

從商代玉雕刻劃紋飾的共性上來看，筆者認為，商代無論是動物或者是人物的玉雕，身上各相關的部位都有與其互相對應的專用紋飾圖案。眼睛、嘴巴、鼻子、耳朵、身軀、雙手及雙腳上，一律都有相互對應的專用紋飾；如眼睛用臣字目，鼻子、耳朵用卷雲紋，嘴巴尖凸等。某些紋飾，如羽翅紋及身軀節狀紋只出現在龍與鳳的身軀上。可見在玉雕紋飾的使用上，商代也已經發展出一套嚴密的紋飾使用規範。從本件玉人身上所透露出有關於商代商王祭拜天地的禮儀，同時，所流露出有關於服裝、圖騰信仰與部落演進史等豐富的相關史料上來看，是一件非常難得與珍貴的國寶級文物。

編號46：唐代胡人吹口哨擊腰鼓圓雕玉人

規格：高6.1×寬5×厚4公分
質地：和田青白玉

　　從造型上來看，本件胡人的頭仰天，左轉，上半部的身軀爲正面，下半部的身軀右側轉。玉人的全身作上、中、下三段式扭動，是唐代人物造像的標準姿勢體態。胡人的臉部上仰望天，頭側擺作正三分側面的角度也是唐代人物造像中頭及臉部的標準角度。

　　從藝術表現上來看，盛唐期間，統治者的審美要求「以勢狀爲美」。本件胡樂人步態輕盈，動作協調，產生了和諧，流動，積極的美，使人物具有氣韻生動的意境。胡人的一隻手向上彎曲，另一隻手向下垂擺，兩腳一前一後行走，刻意營造出舞動的氣勢。根據文獻中的記載，唐代男女都模仿胡人，盛行以穿著胡裝爲美的時尚。本件胡人樂俑穿著胡裝，正具備這種時代特有的風尚，是唐代長安身爲國際大都會的最好詮

釋。唐代是中國歷史上，音樂、舞蹈藝術集大成的時期，融合外來的樂舞因素，推陳出新。

從服飾及使用的樂器上來看，本件胡人頭戴氈帽，腳穿卷首皮靴，身著寬袖衣、寬管褲，左臂夾一腰鼓，右手後折，持槌打擊樂器。本件胡人的穿著及使用樂器的情形為唐玄宗時期十部樂立伎部的腰鼓舞演奏表演。演奏時，演奏者著域外的民族服飾，腰鼓懸於腰際，用木槌擊奏，或行走，或在一個場地內邊舞邊敲。

從人種上來看，本件玉人是一位來自域外的胡人。胡人滿臉絡腮鬍子，隆鼻大眼，戴耳環，神情娛悅地吹著口哨。

從年代的背景上來看，唐代是我國古代的封建盛世，以唐太宗李世民為代表的統治者，有著充分的自信和力量，所以在政治、經濟、軍事、文化、外交與貿易諸方面都實行著比較開放、開明的政策。這種開放的風氣使得當時的國都長安成為國際化大都市，充斥著來自於世界各地的各色人種。胡人吹口哨擊腰鼓正反映出大唐帝國自由，思想開放，各種文化兼容並蓄的社會風貌。同時反映出唐代的工匠在創造人物形象時思路的變幻莫測。本件玉人是唐代多元文化在玉雕作品上的反映。

編號47：唐代胡人戲獅紋佩

規格：高5×寬2.55×厚1.75公分
質地：和闐灰白玉

　　從造型的比較上來看，本件胡人戲獅紋佩與北京故宮的唐玉戲獅胡人比較，兩件玉雕都是胡人戲獅的主題。故宮的胡人頭戴橄欖式帽，長袖寬衣，右臂舉起，左臂橫於胸前起舞，右腳踩踏一隻抬頭側伏臥的小獅，胡人與小獅作戲耍的模樣。本件胡人滿臉絡腮鬍，大隆鼻，大眼，戴耳環，胡人挽袖坦胸，左手向上彎曲抓首，右手向下折曲撫獅，左腳踏於小獅之上。雖然在裝扮上不同，但兩人都是作舉臂，腳踏小獅的模樣。兩件作品獅子的體態都是幼獅的體態，幼獅的動態也較不明顯。戲獅的人則顯得很高大，一大一小，一動一靜之間，形成了鮮明的對比。唐代胡人戲獅的玉雕很少，本件與故宮的作品是僅見的兩件唐代胡人戲獅紋玉雕。

　　從戲獅玉雕的主題上來看，戲獅主題的玉雕在元、明玉器中很多。一般來說，元、明時期，獅子的體積較大，樣貌兇猛，動態感很強，以襯

托戲獅人的英武。從舞獅的發展史上來看，根據吳騰達先生的研究，舞獅的習俗可能是源自漢代的百戲。根據《漢書—西域傳》中的記載，推測西域國家約在漢朝年間可能就已經有獅子舞的出現。漢代的百戲中有戲獅。南北朝及隋唐年間，從西涼傳入中國的西涼音樂舞蹈很盛行，而西涼伎中則是結合了音樂、獅舞及胡騰舞歌舞劇的表演型態。從晉代到隋唐年間，舞獅這項活動又隨著佛教的盛行而普及到了民間。中國歷史文獻中，最早有關於中國舞獅的確切記載，為《舊唐書・音樂志》中，記載的「太平樂」，也就是「五方獅子舞」。唐代時期，就已經有了現在常見的兩人舞獅的形式。到宋、元年間，舞獅已經被廣泛的運用在各種節慶的場合。民間認為獅子可以驅除邪魔惡鬼，象徵祥瑞的神獸。在農務休閒時，中國傳統社會多以習武作強身，而舞獅也是習武的項目之一，用以自娛娛人，於是舞獅逐漸風行於民間社會。清朝之後舞獅又漸漸融入武術的表演。在全世界，現在新年舞獅已成為中國年節的代表，影響至深至遠。這件胡人戲獅佩從多方面反映出盛唐的繁榮，安定與富裕。在音樂中，唐代音樂融合外來樂舞的因素。在生活中，人們過著歌舞昇平，習武強身，安定富裕的社會生活。本件玉雕也是目前最早的胡人戲獅主題玉雕。

編號48：唐代戴七樑遠游冠力士首玉雕

規格：長2.1×寬2×高3.2公分
質地：青白色和田玉

　　在收藏到本件唐代力士首玉雕之前，筆者已經見過數例的唐代人首玉雕。但數量不多，並且每一件的造像都不盡相同。人首玉雕是唐代人物簡化的一種雕琢方式。

　　從雕塑史上來看，從史前時代至唐代都可以發現存在著這種人首的刻劃與雕塑；如史前的人首岩畫、裴李崗的灰陶人首、河姆渡的陶人首、半坡的陶人首、甘肅、陝西仰韶的陶人首、大溪的人面飾、山東滕縣的人面飾、甘肅永昌的人面飾、陝西神木石峁的玉人面飾、紅山的人首玉雕、大汶口的人首玉雕、石家河的人首玉雕、商代的人首玉雕、西周的人面盾飾、春秋的人首玉雕、漢代的人首玉雕等等。唐至宋代這一段期間，所見到的人首雕塑，總是脫離不開與神、佛、金剛、力士、羅漢、畏獸等有關的首部雕琢。這一現象應該與此期的宗教信仰方式有關。筆者推測，應該是，在因應製作工時與耗費材質的因素上，一種簡便節省，僅雕琢首部以代替全身佛像雕塑的變通方式。也或許是，在此期的宗教信仰中，有些佛

像只雕琢頭部，以方便忠實的信眾們隨身佩戴。人首雕塑應該具有祈求吉祥平安，保佑福祿，長壽等意義。

　　從唐代的藝術表現上來看，唐代的雕塑手法是極端強調的表現手法，是程式化的樣式，而非忠實地摹寫。在唐代，金剛力士是一個健壯有力的典型形象。透過強調力士那怒張有力的顏面，全身的肌肉和雕刻切削平直如刀的衣裙，顯露出力士蓬勃的生命力和雄健剛勁的氣勢，以達到趨吉、避凶的功能。這種只有頭部的宗教人物形象，以局部的首代替全身的概念，具備超自然的力量，有吉祥的宗教含義。

　　從宗教造像的面相上來看，本件力士具備大鼻、厚唇、凸額、寬頤、大耳垂等面相特徵，力士戴七樑遠遊冠，是典型唐代金剛力士的造像，是佛教中的護法使者。唐代佛像畫中，對肌體及其力量的描繪，最明顯地體現在身體裸露部位較多的力士像中。本件力士與雕塑及圖像中臉部表情性格暴烈的力士相比，本件力士力量內凝。在臉部上，本件力士用凹凸起伏劇烈的輪廓，以突出肌肉團塊的體量感，從而顯示出護持佛法者的剛毅與雄強。在功能與含義上，力士首玉雕與全身的金剛、力士、天王並無區別，其主要功能是聽法，護法，以拱衛脅侍的性質爲主來彰顯佛法的偉大。

編號49：唐代雙垂髮髻拱手直立女俑

規格：高8×寬3.1×厚1.6公分
質地：青灰色和闐玉

　　從造型上來看，本件唐代女俑著左衽寬袖繫腰帶垂地的長衫。女俑頭作三分之一側轉，髮際中分，飾雙垂髮髻，髮絲刻劃細膩清晰分明。高額頭，臉龐肥胖，刻劃出迴旋式的眼珠，雙層的下巴上刻著凹弧形的嘴巴。袖口及腰際間衣紋褶痕明顯。雙肘斜彎，拱手於腹上，雙腳直立。

　　從工藝上來看，女俑使用立體圓雕、壓地隱起、陰刻及鑽孔等多種工藝。

　　從髮型上來看，唐代婦女的髮型種類繁多，有高髮髻、鳳髻、螺髻、同心髻、花髻、拋家髻、烏鸞髻、翻刀髻等十多種，有些髮型源于西亞或東南亞，可以說是歷代婦女髮型最為豐富多彩的時代。這也反映了大唐帝國銳意開放，各種文化兼收並蓄的社會風貌。本件女俑的髮型為唐代

「雙垂髮髻式」是屬於侍女所蓄留的髮型，是唐代諸多髮式之一在玉雕作品上的反映。

從服飾上來看，唐代婦女的服飾極為豐富多彩，上至貴族，下至平民百姓，都是下著裙，上著衫或襦，搭披帛（帔）。本件女俑著左衽，交領，寬袖，繫腰帶的垂地長衫，是典型僕役的服飾，反映出唐代侍女穿著的樣式。

從藝術風格上來看，女俑立姿，頭稍微側擺，向左轉，雙手與身軀微向右旋，刻意展現出身體扭曲的動態。女俑雙層下巴稍胖的面部頗具東方古典美的神韻。彎彎的眉毛，纖細迴旋的眼珠，圓弧的鼻子，凹弧形的嘴，透露出女俑隱藏自內心的喜悅。迴旋式眼珠與凹弧形嘴，都是用來凸顯與展現微笑中的女僕，刻劃手法相當細膩獨特，表情雖平靜，卻露出不易察覺的微笑，這種神秘的微笑與西方名畫《夢娜麗莎》的微笑有異曲同工之妙。但是，與西方古典雕塑不同，唐代工匠在本件女俑人物的刻劃上，是通過簡單的動態塑造，含蓄的人物表情，恰到好處的衣紋，使人物具有氣韻生動的意境。以形寫神，神形兼備，正是崇高，和諧與優美的東方古典美學思想，使我們看到一個放鬆，喜悅的女俑。唐代的審美觀具有以胖與圓為美的習俗。本件女俑雙層下巴，面部豐滿，體態微胖，令人想起唐中期以後，以胖為美的習俗。周南泉先生指出：「唐代的肥胖型女俑」大多見於唐三彩或彩繪陶器上，且多數為冥器。目前，未見任何唐代的女俑玉器，本件是唯一的一件唐代玉女俑。女俑有一個通天穿孔，底部大，頂端小，是一件日常用配件。

從創作的年代背景上來看，唐代是我國古代的封建盛世。以唐太宗李世民為代表的統治者有著充分的自信和力量。所以在政治、外交、軍事、貿易、經濟、文化及生活等方面都實行著比較開明，開放的政策。這種開放的風氣也勢必波及到婦女的日常生活中。特別是武則天時期，對婦女的優惠政策，使唐代的婦女有著較高的地位。唐代的婦女可以經常外出活動，到郊外、市街、娛樂等場所遊玩，聽戲，看馬球。因此，女俑也以一種較為活潑的姿態反映到玉雕作品中，如本件表情輕鬆喜悅的女俑玉雕。

編號50：五代雙手合十交腳坐布袋和尚

規格：高3.7×寬2.55×厚1.55公分

質地：玉髓

從造型上來看，布袋和尚的身相為一胖和尚。和尚的頭微微仰望，圓臉豐頤，笑口大開，臉上滿面的笑容。雙眼睜大，臉部刻劃出眉毛及鼻樑。光頭，雙耳垂肩，現比丘相，具備唐代的雕刻風格。布袋和尚身穿通肩袈裟，袈裟領口下墜，袒露出垂胸與大腹，和尚雙手合十，交腳而坐，只顯現右腳，左腳隱沒。外形上，籽玉圓雕，前面圓凸，後面扁平。

從工藝上來看，臉部的刀工有多處斷續的現象。以重刀雕琢頭、耳、胸、雙手及雙腳。以較細之砣輪雕琢五官及身上之衣紋。雕琢技藝中粗獷夾帶著細膩的風格。以較細之砣輪雕琢五官及衣紋展現其細膩的手法。以較粗之砣輪重刀雕琢重要的部位頭、耳、胸、雙手及雙腳，又展現出粗獷灑脫的作風。這種工藝中夾雜著細膩與粗獷的玉雕風格正顯現出其工藝風格是處於唐末至五代中國玉雕的衰退期階段。唐至五代，因為佛教玉雕的選用材質較為廣泛之故，在材料的選擇上常見使用玉髓、瑪瑙、水晶作為和闐玉的替代品。

從佛像的造像上來看，明顯地，本件布袋和尚不同於宋元以後的布袋和尚。在附件紋飾的使用上，宋元以後布袋和尚的造像常見人物的一隻手按著一個大口袋，另一隻手持著一串佛珠箕踞而坐。但本件布袋和尚僅雙手合十，交腳而坐，沒有其他的附件。筆者認為，這個差異是因年代背景的不同而產生的差異，具有辨別時代風格差異的重要性。

從彌勒菩薩的信仰上來看，有關彌勒菩薩的信仰起源很早，大小乘的經典中均有此說，約在西元四～五世紀開始在西北印度盛行，逐漸流布於中亞各國。傳到中國、日本，主要是大乘佛教的信仰。在中國，以布袋和尚和彌勒信仰結合在一起的說法，最為盛行。傳說五代時期，明州（今浙江奉化）出現了一個怪和尚，叫契此，號長汀子，人稱「長汀布袋師」或者「布袋和尚」，是一個禪宗遊僧。他身肥體胖，肚子奇大，常用木挑杖著一口布袋，在鬧市中出現，四處化緣，隨處寢臥，形似瘋癲。當時的人們以為契此和尚就是彌勒佛的化身，人們便按照契此的模樣塑造彌勒像，供於天王殿中，從此天下寺院才開始供奉布袋和尚，受人膜拜。在中國，布袋和尚取代了千百年來佛教中正統的彌勒佛，彌勒佛在經過數百年的傳播中進一步中國化，從彌勒佛轉化成中國式的布袋和尚。布袋和尚也是中國佛教本土化的標誌之一。

從出土五代時期的文物上來看，目前，可以確定為五代時期的玉雕很少。五代十國時期，由於分裂割據的政治局面，在政治思想上沒有建樹，在文化藝術領域上也較沒有創新。基本上，多數沿襲了唐代的時代風格，不利於玉文化的發展。全國各地出土的五代玉器數量不多，僅有江寧南唐

二陵的青玉哀冊、合肥西郊南唐墓的銀鎏金玉步搖、成都前蜀王建永陵雲龍紋玉帶等較重要的發現。尤其是偏安東南一隅的吳越國，先後有杭州錢元瓘家族墓、三臺山五代墓、臨安水邱氏墓、康陵和雷峰塔地宮等處，出土玉器共八十餘件。雖然有八十餘件，但剔除樣式重複的大量小玉花片及爪子形小玉片後，剩下來具有獨特風格的玉器，也只有數十件而已。因此，對五代玉器的器形、工藝及玉質進行斷代時，本件布袋和尚可以作爲斷代時的重要參考物。本件布袋和尚非常的珍貴與稀有。布袋和尚是中國彌勒菩薩信仰的本土化產物。本件雙手合十交腳坐布袋和尚是一尊傳世中最老的布袋和尚造像玉雕。布袋和尚是具有創新性質的五代玉雕。

　　從創作年代的背景上來看，民間爲何在此時傳說契此和尚是彌勒顯化的呢？因爲，五代時期戰亂頻繁，人民的生活苦不堪言，彌勒降生的傳說可以帶給當時痛苦不堪的人們一個重大安慰人心的精神啓示。彌勒信仰安慰人心，使人們因而能化厄運爲轉機，可以爲人們帶來希望無窮的未來。彌勒的信仰至今依然鼎盛。

第五單元 ┃ 璧 ──────────────

編號51：東漢透雕雙螭虎紋玉璧

規格：長7.3×寬7.3×厚0.5公分
質地：和闐白玉

　　從玉璧的發展史上來看，玉璧是中國玉器史上，使用最久的玉器形式。從史前時代出現，一直延續至今，從未斷絕，時間長達五、六千年的歷史。各個時期的玉璧，造型上，不僅有所不同，紋飾上也有差異。功能上，亦有所別。玉璧上，造型、紋飾及功能的不斷變化，剛好成爲了我們今天，對於各種樣式的玉璧其工藝演變的斷代及不同時期時古人對天體理解的最好實物載體。

　　從玉璧工藝演變的斷代上來看，史前玉璧大部分素面無紋飾。商代玉璧上陰刻龍紋。西周玉璧上陰刻龍、鳳及渦紋。春秋玉璧上有裂解的浮雕夔龍紋。戰國玉璧上有穀、蒲、乳丁變化的雲紋。戰國晚期至漢代玉璧上

的出廓透雕、淺浮雕龍鳳紋。東漢玉璧上有大型的出廓透雕、高浮雕及吉語龍鳳紋。

　　從不同時期古人對天體理解的方向來看，史前玉璧大部分素面無紋飾，是當時人們對天體質樸無華的理解。商周玉璧上的龍、鳳紋飾反映出當時人們認爲天穹中存在神祕的神禽、靈獸。春秋戰國上的龍、鳳紋飾，反映出龍紋的進一步裂解，雲紋的進一步變化，如同仰韶彩陶上魚紋的抽象化。兩漢玉璧上的龍鳳紋飾反映出龍鳳是戴人升天的瑞獸，這與此期的道教信仰有關。

　　從構圖上來看，史前玉璧光素無紋。商、周、春秋及戰國時期，龍鳳都被安排於肉上。由戰國晚期至漢初，龍鳳紋開始出廓，被安排於左右兩側或循環式的安排。東漢時期出廓龍鳳紋，開始作上部正中央位置的改變。但是無論玉璧的形式、紋飾如何變化，總是離不開圓天及週遭龍、鳳、雲紋的安排與變換。所有這些元素的運用都是與圓天有關的意象。

　　從本件玉璧的造型、紋飾、工藝與構圖上來看，造型上，玉璧正面兩隻淺浮雕的螭虎被安排於肉上，螭虎環繞玉璧一周。紋飾上，玉璧正反兩面的紋飾相同。內圈與外圈都是凹弧面，凹弧面上的陰刻雙平行線四等均分圓周。工藝上，本件玉璧採用淺浮雕、壓地、透雕及陰線刻的工藝。構圖上，兩隻螭虎的姿態採不對稱式的構圖。兩隻螭虎的相貌也不相同。本件玉璧是東漢時期玉璧的代表作品。

　　從玉璧的文化含義上來看，玉璧代表著圓天、太極、神物、引魂升天、天門、王權及貨幣與財富等多重的象徵。四等均分的內外圈代表著天穹中，春、夏、秋、冬，四季循環往復的不變規律。兩隻螭虎的中間飾以雲紋更代表著螭虎處於天穹之中的意涵。依據東漢出廓透雕吉語龍鳳紋玉璧上的紋飾，可以知道此期玉璧的功能已經轉化成天門、引魂昇天及吉祥的象徵。

編號52：晉代雙螭虎玉璧

規格：長6.8×寬5×厚0.7/1.3公分
質地：青色和闐玉

　　從玉璧的發展史上來看，玉璧是中國玉器史上，使用最久的玉器形式。從史前時代出現，一直延續至今，從未斷絕，時間長達五、六千年的歷史。各個時期的玉璧，造型上，不僅有所不同，紋飾上也有差異。功能上，亦有所別。玉璧上，造型、紋飾的不斷變化，剛好成為了我們今天，對於各種樣式的玉璧其工藝演變的斷代及不同時期時古人對天體理解的最好實物載體。

　　從玉璧工藝演變的斷代上來看，史前玉璧大部分素面無紋飾。商代玉璧上陰刻龍紋。西周玉璧上陰刻龍、鳳及渦紋。春秋玉璧上有裂解的浮雕夔龍紋。戰國玉璧上有穀、蒲、乳丁變化雲紋。戰國晚期至漢代玉璧上的出廓透雕、淺浮雕龍鳳紋。東漢玉璧上有大型的出廓透雕、高浮雕及吉語龍鳳紋。魏晉時期是玉璧的另一個發展創變期，魏晉時期的玉璧跳脫兩漢時期玉璧的框架，有很多魏晉時代自己的特色。螭虎的身軀為偏向方角式的身軀。螭虎的面相與四肢的動態上，不同於兩漢時期。螭虎平嘴，不開

口。螭虎的腳常踏於流雲及尾巴之上，四肢扭動的方式也不同。有些螭虎的足爪爲陰刻式。雲紋刻劃的方式也不同於兩漢時期，是流雲紋。玉璧的背面上，出現淺浮雕的螭龍紋、螭虎紋。玉質用色也不太相同。

從不同時期古人對天體理解的方向來看，史前玉璧大部分素面無紋飾，是當時人們對天體質樸無華的理解。商周玉璧上的龍、鳳紋飾反映出當時人們認爲天穹中存在神祕的神禽、靈獸。春秋戰國上的龍、鳳紋飾反映出龍紋的進一步裂解，雲紋的進一步變化，如同仰韶彩陶上魚紋的抽象化。兩漢玉璧上的龍鳳紋飾，反映出龍鳳是戴人升天的瑞獸，這與此期的道教信仰有關。

從構圖上來看，史前玉璧光素無紋。商、周、春秋及戰國時期，龍鳳都被安排於肉上。由戰國晚期至漢初，龍鳳紋開始出廓，被安排於左右兩側或循環式的安排。東漢時期出廓的龍鳳紋，開始作上部正中央位置的改變。但是無論玉璧的形式、紋飾如何變化，總是離不開圓天及週遭龍、鳳、雲紋的安排與變換。所有這些元素的運用都是與圓天有關的意象。

從本件玉璧的造型與工藝上來看，造型上，玉璧正面的兩隻螭虎爲雙S型身軀，螭虎一大一小，爲子母獸式相對依偎的造型。玉璧背面爲淺浮雕的雙螭虎，雙螭虎爲側身穿雲紋的造型。工藝上，本件玉璧採用浮雕、透雕、出廓、陰線刻及鑽孔工藝。

從本件螭虎的姿態、面相、身軀扭動的方式及用色上來看，姿態上，本件玉璧正面的雙螭虎出廓透雕，平嘴不開口。雙螭虎的腳都踏於尾巴上。大螭虎的左後腳掌只有陰刻。玉璧的背面爲淺浮雕的雙螭虎穿雲紋。面相上，背面雙螭虎的面相已經不同於兩漢時期的螭虎。在扭動的方式上，背面雙螭虎四肢的扭動方式較爲笨拙，四肢折肢，甚至身軀也彎折。用色上，玉質用色已經是青色。本件雙螭虎玉璧是晉代玉璧的代表，是六朝文物斷代上很好的參照物。兩晉時期，玉璧的功能已經轉化爲天門、引魂升天及吉祥的象徵。

編號53：晉代對嘴雙螭虎流雲紋玉璧

規格：長4.8×寬4.8×厚1.4公分
質地：和闐青白玉

　　從玉璧的發展史上來看，玉璧是中國玉器史上，使用最久的玉器形式。從史前時代出現，一直延續至今，從末斷絕，時間長達五、六千年的歷史。造型上，各個時期的玉璧不僅有所不同，紋飾上也有差異。功能上，亦有所別。玉璧上，造型、紋飾的不斷變化，剛好成爲了我們今天，對於各種樣式的玉璧其工藝演變的斷代及不同時期時古人對天體理解的最好實物載體。

　　從玉璧工藝演變的斷代上來看，史前玉璧大部分素面無紋飾。商代玉璧上陰刻龍紋。西周玉璧上陰刻龍、鳳及渦紋。春秋玉璧上刻裂解的浮雕夔龍紋。戰國玉璧上刻穀、蒲、乳丁變化雲紋。戰國晚期至漢代玉璧上有出廓透雕、淺浮雕的龍鳳紋。東漢玉璧上有大型的出廓透雕、高浮雕及吉語龍鳳紋。

　　從不同時期古人對天體理解的方向上來看，史前玉璧大部分素面無紋飾，是當時人們對天體質樸無華的理解。商周玉璧上的龍、鳳紋飾反映出

當時人們認爲天穹中存在神祕的神禽、靈獸。春秋戰國上的龍、鳳紋飾，反映出龍紋的進一步裂解，雲紋的進一步變化，如同仰韶彩陶上魚紋的抽象化。兩漢玉璧上的龍鳳紋飾反映出龍鳳是戴人升天的瑞獸，這與此期的道教信仰有關。

從構圖上來看，史前玉璧光素面無紋。商、周、春秋及戰國時期，龍鳳都被安排於肉上。由戰國晚期至漢初，龍鳳紋開始出廓，被安排於左右兩側或循環式的安排。東漢時期出廓的龍鳳紋，開始作上部正中央位置的改變。但是無論玉璧的形式、紋飾如何變化，總是離不開圓天及週遭龍、鳳、雲紋的安排與變換。所有這些元素的運用都是與圓天有關的意象。玉璧代表著天、太極、神物、引魂升天、天門、王權，還有貨幣及財富等多重的象徵意義。

從本件玉璧的造型上來看，玉璧正面的高浮雕雙螭虎爲對嘴式。雙螭虎凸出內廓，螭虎的嘴孔未穿透。雙螭虎首微抬，神情炯炯有神，身軀作S型三段式曲折。頭至肩，肩至臀，臀至尾S型三段式曲折。曲折度之大，使得螭虎的頸部與臀部已經互相倚靠。

從紋飾上來看，玉璧背面上的壓地式流雲紋最爲特殊，從未見過一模一樣的此式流雲紋。在流雲紋的樣式上，北票馮素弗玉劍首上的流雲紋樣式與本件玉器的流雲紋最接近。此式流雲紋是魏晉南北朝時期產生的新式雲紋，是具有年代指標性的流雲紋，可作爲六朝玉器斷代上的重要參照紋飾。

從佈局上來看，本件玉璧正面的雙螭虎環繞玉璧一周。背面三朵流雲紋環繞圓璧一周。正面螭虎及背面雲紋的佈局代表著正處於圓天的雙螭虎。

從藝術的表現上來看，玉璧正面的雙螭虎對嘴，透雕出內廓，雙螭虎爲高浮雕S型曲折的身軀。玉璧背面的三朵流雲紋環繞圓璧一周。玉璧兩面合起來，雙螭虎翻騰，駕霧，踏於雲層之上，具有引魂升天的功能。在功能上，本件晉代對嘴雙螭虎流雲紋玉璧已經轉化爲天門、引魂升天的功能或者是吉祥的象徵。

第六單元 ┃ 匕形器、柄形器 ─────────┤

編號54：紅山牛首羊角神人匕形器

規格：高7×寬3.1×厚1.3公分
質地：糖色岫岩玉

　　本件玉雕的造型非常獨特。它結合了鉞、斧、璋形玉器、匕形器、玉豬龍及玉神人於一件器物之上。

　　從造型的比較上來看，本件匕形器與遼寧省文物總店的獸面紋Y形玉器最爲接近。獸面紋Y形玉器，長15.2，寬2.8，高0.35公分。兩件同樣爲獸首璋形器，器身上都有數十道的弦紋。但本件獸首的樣貌更接近震旦藝術博物館的玉神人獸像之獸首。兩件獸首同樣爲立體圓雕，頭上豎立雙耳，頭的兩側有立角，角下有橫向對穿孔。器物上也都裝飾著陰刻網格、平行直線及三角形斜線紋。器物上也都有雙圈的凸形眼。但在細部紋飾的刻劃上，本件匕形器上，雙耳、嘴巴及鼻孔的刻劃方式又比較接近玉豬龍的刻劃方式。但本件匕形器的鼻子上有兩對凹槽的鼻孔。鼻孔下有一條弧長的陰刻嘴巴。

　　從長條形器身的形狀上來看，本件匕形器看起來像鉞、斧，卻又似

璋形器、匕形器。因為，器身的正面為倒T形，有圓弧角，狀似鉞、斧、璋。背面為凹弧形，狀似匕形器。凹弧槽內有十二道凹弦紋。綜合以上的特徵來判斷，本件玉器最有可能是匕形器。倒著看，匕形器長條形器身上的裝飾紋飾很像一隻蟬。從獸首的造型上來判斷，應該是牛首，但角卻又是絞絲狀，更接近羚羊角。

從工藝上來看，本件匕形器運用了圓雕、陰線刻、瓦溝紋、絞絲紋、鑽孔及牛鼻穿孔等多種工藝的技法。

從紋飾上來看，本件匕形器使用了網格紋、瓦溝紋、平行直線紋、三角形斜線紋及雙層的凸圓弧形眼等紋飾，紋飾上具備紅山文化玉器的特徵。在紅山文化玉器中，雙層的凸圓弧形眼經常出現在玉豬龍、玉鳥、玉蠶、玉蟬、玉鴞、鳥形玉玦、C形龍及各式神人的獸眼之上。功能上，後頸部的牛鼻穿孔是作為佩飾穿戴的用途。雙角下的橫向穿孔應該是作為繫綁其他附屬配件所用。

從顏色上來看，紅山的玉器中，常見以稀有色澤的玉材來創作玉器以展現使用者崇高的身份與地位。本件匕形器使用色澤均衡，玉質溫潤，珍稀少見的糖色玉，製作工藝一流，使用者肯定具有崇高的身份與地位。

從絞絲工藝上來看，絞絲狀立角的出現也意義非凡。它改寫了中國絞絲紋玉雕最早出現的歷史，將絞絲紋工藝的源頭推前至六千年前的紅山文化。本件玉雕是結合了牛首、羊角、神人及匕形器的玉雕作品。

從紋飾的文化含義上來看，牛首應該是本氏族所尊崇的圖騰神像，網格紋及三角形斜線紋是本氏族的族徽。在創作中，史前時代的人們往往凸顯動物的五官，眼、耳、口、齒及角爪以強化其超自然的通靈神性。

從使用功能上來看，查海遺址七號墓中的六件匕形器出土時是位於死者的胸前，成對排列，大小依次遞減，可能是胸前佩戴的裝飾物。有些學者推測，匕形器可能是巫師施法時所使用的敲擊樂器。筆者更傾向於認為本件匕形器是代表著鉞、斧、璋形器的使用性質，匕形器被佩戴於身上代表著佩戴者集神權、軍權、王權，三權於一身，至高無上的榮耀與權威。

編號55：西周玉人花瓣紋柄形器

規格：高9×寬2.05×厚0.75公分
質地：和闐淺黃色玉

　　從柄形器的發展史上來看，夏、商、西周時期，玉器中出土數量最多的器類之一就是柄形器。形制上，柄形器多數呈扁平長條形，下端有短而薄的榫。少數的柄形器爲近方形的長柱或長條狀。紋飾上，柄形器絕大多數爲素面。但也有少數的柄形器琢刻精美的紋飾，器身裝飾著分節浮雕的花瓣紋。長度上，柄形器一般長6至20公分。年代上，夏代的柄形器是最早的柄形器，造型扁平長條形，表面光素或有簡單的弦紋。商、周時期，柄形器的使用更爲普遍。商代的柄形器爲扁平長方形或方柱形。有的柄形器兩端平齊，有的柄形器下端琢一較小的榫頭，表面光素或飾獸面紋、蟬紋、弦紋、花瓣紋等。穿孔的位置都不相同，甚至於無孔。周代的柄形器多數與商代的柄形器相同，少數的柄形器器面出現優美的鳥紋、龍紋，兩側出現脊棱，末端鑲嵌著由綠松石、玉石條片組成的裝飾物。西周早中期，柄形器大量出現，是出土玉器的重要組成部分。製作精良的西周柄形

器主要集中於規格較高的貴族墓葬內，但形制、用途、紋飾等都有所發展和變化。至東周時期，玉柄形器就基本上消失不見了。

從使用功能上來看，由於柄形器在貴族墓葬及普通的墓葬中都有發現，器身上，以硃砂書寫著祖先的名字。因此，有些學者認為柄形器是用來祭祀祖先所用的祖靈牌位，為祖先之靈的生命象徵物，與祭祀祖先有關，是當時的禮器。而江西新干商代大墓中發現分節琢刻蟬紋的柄形器表明此類玉器也絕不僅僅流行於中原地區。

從造型上來看，本件柄形器玉人圓臉，聳肩，雙手放在腹部，頭戴龍形冠，身著長袍，以寬帶束腰，腰膝之間佩掛著斧頭形的蔽膝。腳下有一個薄的花瓣紋榫。玉人的正面圓浮，背部為扁平狀。

從紋飾上來看，玉人有月彎形眉，臣字目，卷雲紋鼻，陰刻嘴及卷雲紋耳，這些紋飾的風格是西周時期的紋飾。頭頂上的龍形冠代表著龍、神聖與王權的象徵。斧頭形蔽膝是邦君領主的身份表徵。雙手置於腹前是周代貴族男子所應具備的身份儀態。聳肩是西周玉人常見的姿態。五官的特徵是西周初期玉雕人物的特徵。整體上，紋飾的整體特徵屬於西周初期。

從玉質上來看，凝脂微黃的高檔和闐玉，兼具色澤均衡，質地溫潤通透。本件柄形器是無斑點，無龜裂的完美品相。從玉色中，亦反映出西周初年對於服飾佩玉的用色觀念，襯托出一股帝王用玉高貴的氣息。

從出土後的狀況上來看，器物的表面殘留朱砂的痕跡是西周時期墓葬儀式的一種手法。

從人物的比較上來看，本件柄形器玉人與山西省博物館西周玉人容器的造型相同，兩件都是人物腳下踏物的複合式造型玉器。山西的西周玉人腳踏獸面。本件玉人腳踏花瓣紋榫。在次序的安排上，兩件玉器都是玉人在上，獸面、花瓣紋榫在下的順序。這樣的造型與次序的安排必定與使用性質有一定的關聯性。筆者認為，本件玉人柄形器的出現，更加印證了柄形器是祖先之靈，生命象徵物的說法。

從花瓣紋上來看，本件柄形器的花瓣紋可能代表著誘引神靈降臨的香草，藉由香氣來達到慰魂禮魄的目的。花瓣紋有也可能代表著祭壇、山形、社樹、神主、王冠、鳥的羽翅。花瓣紋圖案的真正源頭可以往上追溯至大汶口文化臺形刻符上的冠狀羽翅紋。總之，花瓣紋這個符號與祭壇、山形、社樹、神主、王冠、鳥的羽翅都有所關聯。玉人花瓣紋柄形器是對祭祀活動中，神巫、王者形象的一種描繪。對於柄形器在學術研究的性質上，本件玉柄形器具有重要的意義。在目前所見的柄形器中，本件西周玉人花瓣紋柄形器是形式最特殊，最優美之柄形器。本件柄形器前所未有地

結合了人與花瓣紋兩種重要的紋飾於一件柄形器之上，是一件非常難得與珍貴的玉器。

第七單元 ▎文房用具 ━━━━━━━━━━━━━

編號56：春秋圓雕玉臥馬筆擱

規格：長8.8×寬3×高3.5公分
質地：和闐青玉

　　從馬的主題上來看，在中國，馬的造像起源自史前的岩畫。史前時代的玉馬只有石家河的滑石馬首。商代的玉馬多數爲扁平狀。山西省曲沃縣晉侯墓的玉馬，實際上是商代的立體玉馬。西周有一件青銅馬盉駒尊。戰國圓雕玉馬只有山東曲阜魯國故城的玉立馬。漢代以後，馬的造像雕塑品逐漸增多。本件玉臥馬是目前唯一一件春秋時期的圓雕玉馬。因爲沒有其他的春秋玉馬可以作爲參考，造成當初在對於春秋至戰國這一段期間馬文物的斷代上，筆者一時之間產生許多的困難。最終，突破點是從馬的蹄開始切入。本件玉馬馬蹄的刻劃方式接近戰國時期的尖狀雙腳指。戰國時期，馬的蹄爲尖狀雙腳指。雖然本件玉馬的後蹄與戰國時期馬的後蹄同樣是尖狀雙腳指，但本件玉馬的前蹄爲平蹄，不太一樣。因此，本件玉馬是早於戰國時期的玉馬。在潛意識上，尖狀雙腳指的刻劃特徵是戰國玉匠在創作時尚未跳脫神靈異獸色彩的精神反映。

　　從馬整體的刻劃上來看，馬的頭、身軀、臀部及四肢的刻劃流露出較爲樸拙與稚嫩的藝術風格。雖然馬的眼睛、耳朵、臉龐與鼻孔的刻劃是壓地與減地的工藝，但刻劃的方式較爲原始樸拙，還不夠寫實細膩，也反映出時代偏早的特徵。馬臀的開窗處所顯露出的和闐青玉更是不常見的青

玉，一般收藏家習慣稱爲周青（周代青玉）。因此，年代上，本件玉器應該是早於戰國時期的春秋時期玉馬。

從沁色上來看，春秋時期鐵器已經生產，鐵器與玉器共埋，因此造成玉器表面白化，沁滿褐色的鐵銹色，而本件玉馬正是器表全部沁滿褐色鐵銹的春秋圓雕玉馬。

從馬的品種上來看，或許是近似當時號稱天下良馬的『秦馬』。而秦人也以善於養馬匹，而名留於青史之中。

從創作的年代背景上來看，春秋戰國時期，由於國與國之間激烈的兼併戰爭，馬匹車戰的重要性更加凸顯，國力的強弱有時是以馬匹的萬乘，千乘來計算。如戰國時期趙武靈王所提倡的胡服騎射。因此，在此期以馬作爲雕塑主題的擺置物件應該是作爲國家軍強馬壯的縮影，有企圖展現國力、身份與地位等多重的意義。

從造型的設計上來看，本件玉馬的馬首低垂，歪斜貼於右前足之上，背部凹弧，臀部厚重，底部的四肢平坦。從馬背部爲凹弧面的設計上來看，本件玉馬可能是一件被置放於几案上的筆擱。猜測如果屬實，便可以將古代文獻中所記載的筆擱最早出現於南朝梁的歷史，大大地往前提早至春秋時期。在中國文房用具的發展史上，春秋圓雕玉臥馬筆擱的出現具有重大的意義。本件玉臥馬是目前唯一的一件春秋時期圓雕玉馬。

編號57：南宋荷葉玉筆洗

規格：長9.1×寬7.15×高3.5公分
質地：和闐青白玉

　　從造型上來看，本件宋代荷葉玉筆洗為和闐青白玉。筆洗以荷葉為造型。荷葉內捲，荷葉邊緣呈齒狀，荷葉的中心深凹如盆，葉邊翹起往內折。洗的腹部上荷葉的葉脈紋由雙陰線構成，由中心點呈傘狀向外放射，至頂端分出短直線分叉。在高浮雕的荷花與花蕾中，荷花呈開展狀。陰刻的葉脈紋搭配高浮雕的荷枝及花蕾，使得紋飾更加立體生動。花與枝交錯掩映，翻轉交搭，使觀賞者有多層次的立體感。外形上，筆洗呈上寬下斂的三角形，薄胎透光。

　　從玉筆洗造型的比較上來看，本件荷葉玉筆洗可以與三件宋代玉筆洗進行比較。一、浙江衢州博物館的史繩祖白玉質玉荷葉洗。二、臺北故宮博物院的南宋至元青玉龜游荷葉洗。三、臺北故宮博物院的南宋至元玉荷葉洗。史繩祖玉荷葉洗，長11.5，寬9.8，高3公分，正面刻成兩片的荷葉，大片為杯身，小片為杯把。背面線刻葉脈，浮雕蓮花、蓮葉，莖捲曲成杯把，造型生動。臺北故宮龜游荷葉洗以整塊玉雕出一片大荷葉及旁邊的小荷葉，荷葉的邊緣向上微微彎曲，並以陰刻的線條雕琢葉脈。兩片荷葉的中心，各有一隻烏龜，相互對望。在荷葉的下方，有水生植物相連，

不僅雕工精巧，還具有支撐、提握的功能，使整體造形更加豐富，栩栩如生。臺北故宮南宋至元的玉荷葉洗為黃綠色玉，玉荷葉洗通體染成褐黃，部份呈現灰白斑。器形如枯槁而包合的荷葉，呈上寬下斂的三角形。外壁以雙陰線刻劃出葉脈。葉梗從底部的中心點開始彎繞，後順勢上揚至杯側，兼具圈足及杯把之功能。以上的三件荷葉玉筆洗都具備了南宋玉雕荷葉、荷花紋飾的特點。而本件荷葉玉筆洗也具備了以荷葉為杯身，以陰刻的線條雕琢葉脈的特點，本件荷葉玉筆洗更是上寬下斂的三角形。

從宋代花葉紋的雕琢上來看，宋代的花和葉常被雕成凹面。葉的中心凹下，形狀如盆。葉的兩邊翹起，如對折。花和葉的邊緣多雕成鋸齒狀。荷葉的葉脈直又長，葉脈由葉心向外放射如傘的骨架，至荷葉邊才分叉。其他的葉脈紋則是用細長的陰刻線刻出，線條平直，兩側的葉脈紋幾乎成平行線。花瓣上也常用細長的陰刻線。與以上這些宋代花和葉的特徵比較，本件荷葉玉筆洗也都一一具備這些特徵。

從宋代玉雕的表現手法上來看，工藝上，宋代以一種陰陽向背的淺浮雕，使花卉在造型上更加自然生動靈活。花與枝交錯掩映，翻轉交搭，使人有多層次和立體的感覺。如果是單層花，各部位及反面也是作高低起伏狀，生動自然，開深層立體鏤雕製作之先河。鏤雕的層次，有時候多達三、四層。受到北印度薄胎玉器的影響，薄胎玉器早已經在宋、遼、金盛行。外形上，宋代玉雕也常以三角形、方形、橢圓形等幾何造型作為器物輪廓的外型。本件荷葉玉筆洗也都具備了以上的這些特徵。本件荷葉玉筆洗的花與枝交錯掩映，有多層次的立體感，是薄胎的玉器，具三角形造型的筆洗。

從創作年代的背景上來看，宋代由於文人書畫的興盛，許多的文房用具也成了玉匠們精心雕琢的對象。這些玉製的文房用具不僅具有實用的功能，並且取兒童、禽鳥、獸、花卉及瓜果的形象作為裝飾的題材。造型上，自由活潑，含有濃烈的人文氣質。畫作上，宋代的花卉和唐代一樣，也多是折枝花形，並且常和鳥類一起出現。宋代藝術創作中的花卉品種也較唐代更為豐富些，有蓮荷、牡丹、靈芝、牽牛花、凌霄花、櫻桃及金瓜等。松樹、柞樹和竹子更是宋代新出現的植物紋飾。本件荷葉玉筆洗就是在這樣一個人文氣質濃烈的背景中所創作出具有理性與典雅美的玉製文房用具，本件荷葉玉筆洗是一件珍貴的南宋玉製文房用具。

編號58：南宋「坤牛望月」玉臥牛硯臺

規格：長15.2×寬10×高4.7公分

質地：和闐糖玉

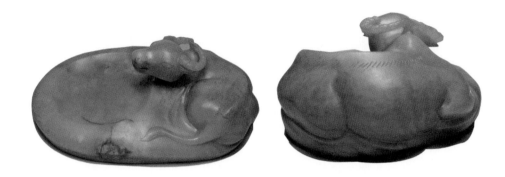

　　從硯的發展史上來看，硯的起源很早。距今約七千年前左右的陝西姜寨新石器時代遺址中就已經出土了研磨盤、研磨棒。史前時代的研磨盤、研磨棒是後世硯臺的雛形。湖北雲夢秦墓的硯是最早的書寫硯。從墓葬出土中發現漢代時已經普遍使用硯，但漢硯仍未跳脫研磨盤、研磨棒的雛形。東漢以後，硯臺才自成一體，有長方形、圓形、橢圓形等。魏晉南北朝至隋代出現圓形瓷硯。並且，由三足增至多足。唐代四大名硯之稱開始出現，有端硯、歙硯、洮硯，紅絲硯。宋代澄泥硯興起取代紅絲硯。今日人們稱之爲四大名硯的是端硯，歙硯、洮硯、澄泥硯。唐代最常見的硯是箕形硯。宋代的硯以抄手硯、隨形硯、橢圓形硯爲多。唐宋時期，硯臺的造型重適用，而不重紋飾。以動物爲造型的硯臺很少，只有兩、三個例子，如鵝形硯、龜形硯。元代硯臺的形制沿用宋制，但風格較爲粗獷。到了明清時期，硯臺由適用轉向觀賞，漸漸趨向豪華富麗。

　　從造型上來看，本件玉臥牛的頭左轉仰天，兩個牛角往後彎曲，牛角尖靠攏。牛的四肢沒入泥沼之中，只見牛身軀的上半身，牛長尾彎曲，左擺於泥沼上。在以動物爲硯臺造型很少的唐宋時期，本件南宋玉硯臺以臥牛爲造型，使用和闐玉做成橢圓形的硯臺，其稀有與珍貴性可想而知。

　　從造型的比較上來看，臺北故宮博物院的兩個傳世宋代臥牛名硯可以與本件玉臥牛比較，三件都是臥牛硯。但是故宮的兩件臥牛硯是抄手形石硯質，並且臥牛的體積很小。

　　從藝術的表現上來看，在構圖上，玉臥牛硯臺的構思極為巧妙。將天上的月亮以倒映的手法順勢地安置於硯池中，硯池被設計成一個大圓凹形的池子，池子有如天上的月亮倒映在池水塘中，使得觀賞者不僅可以看到臥牛，也同時可以看到高掛於夜空中的圓月及地面上的池塘。

　　從構圖上來看，存世宋、金時期的青銅鏡中，有許多犀牛仰望月亮的圖案。人們一般將這類圖案稱為「犀牛望月」，比喻為長久盼望，或者稱為「吳牛喘月」，比喻人因見到曾經受其害的類似事物，因過分害怕而驚懼，也可以用來形容天氣酷熱難耐。但是，郭學雷在〈「犀牛望月」鏡小考〉一文中，認為這種圖案應該稱為「坤牛望月」才對。依郭學雷的看法，「坤牛望月」是宋、金時期非常流行的吉祥寓意題材，應該與當時社會上普遍風行，人們祈求長壽、福祿、科舉、財富的美好願望有關。青銅鏡上的紋飾往往是當時人們喜聞樂見的題材，而不應該是「吳牛喘月」見到會害怕的圖案才對。郭學雷的這個觀點，筆者認為非常具有說服力，這種解釋觀點才能真正的體現出當時人們的祈求與願望。郭學雷提出「坤牛望月」的名稱，來為這種青銅鏡正名。「坤牛望月」象徵著生活中的種種吉兆。如，功名唾手、科舉聯捷、征伐大勝、出行遇險得濟、疾病服藥必瘥、商賈必獲珍寶。人們在日常的生活器物青銅鏡上使用這個圖案造型，就是期望日有所見，夜有所夢。同樣地，這類期望也被當時的玉匠轉借，拿來用在硯臺造型的設計與製作上。

第八單元 ▎兵器 ━━━━━━━━━━━━━

編號59：良渚文化大玉圭

規格：長43.5×寬10.1×厚1.4公分
質地：透閃石

　　從玉圭的發展史上來看，玉圭是扁薄長條形的玉器，有平首及尖首
圭兩種的形式。玉圭的器身上有素面、陰刻及陽紋三種裝飾，裝飾的紋飾
有人面紋、鷹鳥紋、獸面紋三種。玉圭從史前時期開始出現，並延續使用
至宋代。本件良渚玉圭的出現意義非凡，是第一次見到的良渚文化大型玉
圭，印證良渚文化時期已經開始使用玉圭。尺寸上，本件良渚玉圭尺寸巨
大，達43.5公分。

　　從玉圭的比較上來看，尺寸上，本件玉圭43.5公分的長度僅次於龍山
文化七孔玉刀的54.6公分。但在長度上，本件玉圭還是勝過龍山文化的玉
璋及玉圭。甚至超過良渚文化本身最大琮王的33.2公分。造型上，本件玉
圭的外型、近頂部的大圓洞及腰身三層式節紋的三項特徵皆為後期的龍山
文化及夏代的玉圭所繼承，如山西省侯馬市的龍山文化鷹紋平首玉圭、山
西省襄汾陶寺的龍山文化尖首玉圭、河南省偃師二里頭的夏代平首玉圭。
本件良渚玉圭的造型開創出後世玉圭之濫觴。良渚玉圭碩大的尺寸特徵，

除了由後繼的龍山玉圭及夏代玉圭所繼承外，也被商代婦好墓的龍紋玉刀及西周時期的神人紋玉戈所繼承。換句話說，良渚玉圭造型的後續影響所及遠達西周時期的玉戈。

從紋飾上來看，由精緻三層式雙神人紋中間單獸面紋的主紋與輔助的雲紋中，觀賞者可以強烈地感受到良渚玉圭所展現出的王者風範與氣勢，可以明顯感受到本件玉圭的使用者在軍權與神權中的崇高地位。玉圭之擁有者非良渚王莫屬。

從獸面紋刻劃的方式上來看，從獸面紋眼框近鼻樑處偏方折的現象來研判，本件玉圭應該是良渚文化晚期的文物。

從使用功能上來看，根據學者研究指出，玉圭肇始自石斧、石匕、石鏟。鄧淑蘋指出玉圭是禮器，具權力階級的表徵，是發誓憑證、禮物。玉圭可以比配於君子之美德等多種的用途。

從玉圭的使用上來看，為什麼玉圭的使用時間可以從史前延續至宋代這麼長的一段時間而沒有中斷呢？筆者認為是因為玉圭的重要性。什麼重要性呢？因為玉圭是反映軍權身份與地位的重要象徵。史前時期，由於父系社會戰爭的頻繁出現，使得原本屬於工具使用性質的斧、鏟進一步優質化，提昇成為代表神權、王權與軍權的玉圭。玉圭的出現亦從側面反映出良渚時期戰爭的頻繁，以及由頻繁的戰爭中，軍事制度得以發展，逐漸趨於完備的情形。本件玉圭的出現可以證明後世玉圭的造型源頭為良渚文化。但本件玉圭的尖首形應該是使用時碰撞塌陷，經削尖後而成，並非真正原本的器形。功能上，玉圭的形式與功用也被後世的道教令牌所繼承，道教的令牌是調兵遣將用的符節法物。

從本件大玉圭的玉質及顏色上來看，可能是出土自浙江桐鄉市姚家山附近。本件大玉圭應該是兵符。

編號60：龍山文化瓦溝紋環柄玉匕首

規格：長12.9×寬5.6×厚1公分
質地：青黃色岫岩玉

　　從造型上來看，本件玉匕首的外型極似大汶口文化富有特色的環柄骨匕首利器。環柄骨匕首流行於東部沿海地區，應是防身的武器。（王仁湘，中國史前考古論集，380頁）本件環柄玉匕首的造型應是受大汶口文化骨匕首所影響下的產物。

　　從瓦溝紋的比較上來看，經考古出土的瓦溝紋環柄玉匕首有四件。一、江蘇邳縣大墩子玉匕首。二、山東泰安大汶口玉匕首。三、江蘇新沂花廳玉匕首。以上三件的玉匕首均屬於大汶口文化。四、江蘇海安青墩玉匕首，這件玉匕首屬於馬家濱文化。東部的大汶口文化及南部的馬家濱文化是屬於距今七千至六千五百年以前的史前文化。但學者們將以上四件匕首的年代定為大汶口及馬家濱文化。筆者覺得不是很正確。四件匕首的年代應該是龍山文化較為準確。理由如下：材質上，玉的質料以及顏色偏向龍山文化的玉質。以玉質材料作為器物，更加凸顯持有者身份地位的崇高。龍山時期社會已經進入父系的社會。父系社會時，由於頻繁的戰爭，大量產生玉質化，代表身份地位的玉質兵器。紋飾上，本件環柄玉匕首具備龍山文化的圓弧角特徵，同時又有紅山文化的瓦溝紋及刃邊特點，應該

是龍山文化的環柄玉匕首。工藝上，本件環柄玉匕首的凸棱紋、瓦溝紋、刀背的圓角、環口的垂直面及刀鋒的弧刃面都處理得非常精緻、平整與規範。工藝技法是處於磨製技術非常成熟的龍山時期才對。

從裝飾紋飾之重點的比較上來看，本件玉匕首與山東臨朐西朱封大墓的龍山竹節型玉笄與人面玉笄的裝飾重點竹節狀旋紋相同。竹節狀旋紋的形成是由一凹與一凸的瓦溝紋所形成。龍山竹節型玉笄上有三組竹節狀的旋紋。人面玉笄的上端有一組竹節狀旋紋。龍山竹節型玉笄與人面玉笄的裝飾重點都是瓦溝的竹節狀旋紋。而本件環柄玉匕首的瓦溝紋分別置放於環柄玉匕首的上下兩端，瓦溝的竹節狀旋紋也是本件環柄玉匕首的裝飾重點。因此年代上，本件環柄玉匕首應該是龍山文化較爲準確。玉匕首上竹節狀旋紋數量的多寡應該是作爲標示身份高低的作用。

從創作的年代背景上來看，龍山文化時期，史前的社會已經進入父系社會的生活形態。龍山文化的主要文化遺存代表有龍山文化、陶寺文化、石家河文化、齊家文化和后良渚文化等。父系氏族的時代，社會生產力水平比以往有較大的提高，其表現主要在於農業生產的發展，家畜飼養規模的擴大，製陶技術的進步，銅器製造的出現，絲織品的發明，手工業水平的普遍提高及社會分工的形成等等。父系氏族的時代，男性成爲了社會經濟和部落政治的主導，並且隨著同一祖先子孫的繁衍與增多，各個分支不斷地向外遷居與擴張。因地盤爭權的衝突，部落氏族間的戰鬥加劇且頻繁。反映在這一時期器具種類的大宗與特徵上，便是兵器特別多。玉質環柄玉匕首的出現正反映出這一時期部落氏族間戰鬥的劇烈與頻繁。優質化的龍山環柄玉匕首的出現是與這一時期的社會情況相符。

編號61：西周早期對嘴龍菱格紋扉棱玉戚

規格：寬8×高8.6×厚0.75公分
質地：和闐黃玉

　　從玉戚的發展史上來看，戚從夏代開始出現至商周時期而終止。基本上，商代延用夏代玉戚的形制，只改變了刃部，從多角變成圓弧形。周代又沿用了商代玉戚的形制，或將玉戚拉長。

　　從扉棱的發展史上來看，在中國玉雕史上，扉棱的出現沿用了一段很長的時期。扉棱最早出現於石家河玉器中，並且一直被使用至春秋時期才終止。夏、商、周三代的扉棱有很多種不同的變化。扉棱通常出現在龍、鳳、璇璣、戈、玉戚、璋、刀等代表神權、軍權的器物之上，代表著持有者的身份與地位，扉棱的重要性不言而喻。

　　從紋飾上來看，夏代的玉戚為素面。商代的玉戚開始出現獸面紋及直條紋紋飾，但數量不多。本件西周早期玉戚的紋飾有對嘴龍、菱格紋及扉棱。玉戚的頂部裝飾著一條寬橫帶菱格紋。菱格紋內再套上另一個小菱格紋以組成連續菱格紋帶。在商代晚期和西周早期的器物上菱格紋經常出

現。菱格紋作爲器物的主紋飾經常出現在龍身及玉璜之上。從玉戚刃部朝下的方向上來看，以玉戚的正中央作爲中軸線將玉戚切割成左右兩半，會看到兩個側身對嘴的龍首及往下垂擺又長又捲的三條卷雲式龍身。

　　從玉戚刃部朝上的方向上來看，會看到兩個側身對嘴的龍首組合成一個獸面紋。又長又卷曲的三條卷雲式龍身在此時變化成獸面紋的雙耳。在商代晚期至西周早期的器物上經常看到這種以雙禽、雙獸、雙人組合而成的獸面紋。

　　從造型與紋飾上來看，造型上，本件玉戚的造型是西周早期的勾刃鋒玉戚。玉戚的兩側各有一組「相背式V形扉棱」。依據廖泱修的研究指出，「相背式V形扉棱」創始於商代後期，主要流行於西周早期，發展至西周中期逐漸衰退，西周晚期已消失不見。紋飾上，玉戚上的側面式龍紋是西周時期特有的龍紋。本件玉戚的寬橫帶菱格紋、斜坡刀紋、勾刃鋒及兩側的扉棱等特徵都顯示出時代偏早的特徵，是西周早期的玉戚。玉戚上精緻的獸面紋、龍紋、菱格紋及滿地裝飾也都顯示出玉戚的尊貴及重要性。

　　從功能上來看，西周時期的玉鉞、玉斧、玉戚是周王持有軍權的重要象徵代表物。

　　從玉質與色澤上來看，本件玉戚的玉質是純淨溫潤的高檔和闐黃玉，是一件珍稀貴重的玉質兵器。在所有的商周玉戚中，本件玉戚的紋飾與玉質是目前最工整，最精緻，最美與最好的一件西周早期玉戚。

編號62：戰國早期猛虎攫雄鷹虺複合紋玉戈

規格：長20.6×寬10.7×厚2.9公分
質地：和闐青玉

　　從晉國的紋飾裝飾上來看，在戰國時期晉國的象生動物紋飾中，常見動物與動物，動物與人搏擊的形象。晉國的青銅器中常見虎攫鷹，虎鷹相擊，虎噬人，鷹抓蛇等搏擊的紋樣。夔龍吞蛇，夔龍衛鳳紋飾是戰國早期晉文化所獨有的紋飾。戰國時期晉國青銅器中的裝飾風格由前新田時期的單層花紋發展為新田極盛期的淺浮雕複層花紋。

　　從造型上來看，本件猛虎攫雄鷹虺複合紋玉戈的裝飾紋飾就是戰國晉國新田極盛期的花紋。這是晉國所獨有的紋飾，地域風格明確。

　　從玉戈的比較上來看，本件玉戈與臺北故宮的戰國晉系鳥獸紋鋬內戈的造型一模一樣。臺北故宮的戈為一套，包括尾部裝飾——鐏，因此，本件玉戈原本也應該有一套，只是出土後，已經流散。一套完整的戈有戈、柲和鐏三者。戈是安在柲的上端，柲是兵器的柄，長六尺六寸，鐏是安在柲的下端，使戈能插在地上而不易偏斜。尺寸上，臺北故宮的戈尺寸較小，長度只有14.5公分，高度也只有7.1公分，本件玉戈長達20公分。但最重要的是故宮的戈為銅質，而本件玉戈為和闐青玉。在價值、地位與珍貴性上，兩件有天壤之別。另外，本件玉戈與山西太原南郊金勝村太原晉

卿的猛虎攫雄鷹立體青銅戈及侯馬鑄銅遺址的戈合范之造型也一模一樣。根據學者研究，這種造型的戈在萬榮、長子、洛陽等地曾經出土過。除了以上介紹的臺北故宮、山西太原、侯馬鑄銅遺址外，北京故宮、英國倫敦也都藏有這種造型的戈。倫敦的戈是黃金質地。因此，這種戈有三種珍貴的材質，玉最高，黃金居中，青銅最後。根據學者研究，這種形制的戈其產地為新田（今山西侯馬）。程永建《試論有銎銅戈》《華夏考古》二〇〇一年二期。山西太原南郊金勝村春秋大墓的鷙尊及鳥蓋銅匏壺也都一樣有鳥、虎、蛇等複合的造型，紋飾都精心刻劃與製作。

　　從裝飾的藝術上來看，以虎、鷹、虺（蛇）三種神化的動物為裝飾主題進行滿地裝飾。以高浮雕方式使神化的動物呈現出渾厚凝重感。以張牙舞爪，扭打，撕咬，踐踏，飛騰，糾纏，捲雲等手法鋪陳神祕怪異的氣氛，以非對稱性的方式排列，流露出融合異域文化的因素，風格獨特。

　　從藝術的題材上來看，晉國的藝術題材大多源自於商代晚期，是中國古代藝術作品的一種復古風格。

　　從紋飾上來看，依據《山海經海內西經》中的記載，開明西有鳳凰、鸞鳥皆戴蛇踐蛇。鸞鳥踐蛇是先民流傳中的一個神話傳說。這種虎攫雄鷹虺複合紋的造型應該也是來自於先民流傳中的一個神話傳說。青銅戈上，常見裝飾著老虎的紋飾作為勇猛的象徵，這是先民對老虎崇拜的表現。本件玉戈裝飾著虎、鷹、虺複合紋飾是同時對異獸、猛禽、爬蟲——虎、鷹、虺的崇拜表現，是人們尊神信鬼迷信觀念與宗教意識的反映。猛虎與鷹的紋飾具有較多的域外色彩，鷹、虺複合紋飾是繼承仰韶文化彩陶花紋中的鳥啄魚圖像，是史前鳥啄魚圖像在戰國時期的一種變異。

　　從使用功能上來看，本件玉戈應該是來自於山西太原金勝村的晉卿趙襄子墓（458B.C.～425B.C.），是一件非實用兵器，是展現威猛的儀仗用御戈。

編號63：戰國中期出廓行龍紋玉戈

規格：長17.8×寬11.1×厚0.6公分
質地：和闐青黃玉

　　從造型上來看，本件戰國中期出廓行龍紋玉戈並非是出土文物中的第
一件玉戈。

　　從造型的比較上來看，本件出廓行龍紋玉戈與獅子山楚王陵的龍紋
玉戈造型相同。獅子山楚王龍紋玉戈長17.2，寬11.2，厚0.7公分。在形制
上，兩件玉戈同樣為寬援胡雙刺式闌內戈，同樣為護衛禮儀用的玉戈。在
尺寸及顏色上，兩件玉戈也極為接近。但是在紋飾及年代上，兩件玉戈有
較大的差異。紋飾上，楚王玉戈上琢刻勾連雲紋、螭龍紋、鳳鳥紋及鏤
雕爬行的螭虎紋。本件玉戈則是刻劃出蟠虺紋、龍首紋、異獸紋、S型交
叉紋、鳳鳥紋及鏤雕爬行的螭虎紋。年代上，楚王陵玉戈是西漢時期的玉
戈，本件玉戈是戰國中期的玉戈。

　　從寬援胡雙刺式闌內戈的源頭上來看，根據兵器學者井中偉的研究指
出，這種援鋒為鈍圓的流線形戈是東周時期巴蜀地區乙類D型戈，最早出
現於戰國中期。此類巴蜀戈應該是在繼承春秋楚戈的基礎上，加以改造而
形成巴蜀地區自身的地區特色。戈上所裝飾的紋飾通常為國別、族屬的標
誌。因此，本件玉戈戈頭上的鏤雕爬行螭虎紋及內上的鳳鳥紋是代表深受
中原傳統文化影響的紋飾。而戈身上的蟠虺紋、龍首紋及異獸紋為代表巴

蜀地區自身文化特色的紋飾。以此來看，獅子山楚王龍紋玉戈的外形是繼承戰國時期巴蜀地區戈的外形，但紋飾勾連雲紋則爲戰國晚期至漢初期間中原地區流行的紋飾。

　　依據考古學者的推測，獅子山楚王陵墓的墓主爲第二代的楚王劉郢，劉邦弟弟劉交的兒子。史書上記載，項羽分封群雄時，立劉邦爲漢王，領有巴、蜀、漢中三郡四十一縣，定都南鄭。因此，劉交也勢必曾經駐紮在巴、蜀地區。西元前二〇一年，劉邦封劉交爲楚王，都城爲彭城，今江蘇徐州。西元前一七八年，劉交死後，兒子劉郢繼位，成爲楚王。筆者推測，在造型上，獅子山楚王龍紋玉戈的外型是戰國巴蜀型的玉戈，但製作於西漢時期，採用的勾連雲紋紋飾是中原地區流行的紋飾。而本件出廓行龍紋玉戈製作於戰國中期，無論是外形還是紋飾，都是巴、蜀地區的玉戈。在年代上，兩件玉戈一前一後，一個是戰國中期的玉戈，一個是西漢時期的玉戈。兩件玉戈同樣是王室表現威儀使用的禮儀用玉戈，同樣是玉戈中的精品。

編號64：南北朝雙螭龍銜鳳玉刀柄

規格：長11.7×寬4.7×厚2.4公分
質地：和闐青黃玉

　　從造型上來看，這是一件從未見過的南北朝雙螭龍銜鳳玉刀柄。刀柄是以籽玉隨形雕琢，因此外形上呈現出不整齊的現象。玉刀柄呈T字形，上端扁大，下端圓小。

　　從紋飾上來看，上端的鏤雕是作為穿繩繫帶的用途。刀柄上的流雲翻騰遍佈像海上的浪花、火焰。雙螭龍一大一小從刀柄的兩側穿雲而出，螭龍直立相對，口中銜一卷曲的鳳鳥。柄的前瑞以兩道絞絲紋作間隔，兩道絞絲紋間裝飾著T型雲紋。這種紋飾是戰國晚期至漢初的裝飾風格，紋

飾的裝飾具有復古的風格。本件玉刀柄螭龍相對銜鳳的圖案是深受中亞波斯薩珊王朝裝飾風格影響的紋飾。直到唐、宋時期仍有這種圖案的表現形式。刀柄正中央的兩個桃花心形紋、螭龍身軀上的水滴狀紋飾、雲紋上的柿蒂形雲頭及螭龍嘴上翹起的羽翅紋等特徵是南北朝時期最具有代表性的裝飾紋飾。

　　從玉質與色澤上來看，刀柄的顏色是介於青黃色之間的獨特色澤。依據筆者的經驗，此類色澤是魏晉南北朝時期常出現的用玉色澤。綜合以上所述，根據本件玉刀柄的高浮雕翻騰式流雲紋、直立的對螭龍紋、卷曲的鳳鳥紋、特殊的和闐青黃玉、構圖及T字形柄等特徵上來看，本件玉刀柄的年代應該為南北朝時期。

　　從環首刀的構圖上來看，雙螭龍銜鳳的樣式可往上溯源到漢代環首刀的裝飾風格。漢代以後的幾個朝代，在環首刀的裝飾藝術上，也都同樣繼承了這種風格。環首也稱刀環，位於環首刀的後端。刀環上的裝飾是環首刀裝飾的重點。刀環直徑僅3～7公分。但在這3～7公分的方寸之中，工匠使用雕刻、錯金、鎏金、鑄造等手段展現出各種藝術的魅力。刀環上的裝飾有以下四種。一、雕刻花草植物、雲氣、龜背紋。二、雕刻鶴、鹿、虎、鷹、駱駝等寫實性動物的造型。三，雕刻想像中的神靈性龍、鳳及避邪等動物的造型。四、雕刻三葉蕨草、三疊環圖案等。本件南北朝雙螭龍銜鳳玉刀柄就裝飾著龍、鳳及流雲、雲氣紋飾。玉刀柄的出現也與南北朝時期刀大流行的時代相吻合。由於漢至唐時期是中國文化對東亞的第一個重大輸出時期。因此在朝鮮、韓國、日本等國也出土了大量的環首刀。

第九單元 ∥ 佩掛飾品

編號65：紅山抽象式玉蟬蛹璜

規格：長7×寬1.75×高1.8公分
質地：灰白色岫岩玉
管外徑：1.45/1.7公分　孔徑：0.7公分

　　從造型上來看，本件玉蟬蛹璜的造型是未曾見過的孤品。球體式圓雕眼，彎管形身軀的背上有六道瓦溝紋。本件玉蟬蛹璜的造型是管狀的璜，長7公分，孔徑0.7公分。

　　從工藝上來看，在彎管形的玉器上鑽深又長的鑽孔是難度極高的工藝。長度達10公分以上的彎管形造型，鑽孔施工不可能完成。因此，必須將彎管一分為二，先分成較短的左右兩件，再從璜的兩端以圓鑽經多次接續施工，才有辦法形成彎管形的孔洞。待完工後，將一對合併使用。管狀璜的孔內遺留螺旋的痕跡。從洞頭至洞尾，玉匠力求保持圓孔的正圓形，儘力保持圓孔位於正中央的位置。在史前的玉器中，這種長彎管鑽孔施工的工藝從未見過。在鑽孔的技術上，這一特徵也正體現出紅山文化玉雕的高度發達與先進。它的高難度工藝技術是史前玉器之冠。

　　從使用上來看，筆者推測，本件玉蟬蛹應該有兩件，一對的玉璜。璜即然有穿孔，一定是穿繩之用途。一但穿繩勢必造成彎管的弧度朝下，也必然是成對一起使用。使用時，用繩索穿過中孔，連接兩件玉璜以組合成半圓形的璜。玉蟬蛹的使用應該是雙眼朝外，一個在左，一個在右，以璜的形式佩戴於胸前，以表示持有者特殊的身份與地位。成對使用時，尺寸可拉長至11.5公分，算是大型的玉器。史前時代，璜的使用都是雙頭朝

上。紅山出土的玉蟬通常都是一對式。而本件玉璜也應該是雙頭朝上一對式的玉璜。

從璜的發展史上來看，璜從六、七千年前的史前時代開始出現。造型由不成熟的條弧形演變成折肩形，再發展至成熟的半圓形。但本件玉雕為彎管形璜，在造型上，較接近條弧形璜，其造型具備獨特及前衛性。在造型、尺寸及玉質上，本件璜冠蓋群雄，沒有其他玉器可以與其匹敵。材質及色澤上，玉蟬蛹以非常獨特的俄羅斯貝加爾湖地區夾白色黑斑的透閃石製成。紅山玉器中，使用相同的玉料只有五例，一、凌源牛河樑遺址的雙獸首玉梳背，長8.9公分。二、天津武清區十四倉清代墓葬的玉龍，長10.4公分。三、遼寧省文物總店的勾雲形玉器，長11.3公分。四、震旦文教基金會的獸胎形玉飾，高8.3，寬2.3，厚1公分。五、震旦博物館的太陽神玉雕。需注意的是，尺寸上，以上五件都較大，長達8.3至11.3公分之間，算是大型玉器，本件玉璜也是大型玉器。造型上，五件器形分別為玉梳背、玉龍、勾雲形玉器、獸胎形玉飾及太陽神，五件都是紅山玉器中重要的禮器，本件玉璜也應該是重要的禮器。在造型、工藝、尺寸及用料上，本件玉蟬璜都反映出王者用器的尊貴性。

從玉蟬的主題上來看，紅山的動物玉器中，玉蟬的出土數量不多。這一現象更加說明了佩戴者的身份和地位是與其他部族的成員有所分別。抽象式的玉蟬展現出幼蛹形態下的蟬，由於蟬的特殊生態，使得蟬與生命的再生崇拜和靈魂不死有著直接的關係。一般來說，史前玉璜由女性大巫佩戴在胸前，蟬與生命的再生崇拜和靈魂不死有著直接的關係，而女性更是生命繁殖的扮演者。玉蟬璜的出現顯示出當時仍然處於母系制社會，而紅山文化正是處於六千年前母系制社會的史前文明。

編號66：良渚神人獸面紋三叉形器

規格：寬9.1×高5.7×厚1.8公分

質地：綠色透閃石玉

　　從造型與紋飾上來看，本件玉雕很有獨特性。它的獨特性不是因爲它是三叉形器的形制，也不是因爲有神人獸面紋的紋飾，更不是因爲有飛翔的鳥紋紋飾。因爲，在此之前，三叉形器、神人獸面紋與飛翔的鳥紋都已經出現過。它的獨特性是因爲在造型上，它同時結合了三叉形器、神人獸面紋及飛鳥紋於一件器物之上。紋飾上，三叉形器背後凸起的二個塊面也精細刻劃著滿地式的羽翅及卷雲紋。良渚的人們是崇拜太陽的邦國。神人獸面紋是他們心中地位最爲崇高的神祇，也就是太一（太乙）神。獸面紋的兩側經常伴隨著往東向及往西向飛翔的小鳥，象徵著太陽的東昇西落、日月的輪替、寒來暑往大自然規律循環的周期變化。神人獸面紋經常出現在大大小小，各式各樣的良渚玉器上。神人獸面紋又可以分爲樣式繁多的繁複與簡易式的形式。本件玉雕紋飾的首度面世，清楚地告訴人們，良渚神人獸面紋中的獸面可以以獸身的形態出現，也可以以鳥身的形態出現，獸面紋同時具備飛天與遁地的神力。

　　從藝術表現上來看，以三叉形器的外形爲飛翔中的鳥，鳥首在前，羽翅及尾巴在後。鳥的身上滿地裝飾著精細的螺旋式卷雲紋，象徵在雲端中飛翔的神鳥。鳥的首部爲圓弧形，尾端爲三叉形，三叉形器同時兼具鳥的雙翅及尾巴，又象徵著皇冠。鳥全身有陰刻的卷雲紋。神人及獸面紋壓地浮雕以凸顯主紋飾神人及獸面紋的重要性。

　　從神人紋與饕餮紋之藝術表現的比較上來看，置於正中央位置的神人獸面紋特徵被後繼的商代青銅器所繼承。良渚的獸面紋以凸紋作爲主紋飾，商代青銅器的饕餮紋也以凸紋作爲主要的紋飾。良渚的獸面紋被置放於玉琮的邊角上，青銅器上的饕餮紋也以中央拆半的方式被置放於青銅器的邊角上。良渚的獸面紋以卷雲紋作滿地裝飾。青銅器上的饕餮紋也以雲雷紋作滿地裝飾。良渚獸面紋的兩側經常陰刻著飛鳥紋，饕餮紋的兩側也經常雕塑著鳳鳥及夔龍紋。誰說良渚文化已經消失滅絕了呢？其實，良渚文化的紋飾早已經完全融入中華的文化之中，成爲今日中華文化中重要，不可或缺的一部份。

編號67：良渚獸面加身軀紋玉璜

規格：寬10.8×高4.1×厚0.7公分
質地：淡綠色透閃石玉

　　從造型上來看，本件玉璜也很獨特。它的獨特性不是因為它是玉璜的形式，也不是因為它有獸面紋加身軀的紋飾。因為玉璜的形式、獸面紋加身軀的紋飾都已經出現過，本件玉璜的獨特性是因為它同時結合了獸面加身軀的紋飾於璜的器物之上。

　　從玉璜的發展史上來看，玉璜流行於距今六千年到五千年前之間。馬家濱及崧澤文化時期，玉璜較為流行。玉璜的形式可以分為二種；窄條形及半璧形玉璜。窄條形玉璜流行時間較早，出現於馬家濱文化晚期。半璧形玉璜出現的時間較晚，是崧澤文化時期玉璜的主要形式。距今五千年到四千五百年前之間的良渚文化時期，玉璜並不是非常的多。一般來說，玉璜只出土自女性大墓，是地位較高的身份象徵。良渚的女性墓葬中只出土玉璜，而男性的墓葬中則出土玉質的斧、鉞兵器。在墓葬出土物件的分類上，有男女性別之分。一般來說，史前玉璜的上瑞不是很平整，下瑞尖薄的部份也不是很規範。玉璜的正面為弧面，背面為平面。玉璜工藝的精良度、紋飾的複雜性、使用的尺寸、材質、色澤等特徵都是反映玉璜佩戴者身份高低的重要關鍵。

　　從工藝上來看，本件玉璜上的獸面及身軀紋刻劃非常細膩，已經達到毫芒雕刻的標準。其鬼斧神技不得不叫人讚嘆與佩服，觀看時，必須以放大鏡才能看得清清楚楚，更何況是當時對其進行刻劃，其難度可以想像而知。

　　從顏色上來看，本件玉璜的顏色是常見的良渚淡綠色梅嶺玉，灰色是受沁色改變所導致。

　　從出土的實例上來看，良渚玉器上刻劃著獸面加身軀紋飾的玉器並不多。並且，只出現在帝王大墓之中。

　　從年代上來看，本件玉璜的年代應該是良渚晚期。因為：一、崧澤時期的玉雕工藝技術還沒有如此的精美完善。二、獸面的眼框、鼻頭及身軀紋飾的刻劃方式是良渚晚期的紋飾風格。因此，本件玉璜的使用者應該是良渚晚期僅存的少數女性權貴。玉璜的造型應該是古人對彩虹崇拜的表現。

編號68：良渚透雕神人獸面紋大理石牌飾

規格：高8.8×寬10.8×厚0.85/0.5公分
質地：白色大理石　青浦出土

　　從造型的比較上來看，造型上，本件良渚透雕神人獸面紋大理石牌飾與浙江省餘杭瑤山十號帝王大墓的神人獸面紋玉牌飾相同。但兩件之間仍有一些小差異。尺寸上，瑤山牌飾高6.1，寬8.2，厚0.6至1.28公分。本件大理石牌飾高8.8，寬10.8，厚0.5至0.85公分，本件牌飾略爲大一些。但本件牌飾省略嘴部垂直面的刻劃。材質上，瑤山的玉牌飾是透閃石玉，本件是白色大理石。瑤山的神人獸面紋玉牌飾目前只有一件，是良渚紋飾最精美的玉器，已經被列爲一級的文物。

　　從工藝上來看，本件牌飾的紋飾分高、中、低三個層面。以凸起的獸面構成最高的層面。獸的眼、鼻及額頭也以凸起的方式展現，以強調其重要性。以壓地淺浮雕的神人頭及冠部構成中層。頭戴弓形蓬張羽冠的神人紋是以陰刻線勾勒出線條。神人的臉面為倒梯形。最低層的神人頸部、鳥的身軀、羽翅及尾部也都是以陰線刻劃。

　　從紋飾上來看，在這樣一個高8.8，寬10.8公分的面積內，紋飾展現出高度的繁縟密集。這種繁縟密集的陰刻不得不令人讚嘆與佩服。除了應用當時最高超的雕琢技藝外，刻劃時玉匠的心無旁騖及對神靈的虔誠敬畏恐怕才是它真正成功的關鍵。

　　從雕塑的歷史上來看，良渚的「三層花」紋飾雕刻技術具有劃時代的重大的意義。它肇始了後世商代青銅器上裝飾「三層花」紋飾的先河。形成了浮雕與線刻相結合的「三層花」技藝。在凸起的主紋上加刻陰紋裝飾線。主紋之下，再刻出細密的地紋構成多層次的視覺效果。

　　從圖像上來看，神人獸面紋圖像展現出神明或祖先的「神人」凌駕於動物「獸面」之上的現象，是原始道教中的「龍虎鹿三蹻」的展現。東晉葛洪《抱朴子》說：「若能乘蹻者，可以周流天下，不拘山河。凡乘蹻者有三法，一曰龍蹻，二曰虎蹻，三曰鹿蹻。」巫蹻關係這個母題的成分便是表現出一個巫師和他的動物助手或「蹻」。巫師以此「蹻」幫助巫師飛天入地，往返於天地之間。從天界帶下來天帝的旨意，巫師或者帝王代表天帝本尊，在地上人間行使其政權，具有君權神授的意義。在此亦顯示出擁有本件牌飾之墓主人的身份為身兼巫師的王者，手握神權、王權、軍權於一身，是中國江南早期稻作農耕文明中太陽崇拜、神鳥崇拜的信仰特徵。

　　從材質上來看，這是目前所發現的一件良渚大理石文物。筆者另外也收藏五件以牛肋骨，牛腿骨，鳥骨做成的良渚勿形、圭形與笛形器。筆者相信，在往後的良渚考古挖掘中，人們將會見證到更多從未見過或想過的材質出土。

　　從使用的功能上來看，有的學者認為玉牌飾是作為埋葬的玉覆面使用。如果推測屬實，除了玉帶鉤外，良渚文化也締造了中國玉覆面使用的先河。

編號69：良渚獸面弧形交叉卷雲紋邊框半圓形玉璜

規格：高5.2×寬14.3×厚0.5公分
質地：小梅嶺透閃石玉

　　從造型上來看，如同編號67號的良渚玉璜，本件玉璜的獨特性是因為在半圓形的玉璜上有獸面加邊框的紋飾。邊框內的紋飾是以弧形交叉紋區隔卷雲紋。弧形交叉紋是以四條陰線作交叉的形式。

　　從玉璜的發展史上來看，玉璜流行於距今六千年到五千年前之間。馬家濱及崧澤文化時期玉璜較爲流行。玉璜的形式可以分爲二種；窄條形及半璧形玉璜。窄條形玉璜流行時間較早，出現於馬家濱文化晚期。半璧形玉璜出現的時間較晚，是崧澤文化時期玉璜的主要形式。距今五千年到四千五百年前之間的良渚文化時期，玉璜並不是非常的多。一般來說，玉璜只出土自女性大墓，是地位較高的身份象徵。良渚的女性墓葬中只出土玉璜，而男性的墓葬中則出土玉質的斧、鉞兵器。在墓葬出土物件的分類上，有男女性別之分。一般來說，玉璜工藝的精良度、紋飾的複雜性、使用的尺寸、材質、色澤等特徵都是反映玉璜佩戴者身份高低的重要關鍵。

　　從造型的比較上來看，本件玉璜與編號67號的良渚玉璜造型不太相同。本件玉璜的上瑞、尖薄圓弧形的下瑞及玉璜的正反兩面都雕琢得很規

範平整，展現出良渚成熟期玉雕琢製的工藝。

　　從紋飾上來看，本件玉璜上獸面的刻劃非常的工整細膩，已經達到毫芒雕刻的標準，必須以放大鏡才能看清楚所有的線條。玉璜最獨特之處是以弧形交叉紋作為區隔卷雲紋的紋飾。筆者認為，三條式弧形交叉紋應該是與良渚人對季節的劃分方式有關。一月中有三旬，一季有三個月，一年四季，十二月的季節劃分方式。卷雲紋是以右旋的方向表示處於雲層間之太陽的東昇西落，大自然界中規律性，循環往復的方向。

　　從構圖上來看，獸面紋（太一神）置於玉璜正中央的位置，處於雲層繚繞的天穹中，俯察著大自然界（圓天——在此為半圓形）日夜交替，寒來暑往，循環往復的規律性現象。這種對季節作劃分的方式，在半坡、廟底溝、馬家窯及半山的彩陶上也經常出現。彩陶所代表的是六千年前的史前文明。而良渚文明則是五千至四千五百年前的史前文明。本件玉璜應該是良渚後期少數僅存的女性權貴所佩戴。在造型及紋飾上，本件玉璜的邊框紋飾很特殊，精美非凡，應該是古人對彩虹崇拜的表現。

編號70：良渚飛鳥卷雲紋三角形手鐲

規格：寬8.2×高1.1×厚1公分
質地：全白化透閃石玉　孔徑：6.2公分

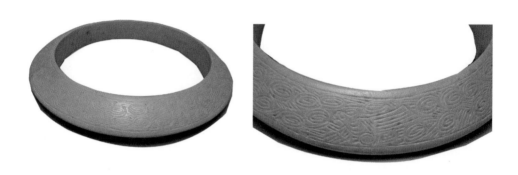

　　從良渚的農業發展上來看，經由已經發現的良渚稻作遺存物，刀、鐮、杵、臼、干欄式糧倉及部份人工栽培的甜瓜，可以確定良渚文化已經是高度發展的農業。農業的發展自然脫離不了人們對天象節氣的長期觀察與掌控。本件玉鐲上刻劃的飛鳥卷雲紋應該就是良渚人對天象節氣的概念反映在文物上的載體。

　　從紋飾上來看，手鐲的正面有兩隻飛鳥，反面也有兩隻飛鳥，四隻紋飾相同的飛鳥均等分配於圓周的正反兩面，四個不同的方位上，呈現出上、下、左、右四個方向。四隻飛鳥均作西向飛行，像太陽的東昇西落。四隻飛翔於卷雲中的鳥正代表著飛翔於空中的神鳥，鳥是代表太陽循環周期的太陽鳥。飛翔中的神鳥代表一年中的二分二至（春分、秋分與夏至、冬至）、一年中的寒來暑往，冷暖交替。本件玉鐲是反映良渚文化中二分二至概念的重要器物。依據王政的研究指出，中國文物藝術創作中的右旋律（順時鐘律），右旋的主導傾向與中國人的宇宙意識有關。古人相信蓋天說，認為日、月沿天穹之弧蓋形而運行，東起西落，日復一日，年復一年，是植物與動物周期性生長的表意符號。宇宙中萬物的生命就存在於這股流動與循環之中，生生不息，生命不斷輪回的象徵。在藝術創作中，舉凡水、魚、龍、蛇、鳥、雲、虎、羊、鹿、怪獸、猴、蛙及舞蹈等均作右

旋律的行進方向。右旋律是中國藝術創作中重要的代表特徵。本件玉鐲中的太陽鳥就是右旋律的行進方向。

　　從飛鳥姿勢的比較上來看，玉鐲上的側面飛鳥紋也可見於福泉山的玉琮、黑陶豆的腹部及圈足與草鞋山的貫耳壺之上。福泉山是良渚第一等級的大墓。玉琮、黑陶豆及貫耳壺都是祭祀用的重器。因此，本件造型特殊，玉質精良，紋飾精雕細琢的玉鐲也勢必出土自良渚文化第一等級的大墓。

　　從三角形手鐲的造型上來看，凌家灘及紅山文化都有截斷面呈三角形的手鐲。並且手鐲寬度都是1公分寬。紅山文化的手鐲中，三角形手鐲佔大宗。目前良渚文化的玉鐲有圓弧狀、絞絲狀、直筒狀，唯獨還未見三角形的手鐲。本件三角形手鐲是目前良渚文化的玉鐲中，首度出現的三角形玉鐲，手鐲的寬度也是1公分寬。

　　從文化的意義上來看，手鐲取三角形的造型必定有其特殊的含義，應該是對季節劃分的一種表現方式。凌家灘及紅山文化早良渚文化一千多年。良渚的三角形手鐲造型應該是受紅山文化手鐲的造型的影響所產生。

　　從使用功能上來看，本件手鐲的內徑微弧，三角形手鐲高1.1公分，厚1公分，或許是由女性巫師所佩戴。玉鐲是代表身份與地位的重要器物。據商家告知本件玉鐲出土自江蘇上海的青浦地區。

編號71：石家河簡易型雙人面雙立鷹紋玉笄

規格：長6.9×寬1.8公分
質地：淺棕色玉髓

　　這是一件極為少見的石家河簡易型雙人面雙立鷹紋淺棕色玉髓笄。本件石家河玉笄最特別之處是人鷹複合式的造型。本件玉笄將石家河玉器常見的立鷹玉笄與人面玉器結合為一體。據賣家告知出土時玉笄原本有兩件，大的是玉髓質，小的為玉質。

　　從造型與工藝上來看，造型上，玉笄為短圓錐形玉笄。工藝上，玉笄分成三層，上層刻劃沒有五官的簡略人面輪廓。人面的兩側及頂端都作凹弧形處理。中層刻劃羽翅，兩側的羽翅相互連結，側視很像雙圈式的圓環形。左右羽翅的中間有兩道凸弦紋以表示胸及腹部。下層刻劃五道的凸弦紋，最底部之凸絃紋特別粗厚。凸弦紋的數量應該與身份地位的高低有關。玉笄的鑽孔由上至下貫通。頭部的鑽孔為1公分寬的管鑽鑽孔，完工

時將莖部加以折斷，現在孔內仍遺留有斷莖。尾部鑽孔的直徑僅有0.2公分，鑽孔工藝細緻高超。本件玉笄的淺浮雕陽紋、凸弦紋及鑽孔工藝都是石家河玉器最主要的紋飾特徵。

　　從造型的比較上來看，本件玉笄與河南省博物館的鸚鵡形玉佩較接近。青玉質鸚鵡形玉佩一九八一年出土於河南省淮陽市馮塘鄉馮塘村，年代判定為商代。與鸚鵡形玉佩同時出土還有一件青玉質的三牙玉璇璣。筆者推測，馮塘村的兩件玉器應該是石家河文化遺留下來的玉器，而不是商代的玉器。而所謂的鸚鵡形玉佩也應該是玉笄才對。兩件玉器在商代時肯定被商人加以珍藏，在物主人死後，家人將其與物主人一同陪葬，使得我們今天才有幸得以目睹。商代的墓葬中經常出現紅山與石家河文化所遺留下來的玉器。筆者認為，這其中必有原因。紅山文化、石家河文化與商文化為東夷、苗蠻族。因此，在歷史與文化的傳承上有繼承與演變的關係。兩件玉器可能是經過數代人的傳承，而不是意外的發現與收藏。

　　從統計上來看，據統計，石家河文化的墓葬中，一個墓只出土一個立鷹玉笄，可見其使用者地位之崇高與玉笄本身的珍貴性。依據《山海經》「海外東經」 中的記載，東方句芒，鳥身人面，乘兩龍。赫赫有名的句芒神是東夷族少昊氏〔皞〕之裔。因此，本件人面立鷹紋玉笄應該就是屬於東夷族少昊氏王者所擁有之物。在史前時代，玉笄被安插於男性與女性的頭髮之上，是代表王者的身份與地位之用，表明其王者集神、獸、人三位於一體，擁有神權、王權及軍權於一身。石家河文化是已經進入祖先崇拜的父系社會文明階段。藉由神鳥所依托的神性，表明王者是代表天帝在人間的最高統治者。

編號72：魏晉走龍奔鹿飛雀紋圓形玉鐲

規格：長7.7×寬7.7×高1公分
質地：和闐白玉　　內徑：5.9公分

　　從人體裝飾的發展史上來看，從史前時期，人類開始使用玉、石對身體的各部進行裝飾。史前人們是先從玦耳部的裝飾開始，然後再逐漸發展至頸部、腕部、腰部及足部的裝飾。耳部的裝飾代表玉器玦是從八千年前開始出現。頸部的裝飾代表玉器璜是從六千年前開始出現。腕部的裝飾玉器鐲是繼頸部裝飾後才開始出現。

　　從手鐲的發展上來看，手鐲從史前時代就已經出現。出土最早的陶環、石鐲是距今六千年前左右的半坡遺址及山東曲阜西夏侯新石器時代的環、鐲。根據周南泉研究，從史前至今，手鐲在形制上的變化上很大。大致上，經歷了由粗到細，由凸棱到渾圓，由光素無紋到有紋飾的整個過程。在造型上，依出現的先後順序，鐲先有圓筒形，再到三角形、凹弧形、圓弧形、絞絲形、圓環形、串珠形、辮子形、竹子形等。

　　從造型上來看，本件手鐲的形制正處於手鐲發展過程的中間階段。手鐲已發展成圓環形。全圓的環形手鐲是屬於淺浮雕，滿地裝飾及三百六十度高難度的工藝表現，工藝難度很高。本件手鐲的紋飾細膩精緻，是第一次見到的魏晉時期創新的全圓環體手鐲的形式。

　　從構圖上來看，鐲身上以走龍、奔鹿、飛雀紋作為主題的紋飾。走龍抬首，吐長舌，身軀裝飾著龍鱗、小圓圈及並列的陰刻線紋。走龍的四肢

作一前一後行走狀。飛雀的身軀裝飾著羽翅的紋飾，作展翅飛翔狀。奔鹿的身軀上裝飾著米字紋，肩上有羽翅，作側身剪影式的奔馳狀。鐲身上滿飾流雲紋。鳥與獸均作由東向西的方向飛翔與奔馳。

　　從紋飾上來看，龍的身軀已經拉長，鱗片及毛髮俱全，是一隻正奔馳於天空中，充滿動感的龍，龍的四週遍佈著流雲。朱雀有長尾，展翅飛翔於流雲之中。鹿肩生羽翅，亦作奔馳的狀態。這種構圖結合了龍、鹿、雀三種升天的瑞獸、神禽及天上的雲紋，這種刻意經過美化的奔走與飛翔的姿態營造出生動，清新與活潑的氣息，一改前代直立或伏臥呆板的程式化造型，爲後來的動物裝飾奠定了基礎。

　　從紋飾的含義上來看，這種雲氣動物紋圖案的採用是對漢代以來道教神仙思想的繼承。以雲紋裝飾背景，其間安排走龍、奔鹿、飛雀等異獸、神禽出沒於雲紋之上，展現出神祕而又生動的複合圖像。在道教的信仰中，龍、鹿、雀三者都是升天的瑞獸、神禽，所有的鳥與獸均作由東向西的方向行進，意味著追求西方的仙境，追求著羽化成仙，飛升入天的境界，刻意營造出一種長生不老，得道成仙的意境，散發出此期人們濃烈追求仙道的思想。不同於史前的圖騰信仰，商周的鬼神崇拜，在這裏瑞獸神禽的神祕意涵已逐漸褪去，均寓意祥瑞，被視爲吉祥之物。無論是在藝術的形式上 —— 圓體鐲，或者是在紋飾上 —— 龍、鹿、雀，本件圓體玉鐲展現出魏晉時期手鐲的進一步世俗化發展。

編號73：西晉透雕螭虎雲紋玉帶飾

規格：長7×寬3.9×厚0.55公分
質地：和闐青白玉

　　從造型上來看，螭虎側身行走於翻騰的雲海之中，頭轉首，呈正面怒目對峙的神情。

　　從紋飾上來看，螭虎的長角右彎分叉。頸、腰、尾、羽翅及四肢的肘部上都有短陰線的毛髮紋。帶飾框線內的四週圍繞以繁密的流雲為襯托，空地一律透雕，使得構圖顯得飄逸生動，氣勢恢宏。

　　從帶扣的發展史上來看，依據王仁湘的研究，帶扣最早出現在春秋時期，為圓形及方框形帶扣舌的扣環。至晉代，扣身發展為前端圓弧，後端方角的牌形，帶扣的使用逐漸形成一套完整的制度。不同規格、材質的帶扣分別為不同的階層所使用。早期的帶扣有些是草原地區的製品，有些是模仿草原風格的漢地製品。總之，帶扣的審美趣味是受到草原風格的影響。

　　從圖案的比較上來看，本件玉帶飾的圖案與雲南晉寧石寨山七號的翼虎紋銀帶扣、朝鮮樂浪遺址的金龍紋帶扣、焉耆的漢晉八龍帶扣、平壤的漢晉八龍帶扣及安鄉西晉劉弘的龍紋帶扣的圖案相同。五件的螭虎、龍都是頭正視的方向，作側身行走於翻騰的雲海中。五件都是龍、螭虎的主題、浮雕或透雕的工藝及玉、金、銀貴重的材質。

　　從螭虎搭配雲紋的圖像上來看，新疆出土的漢地織錦「五星出東方利中國」錦，也有螭虎搭配雲紋的圖像。

　　從外形的比較上來看，本件玉帶飾與牌式帶，雖然是不同的帶飾與牌式帶，但同樣是方框形、浮雕、透雕的工藝及動物側身行走的主題。在圖案與外形的特徵上，本件透雕玉螭虎雲紋帶飾是西晉時期方框形玉帶飾的風格。

　　從年代的背景上來看，這種螭虎搭配雲紋圖像的產生是由於兩漢及魏晉時期受到神仙方士思想的影響所導致。當時盛傳著海上有蓬萊、方丈、瀛洲三座的仙山。仙山上遍佈著異獸、珍禽和仙人，代表著漢代流行的神仙思想。這類神仙思想的最佳代表物為博山爐。博山爐的爐身為扁圓或桶形。爐蓋上面，鏤雕峰巒，有四靈獸、神仙、人物、動物、雲紋之類，象徵「三山」的仙境。博山爐的蓋面上有鏤孔，使用香料燃燒時，香料煙從鏤孔冒出，當裊裊的香煙從孔洞飄逸出來時，就宛如神山上終年盤繞的雲霧。博山爐是集文化與思想濃縮於一體的文化符號。取山岳的形象顯示出濃厚的聖山、仙山崇拜概念。博山爐是兩漢至兩晉南北朝時期，民族精神和文化意識的象徵，它既有先秦王者思想的印記，又有道家思想的濃縮。而本件西晉螭虎雲紋玉帶飾的螭虎正處在雲海翻騰的仙山之中，是「三山」仙境的一個片段式剪影。本件玉帶飾是一件很少見的長方形帶飾。使用上，帶飾被縫綴在皮革帶上使用。造型上，本件玉帶飾則是深受草原文化牌式帶扣影響下，中原與草原文化互相融合的產物。

編號74：東晉環龍紋玉帶環

規格：寬5.3×高5.1×厚1.2公分
質地：淺青黃色和闐玉

　　從造型上來看，本件東晉環龍紋玉帶環的龍為圓雕單環狀。龍首呈正面，龍尾作S形彎曲貼於龍首右側的臉頰，再分叉卷曲。龍的前腿向左右方向大張。左後腿與身軀平貼下垂，形成圓弧形。右後腿反折。龍的頸背上有四道棱峰，肩上有長條形的羽翅，左右兩側的羽翅高低落差很大。龍的身軀環繞成環形，龍環形身軀的設計相當獨特，三段式的波浪身軀刻意展現出高低起伏以方便扣鉤的扣合。環龍的體態設計優美。

　　從工藝技術上來看，本件東晉環龍玉帶環結合透雕、圓雕、陰線刻、壓地以及減地浮雕等多種技法。龍首正面露出整排的牙齒，但沒有明確的齒數，口部也沒有鑽透的孔。工藝上，能簡省就儘量簡省，這種節省的工藝表現是六朝玉雕的重要特徵。右後腿反折的姿勢較為生硬不自然，動態上也顯得較為笨拙。動物四肢反折的姿態是東晉動物玉雕的特徵。

　　從玉質及色澤上來看，依筆者的經驗，這種色澤的青黃玉是六朝高檔的玉質色澤。東晉皇室南遷後，因國境的阻隔，玉材的取得更加困難。除了玉材的體積偏小之外，六朝的玉質也較差。青白玉、糖色玉較多，玉質的色澤多數不純正，雜斑雜色較多。六朝的玉雕是處於中國玉雕工藝史上的衰退期。但是無論是在玉質、透明度及雕工上，相較於其他的六朝玉雕，本件玉帶環都算是精品，應該是出土自東晉的大墓。

　　從玉帶環的比較上來看，目前，筆者搜集到與本件玉帶環同類型的玉帶環共有六件。一、南京鄧府山南朝的龍鳳紋玉環。二、廣西合浦黃泥崗的新莽螭虎玉帶環與雁形鉤。三、陝西咸陽渭城牛羊村東漢墓的玉螭紋佩。四、江蘇揚州邗江老虎墩漢墓的玉龍螭紋環。五、陝西長安豐西配件廠東漢晚期的玉龍紋佩。六、二○一二年臺北富博斯拍賣的玉螭紋環。整體上，六件玉帶環之中，大部份玉帶環的螭首都以正面表現，並且露出一腿或兩腿。兩腿都向左右方向大張。有些螭的頭部置放於身軀上，有些螭的頭部貼於身軀旁。大部份的螭龍都有長卷尾及獨角，身軀捲曲一圈半。大螭的腿關節上都裝飾著弧形的陰刻紋。如果有朵雲紋，朵雲的正中央有圓圈紋，朵雲的末端有排列密集的短陰線。螭的身上有密集的三角形短陰線毛髮紋。螭龍為雙耳，平嘴。以上的這些螭紋特徵為新莽至南朝時期的螭虎特徵。另外，《古玉精英》一書中，編號141號鏤雕蟠龍環的造型與本件玉帶環的造型完全相同。依據傅忠謨分析，141號蟠龍環是一件宋代仿漢的玉器。但本件玉帶環為真正的東晉龍紋玉帶環。目前有關玉帶環發展與演變的相關研究仍舊相當薄弱，模糊不清。

　　從玉帶環的外形上來看，玉帶環有三種的形式。一、正面圓弧，背面凹陷。二、平面式。三、螭身起伏如波浪狀。三種不同的形式應該與時間

先後及不同的使用方式有關。

從卷龍紋發展的歷史軌跡上來看，玉帶環的龍是卷龍紋的一種發展形式。依據孫機的研究，卷龍紋起源自紅山的玉卷龍，分別傳承至凌家灘、石家河、商周、春秋戰國，再到漢代。隨著時代的改變逐漸地發展，並且產生變化。換句話說，螭龍紋玉帶環是傳統卷龍玉雕在新莽至南朝時期的表現方式，是古老卷龍玉雕主題在此期的藝術展現方式。玉卷龍在當時的地位應該是高不可攀，佩戴者必然是具有特殊身份的皇帝及王者。

從玉帶環的發展史上來看，依據王仁湘的研究，玉帶環有可能在春秋時期已經存在，戰國楚簡中也有相關的玉帶環記載。玉帶環與帶鉤長期並存使用，但帶鉤才是中原束帶的主流形式。因為使用上較為方便，兩漢以後，帶鉤逐漸被帶扣所取代，帶扣成為束帶用具的主流型式。本件東晉環龍紋玉帶環是與帶鉤一起作為配套使用。目前所見，出土明確的玉帶環實物只有一件，是廣西合浦黃泥崗的新莽螭虎環與雁形鉤。筆者推測，南北朝後期，隨著北朝消滅了南朝的政權。在禮制上，北朝廢除了南朝的禮制，包括帶鉤與帶環的使用。新型的北朝玉帶形式繼之而起，也就是發展至隋唐時期的玉帶板形制。從印制上來看，北朝時期，北朝政權也廢除了南朝的印制，使用了長、寬，達4、5公分以上的新型官署大印。玉帶環的使用時間從春秋時期開始至南北朝時期終止，流行的時間不是很長。因此，玉帶環的數量不是很多。但玉帶環正因為存世量少，而顯得更加的珍貴。

編號75：唐代龍鳳戲火焰珠紋玉鐲

規格：長7.3×寬7.3×高1.9公分

內徑：5.65公分

質地：和闐白玉

　　本件龍鳳戲火珠紋玉鐲是相當罕見的唐代玉鐲。在網路的拍賣場上，也有一件紋飾相同的和闐碧玉質手鐲。筆者以前也還藏有另外的一件。因此，這種玉鐲目前存世量有三件。

　　從紋飾上來看，本件玉鐲的火焰珠為玉鐲的正中心點，龍與鳳均以側面，面向火珠紋。龍及鳳以走動及飛翔的方式向左右方向展開，環繞手鐲一圈。手鐲的空地輔助以朵雲紋作滿地的裝飾。龍、鳳紋均具備了唐代龍鳳玉雕的風格。龍嘴大張，口吐長尖舌。龍角分叉，耳部呈樹葉形，長髮後捲飄逸。身軀粗壯若蛇，龍體佈滿斜格龍鱗紋，背鰭以鋸齒紋表示。龍有三爪趾及尖長鋒利的趾甲。龍的四肢矯健，小腿關節處有三角形毛。龍昂首挺胸行走，尖長的龍尾與後腿纏繞。鳳鳥奮翅，揚尾，飛翔於空中，動態與氣勢均十足。龍鳳的周圍滿飾唐代獨有的卷草雲紋以作為輔助性的紋飾。

　　從工藝上來看，減地淺浮雕及陰線刻的工藝是唐代的玉雕工藝。

　　從藝術的表現上來看，相互纏繞糾結的尖長尾與後腿、卷草狀的朵雲紋、火焰珠及網格狀龍鱗紋等紋飾特徵都是唐代玉雕的紋飾。龍與鳳均

表現出威武雄壯與富態華麗的氣勢，氣勢上具有大唐時代下，一股強烈的蓬勃升騰，奮發向上，積極進取的感覺。唐代的鳳紋多作展翅飛翔或舞蹈狀。

從唐代玉雕手飾的比較上來看，西安市南郊何家村窖藏出土鑲鎏金嵌寶珠玉臂環及鑲金玉臂環，各一對共四件。因此，唐代是有出土明確的玉質手飾，只是數量很少。

從唐代有龍、鳳紋飾的器物的數量上來看，唐僖宗靖陵的龍鳳紋琉璃璧，龍鳳紋琉璃珩，龍鳳紋琉璃珮、上海博物館的唐代龍紋玉璧、陝西西安曲江池遺址的唐代圓雕青玉龍首、唐代雙鳳銜花銅鏡、鳳紋銀盒及長沙窯青釉褐彩飛鳳紋都是唐代龍、鳳紋飾的器物。唐代還有揚州的龍紋銅鏡，千秋節時專門上貢，慶賀玄宗生日的天子鏡。唐代器物上裝飾龍、鳳紋的器物並不多見，龍紋更是少見。從唐僖宗靖陵的龍鳳紋璧、珩、珮、曲江池遺址的唐代青玉龍首及揚州千秋龍紋青銅鏡的例子來分析，唐代龍、鳳紋是代表皇室的專屬紋飾，一般人不得使用。

從龍鳳的主題紋飾上來看，在《破譯天書》一書中，蔣書慶指出，戰國、兩漢時期的鳥啄魚構圖源自於仰韶文化彩陶花紋中的鳥啄魚圖像。鳥啄魚圖像發展至戰國、兩漢時，鳥銜魚紋的含義逐漸向世俗化的方向發展，演變成受人們喜聞樂見，具有關照庇護的吉祥瑞物。仰韶文化時期的鳥啄魚紋，是陰（魚）陽（鳥）交而萬物生，農業生產季節到來的信號，是對自然界一定規律寓意的象徵與再現。鳥啄魚的圖像又分支發展為龍、鳳的主題。從魚進一步變化為龍，從鳥進一步變化為鳳。因為魚、龍都是水中的生物。鳥、鳳都是空中的飛禽。魚、鳥進一步優質化，幻化為龍、鳳的神瑞。魚變龍、鳥變鳳的變化應該始於商周，形成於戰國、兩漢時期。本件玉鐲的龍、鳳紋主題就是在這樣一個漫長歷史的演變過程中，所形成的特定產物。魚、鳥進一步莊嚴化，在唐代龍、鳳成為人們心中祥瑞的代表。形制上，本件手鐲的外形尚處於圓筒形的手鐲形態，但不同於史前時代的素面圓筒形手鐲，玉鐲已經是滿地裝飾著精緻，細膩的龍、鳳、卷草雲紋與火焰珠的紋飾。

第十單元 ▍玉觿、韘形佩、帶鉤 ━━━━━━━━┥

編號76：紅山直立女神玉觿

規格：高4.2×寬1.45×厚1.1公分
質地：岫岩青玉

　　從造型上來看，玉觿上的女神直立，雙手撫腹，胸部有牛鼻穿孔，腹下有大圓孔，下肢爲尖錐狀。

　　從紋飾上來看，女神有陰刻的披髮，深凹的眼窩，三角形的鼻頭，橢圓形的凸嘴，凹陷式的雙耳，凸出的胸及四指。

　　從工藝上來看，玉觿結合陰線刻、牛鼻鑽孔、通天穿孔、瓦溝紋及減地起凸等工藝，工藝已達到史前玉雕爐火純青的完美境界。在這樣一件長僅4.2，寬1.45，厚1.1公分小的體積中能有這樣完美的工藝處理，眞的令人相當的訝異。難怪學者們推崇六千年前的紅山玉雕是中國玉雕文化的第一座高峰。女神的短披髮，深凹的眼窩，大鼻頭及凸嘴等特徵，都可以在商代的人面及人物雕塑中找到相同的特徵。兩個文化的淵源同爲東夷族。

　　從儀容上來看，女神像整齊的短披髮反映出紅山人已經有了修剪頭髮的工具。短披髮的髮型也可以在甘肅秦安大地灣仰韶彩陶瓶的人頭形器口

上看到一模一樣的髮式。在商代玉雕人物的頭上也可以看到這種髮式。雙手撫腹應該是紅山先民一種禮儀性的姿態。

從玉觽的造型上來看，本件玉觽的外形尚且保持著動物原本犬齒的形狀。造型上最接近原始的犬齒。犬齒形玉觽是古人犬齒佩飾古老觀念的優質化產物。在史前先民的心目中，舉凡動物的牙、角、爪都具有攻擊性，可以使敵人受傷，甚至於致命，使當時的人們非常懼怕。並且相信牙、角、爪代表著非凡的意義，可以使牙角爪的佩帶者，藉由佩帶轉形或擁有轉形的能力。牙角爪是巫師們身上常見的佩飾及法器。

從人物造像的比較上來看，雖然目前紅山文化玉器中只有牛河樑的一件直立式男人玉雕。但是在同時期以石器為材質的石雕女神像則有五、六件。這些石器女神像的共通特徵為：裸體的女性，內凹的眼部，略凸的顴骨，微張的小口，凹陷的陰部，撫腹的曲肘，隆鼓的小腹，凸出的雙乳。女神蹲坐，或站立。如果是蹲坐的姿勢，女神就有雙腿。如果是站立的姿勢，下肢則為尖錐狀體。本件玉觽女神正具備了以上的特徵。

本件女神的耳朵是一條尖頭尖尾的瓦溝紋，在瓦溝紋的正中央有一圓凹點。以這樣的方式來表現出雙耳顯得相當的獨特。震旦藝術博物館《紅山玉器》一書中，編號231號的齒邊長錐形玉佩上也可以找到相同的瓦溝紋與鑽孔方式，這種處理方式應該具有特別的功能與含義。

從藝術的表現上來看，玉匠特意突顯女神的眼、鼻、嘴及耳，似乎是強調著女神視、嗅、味及聽覺的感知能力。女神胸前的牛鼻穿孔及腹下的大圓孔分別代表著哺育生命的雙乳及繁殖生命的生殖器官。

從女神像的文化含義上來看，女神有豐頤的臉龐，應該是一位中年的婦女。在紅山先民的心目中，女神像是代表大地的地母女神，象徵生產的豐收，生命的生生繁衍不息，女神為紅山先民所尊崇與膜拜。本件紅山女神玉觽是目前紅山玉器中唯一的一件玉雕女神像，也是最古老的一件玉觽，女神玉觽的發現將古代玉觽出現的最早時間提早到距今六千年前的紅山文化。紅山的玉觽比良渚的玉觽更早。本件玉觽是古老獸牙佩飾的優質化產物，女神代表地母女神，生命的生生繁衍不息。

編號77：西周一首雙身獸面紋玉韘

規格：長4.3×寬4.45×高3.6公分

孔徑：2.3公分　壁厚：1～1.1公分

質地：和闐淺黃玉

　　從造型上來看，本件西周玉韘的主紋為一首雙身的獸面紋。獸首佔據玉韘圓周的三分之一。雙獸身作S形卷曲，分別向左、右環繞韘身一圈於獸面紋的正後方會回。韘孔為正圓形，韘體厚實。

　　從紋飾上來看，線條主要為圓點加上壓地、減地的弧線線條。獸面紋的臣字目有多重的眼圈。獸面有卷雲紋式的牛角、鼻及下額。雙龍身軀作S形卷曲。玉韘的紋飾是延續了商代的主體紋飾，但斜坡刀及羽翅的紋裝飾性紋飾是西周時期才有的新型玉雕的表現方式。依據羽翅紋的刻法及羽翅紋一右一左，一前一後的排列方式上來看，玉韘的年代為西周早期。

　　從工藝上來看，玉韘以高浮雕來凸顯獸面紋一首雙身的主要紋飾，以西周特有的斜坡刀來表現角、眼、鼻、下額及身軀上的羽翅紋。

　　從玉質與色澤上來看，本件西周玉韘為黃色的和闐玉。入土後，玉韘內部形成含墨黑色的細斑點，表面有橫條式的鐵褐色沁色。

　　從藝術的表現上來看，玉韘的一首雙身裝飾手法，法國人類學家列維斯特勞斯，稱爲「拆半表現的藝術規律」。正視只有一個諾大的獸面紋，側視只見一條身軀側身彎曲的龍。後視只見雙身龍併攏的尾部。在出土的文物中，良渚玉琮上的獸面紋、二里頭陶器上的雙身龍、商代青銅器上的雙身龍都是這種拆半的藝術表現方式。拆半的藝術表現是出於原始宗教中，對於方向及方位的需求。

　　從韘的發展史上來看，筆者認爲，中國最早的玉韘肇始於紅山文化的玉韘。目前，存世唯一的一件紅山文化玉韘爲Avery Brundage所收藏。此玉韘曾經在舊金山亞洲藝術博物館展出過。展覽時出版過Chinese Jades一書，在書中的編號爲17號。此玉韘被歸類爲髮飾，年代被定爲戰漢。展出時，此紅山玉韘不僅僅在斷代上，年代斷定不對，歸類上更不知道是韘。因此，目前沒有人知道紅山文化中存在著玉韘的實物。根據其外形研判，筆者認爲，此紅山玉韘的外形應該是模仿自蛤蜊的外形。因爲，採集與狩獵是紅山人主要的謀生手段。捕撈水產，魚蝦，蛤蜊、蚌類是紅山人一項十分重要的生活物質來源。因此，紅山人對蛤蜊、蚌類一點都不漠生。紅山人采集蛤蜊、蚌類食用，並且將其外殼作爲工具使用，如蚌刀、蚌鐮、蚌鋸、蚌鑢、蚌鏃、蚌鉤、蚌齒、蚌錐、蚌矛等。而紅山的玉韘就是玉匠模仿自蛤蜊的外形所創造出的玉韘。紅山玉韘是優質化，尊貴化後的玉韘。目前，我們認爲最早的玉韘是商代婦好墓的獸面紋玉韘，此一觀念是錯誤的，最早的玉韘是紅山文化的玉韘才對。目前，西周玉韘未見正式的出土報告。玉韘發展至春秋戰國時期才逐漸普及，並且大都出土自王侯級的大墓。網際網路上，筆者見過二件西周玉韘。西周玉韘的數量極爲稀少，黃色和闐玉質的西周玉韘必定出土自帝王級的大墓，珍貴無比。

編號78：春秋中晚期楚式雙鳳背日異形帶鉤

規格：高3.9×寬3×厚1.6公分

質地：和闐青白玉

　　在造型上，本件玉帶鉤的外形近似瓶、壺之形。如果將鉤鈕及鈕柱加以切除，看到的就會是雙鳳背向朝陽的造型。帶鉤上的雙鳳是一種極為抽象，僅有雙鳳的輪廓，而無五官與羽翼的鳳鳥造型。

　　從工藝及尺寸上來看，本件帶鉤的雕琢工藝及裝飾方式均較為稚嫩，不成熟。帶鉤的高度只有3.9公分。尺寸上，戰國的帶鉤已長達5、6公分左右。因此，本件帶鉤的年代是早於戰國的春秋中晚期帶鉤。

　　從裝飾的紋飾上來看，鉤身的兩肩與底部上分別裝飾著不同構圖之桃心形雲紋。兩肩上，桃心形雲紋作左上角與右下角，右上角與左下角的交叉式佈局。以桃心形雲紋為主紋，桃心形雲紋的上端有三角形雙陰線。底部以中央的圓圈紋為中心點，四角邊上佈滿桃心形雲紋，但是，是不對稱

式的佈局。同樣地，桃心形雲紋的上端也有三角形雙陰線。以上紋飾的裝飾風格為楚國玉雕的裝飾風格。雙鳳背向朝陽之構圖也與楚國崇拜太陽、崇尚鳳鳥的宗教信仰思想有關，是崇日、崇鳳思想的具體表現載體。

　　從雙鳳背向朝陽的造型上來看，如果再更往前追溯，雙鳳背向朝陽的構圖與河姆渡文化的「陽鳥負日」象牙雕及骨匕的構圖也相同。本件帶鉤與牙雕及骨匕比較，三件的構圖都是中間有一個大圓日，大圓日的中間有一個大圓孔，兩隻側身鳥貼於圓日的左右兩側，骨匕的鳥首與玉帶鉤相同，一個向左，一個向右。但牙雕的鳥首為相對式。象牙及骨匕上的圓日有火焰紋，象徵著太陽的光茫。異形帶鉤的兩肩與底部的四角上分別刻劃著雲紋。肩上刻劃著兩朵雲紋，左右兩肩共四朵。底部刻劃著四朵的雲紋。四朵雲紋的中間有一圓圈紋，圓圈紋代表日。整個構圖代表雲紋環繞著日（太陽）。太陽這個構圖在河姆渡人們的心中具有十分重要的地位。此構圖呈現出雙鳥背負著太陽運行，太陽東起西落的主題。雙鳥背負著太陽是河姆渡人對太陽運行法則的認識，也反映出這一民族對太陽及鳥的崇拜。本件玉帶鉤與戰國時期楚國的雙虎座雙鳳架懸鼓的造型相同都是雙鳳背向朝陽的造型。戰國楚國的玉器上，更加可以找到不計其數雙禽與雙獸背向拱璧的構圖。如雙虎、雙鳳、雙龍或者龍鳳及龍虎拱玉璧的造型。

　　從年代的背景上來看，原河姆渡文化的故地東南沿海地區是吳、越王國的國土。吳、越兩國被兼併入楚國的版圖後，吳、越兩國的金鳥負日神話出現在楚系玉雕的作品之上，反映出楚國已經融合江南古代神話主題於其玉雕作品之中。

　　從帶鉤的發展史上來看，良渚玉帶鉤是目前發現最早的帶鉤，但一度中斷使用。現今所認知的帶鉤，最初為北方草原民族所使用，春秋時期傳入中原，因為是處於帶鉤的初創期，春秋的帶鉤是處於未完全定型的階段。尺寸上，春秋的帶鉤一般較小，數量也較少，以素面為多。本件帶鉤屬於春秋中晚期的楚式異形帶鉤，應該是王室貴胄之物，楚國玉帶鉤也具有較多的異形帶鉤。

編號79：晉代高浮雕龍鳳紋鞢形佩（神山天門龍鳳佩）

規格：高5.35×寬4.6×厚2.3公分

質地：和闐白玉

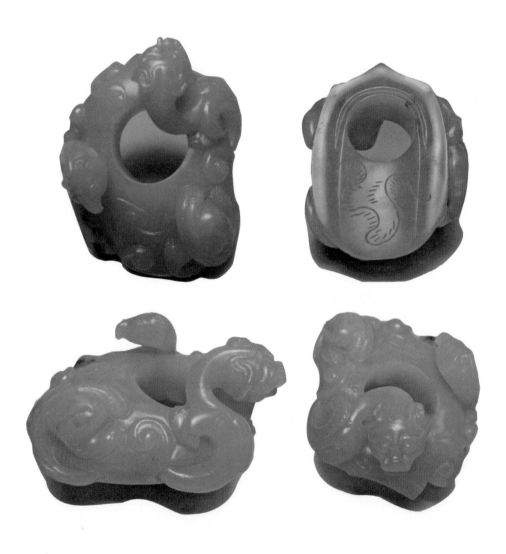

　　從玉觿的發展史上來看，依據楊建芳及江榮宗的研究指出，商代及西周的玉觿爲實用型的獸面紋玉觿。春秋戰國的玉觿爲裝飾性獸面紋玉觿，玉觿的體積較爲矮小，形狀似指環，玉觿的獸面趨向簡化，抽象化。春秋戰國的玉觿有時候以淺浮雕的穀紋作爲地紋，紋飾上也開始出現鳳頭形。西漢的玉觿爲扁平裝飾性的玉觿，紋飾爲陰刻卷雲紋及簡化的鳳鳥紋。西漢中期以後，玉觿的兩側開始出現龍與鳳紋。東漢時朝的玉觿中孔變大，中孔爲圓形或橢圓形，玉觿的四週有凸飾，爲浮雕與圓雕相結合的工藝。東漢晚期的玉觿雙螭的頭部較爲凸出。紋飾上一螭一鳳相互纏繞。東漢以後玉觿便較少見到。

　　從造型上來看，據以上兩位學者的分析，本件玉觿的中孔變大，有凸飾的雲紋，爲浮雕與圓雕相結合的工藝，螭與鳳的頭部較爲凸出等特徵具備東漢晚期以後玉觿的時代特徵。從螭虎及鳳鳥身軀翻轉及朵雲刻劃的方式上來看，玉觿的年代是晉代。

　　從高浮雕觿形佩的比較上來看，目前，高浮雕的觿形佩數量很少，只有三件。一、徐州博物館西漢楚王的玉觿形佩。二、江蘇徐州北洞山的玉觿形佩。三、江蘇南京郭家山的東晉觿形玉佩，以上三件的玉觿都是出土自帝王及顯貴的大墓。本件觿形佩與三件玉觿比較，本件玉質更優，雕工更佳，應該也是出土自帝王大墓。筆者認爲，西漢時期的玉觿，雖然是衍生自商及西周時期的實用型玉觿。但在功能上，是深受道教影響所產生的器物，在此期，玉觿的功能已經轉化，衍生成爲一種以神山、仙山、山岳爲形式的崇拜物。也或許它根本與玉觿無任何的關聯。

　　從本件玉觿與博山爐的比較上來看，玉觿與博山爐比較，玉觿的底部是半圓形，博山爐的底部也是半圓形。玉觿的上部爲尖狀的山形體，博山爐的上部也爲尖狀的山形體。尖狀的山形體是神山的表徵，山形體上總是裝飾著與神山有關的紋飾，而山形體上更有繚繞的雲紋，是天穹的表徵。玉觿與博山爐的頂部也都是尖狀的山形體，尖狀山形體的頂部也都裝飾著繚繞的雲紋。觿的中孔與博山爐中間的孔洞都是通天之門。玉觿的尖山上與博山爐的尖山上總是裝飾著龍、鳳、瑞獸、帶翼仙人等神人、瑞獸。實際上，玉觿與博山爐都是表現神山的同一種器物，玉觿爲平面式的神山，博山爐爲立體式的神山。兩者的使用方式不同，一個是隨身佩戴的用途，一個是几案上觀賞的用途。

　　從本件玉觿與朱地漆棺的比較上來看，玉觿與朱地漆棺比較，西漢長沙馬王堆一號墓朱地漆棺前擋上有一個尖山的紋飾，這座尖山是漂浮於雲層上的仙山，而玉觿的尖山也是漂浮於雲層上的仙山，玉觿的尖山下常裝

飾著陰刻或立體的雲紋。正因此，玉觿的中孔與半圓形底部之間總是裝飾著漂浮的雲層，呈現出漂浮於雲層上的尖山形仙山。朱地漆棺的仙山上端總是裝飾著龍、鳳、帶翼仙人等神人、瑞獸。而本件玉觿的尖狀山形體上也裝飾著龍、鳳及雲層。本件玉觿的構圖與西漢時期的博山爐及馬王堆的朱地漆棺所呈現出來的圖像與景物一模一樣。筆者認爲，晉代的玉觿是博山爐的平面化表現方式，應該不是原先人們所認定的觿。平面化的博山爐設計使物主得以隨身佩戴，用來祈福、招祥、納吉。但此期的平面化博山爐（玉觿）應該只限於上層帝王、貴冑間所使用。

從本件玉觿與濟北王陵四個小環的比較上來看，長清雙乳山西漢濟北王陵有四個小環，外徑3.5，內徑1.8，厚0.5公分。構圖上，四個小環都是對稱的兩座山形紋飾與兩組變形的雲紋，在雲紋間填入飛禽走獸，飛禽走獸皆向山脈飛奔。這些水鳥、烏鴉、鴿子、燕子、鶴、鹿、兔、虎、猴、犬都是漢畫中經常出現在神山、仙山的飛禽走獸。或許後期所謂的觿形佩的構圖與此環擁有相同的構圖粉本，在當時，玉觿與小環的創作工匠們是以相同的圖案爲粉本而進行創作。這些小環中所呈現出的圖案是目前所見的圖案之中受早期道教影響而衍生出的一種神山、仙山、山岳式崇拜物。筆者認爲，本件觿形佩應該定名爲「神山天門龍鳳佩」。

以上所進行比較的西漢楚王、北洞山、東晉南京郭家山的玉觿及西漢時期的博山爐、西漢長沙馬王堆的朱地漆棺、西漢濟北王陵的小環等器物都出土自帝王、貴冑墓。可以肯定的說，凡是出土自帝王級大墓的器物，在器物的造型、紋飾與藝術上，往往更具有優美與超前性。與同時期的藝術創作品相比較之下，在當時不是見不到，就是罕見於京畿以外的其他邊陲地區。但這種優美與前衛的造型與紋飾將會在較爲後期的文物上逐漸流行。本件晉代玉觿質地好，雕工佳，應該是帝王隨身佩帶的神山、仙山崇拜物。

編號80：西晉日月天門螭鳳佩

規格：寬7.9×高4.7×厚1.6公分
質地：糖色和闐玉

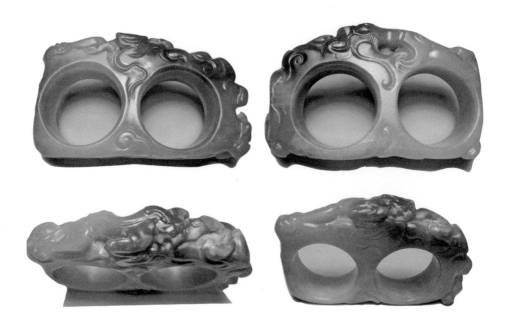

　　從造型上來看，這是一件造型不曾見過而又怪異的玉雕。在造型上，幾乎沒有任何其他的玉器與其相似。造型上最近似的玉器只有玉韘、韘形佩。但本件玉雕爲近長方形厚片狀的器物，又有兩個大圓孔，很明顯地又不同於玉韘、韘形佩。它到底是一件什麼樣使用性質的玉器呢？

　　從玉韘的發展史上來看，依據楊建芳及江榮宗的研究指出，商代及西周的玉韘爲實用型的獸面紋玉韘。春秋戰國的玉韘爲裝飾性獸面紋玉韘，玉韘的體積較爲矮小，形狀似指環。春秋戰國玉韘的獸面趨向簡化，抽象化，玉韘有時候以淺浮雕的穀紋作爲地紋，紋飾上也開始出現鳳頭形。西漢的玉韘爲扁平裝飾性的玉韘，紋飾爲陰刻卷雲紋及簡化的鳳鳥紋。西漢

中期以後，玉韘的兩側開始出現龍與鳳紋。東漢時朝的玉韘中孔變大，中孔爲圓形或橢圓形，玉韘的四週有凸飾，爲浮雕與圓雕相結合的工藝。東漢晚期的玉韘雙螭的頭部較爲凸出，紋飾上一螭一鳳相互纏繞。東漢以後玉韘便較少見到。

　　從本件韘形佩與玉韘的比較上來看，據以上兩位學者分析的玉韘演變情況上來看，在造型上，本件韘形佩螭與鳳對望，有大圓孔，紋飾上浮雕流雲紋及立體螭鳳相結合，本件韘形佩較接近東漢的玉韘。但是本件韘形佩，螭與鳳紋的造型與雕琢方式，特別是流雲紋的樣式，是典型的西晉玉雕作品。

　　從材質上來看，依據筆者的經驗，糖色的和闐玉較多地出現在兩晉時期的玉雕作品上。

　　從藝術的表現上來看，本件螭虎與鳳隔著圓角對望，螭與鳳週遭環繞著雲層。雲層有的如波浪，有的如朵雲。螭虎高浮雕置於玉器上端，佔據上端八成左右的面積。螭虎的腿部已經出現方角化及平面化的情形。流雲紋更加立體與波浪化。鳳立於玉器的側面，僅僅雕琢出頭部，有大且長的分叉角，後半身隱沒於雲層中。螭虎的腹部下方有一個大的圓鑽孔，孔的底部沒有修整，可能是鑲嵌有色寶石的孔洞，以上的這些玉雕表現方式都是西晉玉雕的特徵。在螭虎與鳳的安排上，明顯有主從的從屬關係。但爲什麼此期的玉韘會出現兩個巨大的圓孔呢？

　　從本件韘形佩與重慶、四川、山東畫像石上「天門懸璧」圖像的比較上來看，「天門懸璧」上的圖像，玉璧就是天門，玉璧（天門）的左右兩側常圍繞著龍鳳，雙龍，或者雙虎。同樣地，本件韘形佩的上部就是螭虎，側面爲鳳鳥，螭與鳳就圍繞著雙圓孔（玉璧、天門）。筆者認爲，本件韘形佩上的兩個圓孔應該代表著玉璧（天門）——天上的日與月。兩個圓孔代表日與月，代表陰陽合一，溝通人神，交接天地，也蘊涵著財富、夫妻和睦、生活幸福美滿等意涵。

　　從本件韘形佩與西漢卜千秋墓頂脊升仙圖像的比較上來看，卜千秋升仙圖中代表著日神、月神的日、月就是作左右雙圓並列的排列方式，代表著日的東昇西落，日落後月出西邊。在卜千秋的升仙圖上，人們見到了並列的日神、月神（大的雙圓孔）。龍鳳更是升天時的搭載工具，升仙圖中玉璧上的圓孔象徵圓天（日與月）。本件韘形不僅有大的雙圓孔，翻湧的流雲紋更代表了天的意象，處在流雲中，天穹上的龍、鳳，在此載人以升天、升仙。筆者認爲，本件韘形佩是一件不曾見過的異形韘形佩。也或許它根本與玉韘無任何的關聯。本件韘形佩更應該命名爲「日月天門螭鳳

佩」。如此才能更佳地表達出原本此件玉器的真正文化意涵。本件西晉日月天門螭鳳佩與本書中編號79號的晉代神山天門龍鳳佩，兩件玉器應該都是兩晉時朝，在濃烈的道教思想影響之下，創作於特定地域的產物，兩件玉器都反映出道教長生不死，飛天升仙的意識型態。兩件玉器都是那時期的人們具有濃厚神仙思想的反映載體。

編號81：西晉龍首高浮雕環形螭虎紋琵琶形帶鉤

規格：高6.4×寬4.3×厚3公分
質地：淺青黃色和闐玉

　　從帶鉤的發展史上來看，目前中國所發現最早的帶鉤是距今四千五百年前的良渚玉帶鉤。帶鉤一度中斷使用，至春秋時期複又出現。春秋的帶鉤是處於初創期，所以未完全定型。尺寸上，春秋的帶鉤較小，數量也較少，並且以素面居多。戰國時期，由鉤首、鉤身和鉤鈕三部分組成的帶鉤器形已經基本確立，並且普遍使用。戰國帶鉤的長度約5至6公分左右。西漢時期，玉帶鉤的鉤面開始出現了淺浮雕蟠螭、鳳鳥等紋飾。東漢至魏晉南北朝時期是玉帶鉤製作的衰落階段。西晉時期帶鉤已經不多見，東晉以後，帶鉤的數量銳減，類型較單調。這一演變說明六朝時期玉帶鉤的實用意義在減退，帶鉤逐漸為帶扣所取代。

　　依據王仁湘對帶鉤的研究分類，造型上，全獸形帶鉤出現於戰國早期，戰國晚期帶鉤開始大量流行，秦漢時也不少，西晉時還有個別的發現，以中原和關中地區發現較多。紋飾上，戰國時期琵琶形玉帶鉤的鉤體

只有幾何形紋飾。漢代時期琵琶形玉帶鉤的鉤體仍然以幾何形紋飾為多，但少數為龍首，鉤體為浮雕的螭龍。晉代開始，琵琶形的玉帶鉤上出現高浮雕的紋飾，鉤體上出現了全形的螭龍，晉代的琵琶形玉帶鉤對後世玉帶鉤的形制影響很大，甚至影響到元、明、清三代玉帶鉤的主流形態。西晉時期的琵琶形帶鉤是玉帶鉤中的精品，鉤面一般有浮雕和透雕的紋飾，這類玉帶鉤多數出土自王級墓葬。

　　從年代上來看，依據以上的描述，本件玉帶鉤的造型正屬於西晉時期高浮雕全獸的琵琶形帶鉤，是玉帶鉤中的精品。

　　從造型上來看，本件玉帶鉤是西晉龍首高浮雕螭虎紋琵琶形帶鉤。造型上，鉤首為龍首，鉤頸短，鉤柱及鉤鈕為圓形，鉤體為琵琶形。琵琶形的鉤體上攀附著一隻全身捲曲成環形的高浮雕螭虎。本件玉帶鉤的年代為西晉時期。

　　從龍首的五官及高浮雕螭虎的造型上來看，五官上，龍首的臉頰肥厚，有立體的雙眼、雙耳，鼻嘴的雕琢方式已初具南北朝、隋唐時期龍首的特徵。造型上，螭虎的足爪，長卷曲後飄的獨角，高浮雕環形的身軀，長又卷曲的尾巴及身軀扭動的姿態都是西晉時期龍與螭虎的特徵。本件帶鉤應該是出土自王室貴胄墓的帶鉤。帶鉤是身份的表徵，帶鉤的造型、紋飾、尺寸、精細度及材質都是判斷帶鉤身份與價值高低的重要依據。從本件玉帶鉤的龍首，琵琶形鉤體，高浮雕全獸形的螭虎，精緻細膩的紋飾及稀有的淺黃和闐玉等特徵上來判斷，本件玉帶鉤——具備了王者玉器、王室玉帶鉤所應該具備有的風範。

第十一單元 ┃ 文鎮 ─────────────

編號82. 魏晉南北朝子母瑞獸玉鎮

編號82：魏晉南北朝子母瑞獸玉鎮

規格：長9×寬4.7×高4.1公分
質地：和闐青灰玉

　　從造型上來看，這種子母瑞獸已見過數例，通常是文房用具中的水
丞。但他們多數是宋代以後的玉雕作品，以明代的水丞數量最多，多數是
和闐白玉。這類水丞通常將母獸掏膛作爲水丞，以子獸作爲器蓋。但本件
子母瑞獸是玉鎮。子獸與母獸的造型相同，子獸疊於母獸身上，子獸與母
獸間只是尺寸大小及尾部上的小小差異而已。

　　從工藝上來看，獸身的雕琢傾向於方角化。瑞獸有方角形的頭，方角
形的眼，方角形的卷雲紋耳、鼻及方角形的絞絲紋眉。筆者認爲，玉雕外

形的雕琢傾向於方角化是魏晉南北朝玉雕的重要風格之一。

　　從紋飾上來看，額頭的正中央有一個心型的如意紋。背脊上的鬣毛以火焰狀的毛髮絲配以圓圈形作鬣毛與鬣毛間的區隔，鬣毛從後腦延伸至尾部，背上滿飾紋飾。絞絲狀的長尾穿過左後腿，捲曲置於左後腿之上。腹部圓弧規整，腳底平整，腳掌有五趾，趾與腳掌間有區隔的橫陰刻線，腳掌上有雙弧相背的陰刻紋飾。這種刻劃方式也是魏晉南北朝後期玉雕的風格。

　　從裝飾紋飾的比較上來看，裝飾上，本件子母瑞獸與南北朝青銅異獸形硯滴的裝飾紋飾相同。動物背上的火焰狀毛髮絲裝飾紋飾是魏晉南北朝時期玉雕的特有風格。

　　從硯滴及水盂的發展史上來看，清宮舊藏的漢玉臥羊形硯滴是最早以玉質動物作爲硯滴的文房容器。三國、兩晉以後，以動物造型作爲文房容器的用具更加普遍，特別是青瓷類的動物容器，如青瓷蛙形硯滴、青瓷蛙形水盂。本件子母瑞獸玉鎮是目前所見魏晉南北朝文房用具的器物中的第一件玉鎮。本件子母瑞獸玉鎮是後世宋、元、明、清以子母瑞獸作爲文房用具水盂的雛形。

　　從雙數的數字上來看，從東漢時期便開始出現雙魚的青銅洗，依據其銘文中的「宜侯王」，可知是作爲祈福的用途。至兩晉時期，更多的容器採用雙獸作爲器物的造型。如西晉青瓷鳥鈕蓋罐蓋上的雙鳥、西晉青瓷扁壺上的雙獸耳、西晉青瓷三足樽上的雙鳥相吻。在意識上，雙禽、雙獸的造型有雙雙，對對世俗化的祈福傾向。目前學者們多數傾向認爲中國文物藝術造型的世俗化傾向肇始於唐代。但筆者認爲，中國文物藝術造型世俗化的傾向更多顯露於兩晉時期。在兩晉時期，文物的藝術造型中，比兩漢時期帶有更多、更濃的世俗化傾向。本件魏晉南北朝子母瑞獸玉鎮就是此一世俗化傾向的藝術珍品。功能上，子母瑞獸玉鎮被人們置放於几案之上，藉以幫助六朝時期的人們達到心中祈求避邪、趨吉的內心祈望。

第十二單元 ┃ 琮、鋪首、杖首、脈枕 ━━┃

編號83：春秋晚期獸面紋玉琮

規格：高5.15×寬9.7×中部直徑11.9×孔徑8.35公分
質地：青黃和闐玉

　　從紋飾上來看，本件浮雕獸面分解式龍紋是典型的春秋時期楚國的玉器裝飾紋飾。

　　從紋飾的比較上來看，本件獸面紋玉琮與河南淅川下寺的春秋楚國獸面形玉嵌飾的紋飾極為接近。淅川下寺的春秋獸面形玉嵌飾，長7.1，寬7.5，厚0.2公分，為國寶級的文物。

　　從玉琮的比較上來看，本件玉琮與張家坡玉琮、曾侯乙玉琮可以進行比較。陝西長安張家坡的西周鳳紋玉琮，長5.5，寬4.3公分。湖北隨縣曾侯乙的戰國陰刻獸面紋玉琮，長5.4，寬6公分。而本件春秋浮雕式獸面紋玉琮，寬9.7，中部直徑11.9公分。在材質與工藝上，三件玉琮都是玉質優良，雕工精美的絕品。尺寸上，本件玉琮比張家坡及曾侯乙玉琮大許多。張家坡及曾侯乙的兩件玉琮是國寶級的文物。本件獸面紋玉琮的地位應該也不難想像。紋飾上，三件玉琮都裝飾著屬於貴族身份及地位才能擁有的鳳紋及獸面紋。年代上，本件春秋獸面紋玉琮的年代居西周張家坡及戰國曾侯乙玉琮的中間階段，是春秋時期的玉琮。尺寸上，本件春秋浮雕獸面紋玉琮中部直徑11.9公分的尺寸比張家坡及曾侯乙玉琮的長5.5公

分，大很多，玉琮的尺寸越大，玉琮擁有者的身份地位越高。

　　從玉琮的發展史上來看，依據學者們的研究指出，最早的玉琮出現在大汶口及薛家崗文化中。但玉琮眞正定型並且開始向外傳播是始於良渚文化時期。良渚晚期，玉琮分別向北、西北、西南、南方等方向對外放射傳播。陝西、山西的龍山、江蘇的花廳、陸庄的龍山、山東的大汶口，龍山、甘肅的齊家、成都的金沙、薛家崗，廣東石峽等地都可以發現玉琮的身影。對於玉琮的使用功能有很多說法，最普遍的說法認爲玉琮是祭祀天地的禮器。玉琮自良渚文化大量出現後被一直延續使用至戰國時代止。漢代以後便不再製造生產玉琮。漢代的人們已經不知道玉琮的眞正用途，因而玉琮被轉化爲其他的使用方式。宋代以後的玉琮已經是復古風格的產品。本件獸面紋玉琮是春秋時期祭祀天地的禮器。

　　從玉琮上裝飾的紋飾上來看，一般來說，玉琮器身上都裝飾著屬於國別、族徽、神靈的圖騰，玉琮是非常重要的禮器。良渚玉琮爲神人獸面紋及飛鳥紋，齊家玉琮爲素面，商代玉琮爲蟬、弦及雲紋，西周玉琮爲素面、鳳鳥及獸面紋，春秋玉琮爲獸面紋，戰國玉琮爲龍、獸面紋。春秋時期的玉琮很少見，本件春秋獸面紋玉琮是罕見之物。

　　從身份與地位上來看，張家坡一七〇號墓的墓主井叔是西周中期王朝的執政大臣。曾侯乙是戰國時期曾國的國君。淅川下寺一號墓的墓主應該是春秋中晚期楚國的令尹薳子馮。綜合以上來看，玉琮及玉嵌飾的主人不是國君，就是執政大臣及令尹。因此，此類玉琮是一國國君及重臣才能擁有的專屬物，國君及重臣才得以配享裝飾著專屬於國別、族徽及神靈等重要的圖案。本件春秋晚期獸面紋玉琮應該是出土自河南淅川下寺的春秋楚墓群。

編號84：戰國初期晉國獸面鳳鳥獸身紋玉鋪首

規格：長14.8×寬5×厚0.7公分
質地：和闐白玉

　　從材質上來看，本件獸面鳳鳥獸身紋玉鋪首為優質的和闐白玉。

　　從構圖上來看，以獸面紋鼻樑的正中央為中軸線，平分獸面成為左右的兩側，左右兩側為對稱式的構圖。獸面紋的上方及兩旁輔助以鳳鳥首獸身紋。鳳鳥為背對平衡式的構圖。玉鋪首共有二十九個穿透孔。背面平齊沒有任何的紋飾。

　　從紋飾上來看，本件玉鋪首的紋飾繁複達九種的紋飾；有重環紋、羽翅紋、網格紋、絞絲紋、鷹爪紋、圓圈紋、魚鱗紋、雙弧紋、卷渦紋。

　　從藝術的表現上來看，獸面紋有大眼、獠牙、華麗的鼻樑。額頭上有一個獨特的倒桃心形紋飾。鳳鳥貌似禿鷹有大耳，大的鉤狀喙，凸出的圓眼，尖銳的鉤爪，大翅膀，鱗片及獸身等獨特的紋飾。這種紋飾是中原

文化融合北方草原異域文化的獨特產物。在風格上，本件玉鋪首是戰國初期晉國的玉雕風格。戰國時期，晉國的象生動物紋飾中常見動物與動物，動物與人搏擊的形象。晉國的青銅器中常見虎攫鷹，虎鷹相擊，虎噬人，鷹抓蛇等搏擊的紋樣。夔龍吞蛇，夔龍銜鳳的紋飾是戰國早期晉文化所獨有的紋飾。戰國時期，晉國青銅器中的裝飾風格由前新田時期的單層花紋發展為新田極盛期的淺浮雕複層花紋。在裝飾的花紋上層次分明，線條明細，棱角銳利，曲線流暢，營造出炯炯有神的氣勢與積極進取的精神。

　　從構圖的源頭上來看，事實上，本件獸面鳳鳥獸身紋玉鋪首的構圖源頭是間接繼承自商代的獸面紋飾，遠承自良渚時期的獸面與太陽鳥的構圖。只不過是演變到戰國初期的晉國，獸面紋與太陽鳥的紋飾被更能代表晉國新田風格的獸面鳳鳥獸身紋所取代。紋飾本身所代表的內涵與獸面紋與太陽鳥的內涵相同。但表層的意義已經不一樣，獸面鳳鳥獸身紋更代表著晉國一股剛猛威武，雄健奮發向上的精神。從文物本身的造型與構圖上，讓人即刻體會出晉國一股昂揚向上的精神，讓人深刻感受到為什麼在當時晉國會是春秋的五霸之一。

　　從使用的功能上來看，本件獸面鳳鳥獸身紋玉鋪首的使用功能與饕餮銜鳳大型鎛鐘鼓的使用功能相同（《晉國青銅藝術圖鑒》第九十三頁第四十五號），兩件的紋飾也相同。饕餮銜鳳紋是作為大型鎛鐘鼓的鑲嵌物件。本件玉鋪首也是鑲嵌於貴重器物上的單面式玉雕片。

　　從地域上來看，本件玉鋪首與編號62號的戰國早期猛虎攫雄鷹虺複合紋玉戈都是戰國晉國新田極盛期的玉雕器物。

編號85：西漢朱雀玉杖首

規格：長10.7×寬3.9×高7.3公分
質地：和闐青黃玉

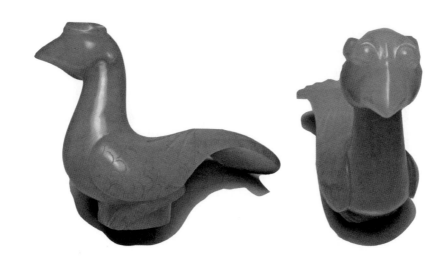

　　從造型上來看，朱雀有S形的身軀及長尾，腹部下有一個圓銎，圓銎的兩側有穿孔是作為安裝杖杆的用途。

　　從紋飾上來看，朱雀大頭，有水滴狀的凸眼，凸眉，湯匙形耳，三角形尖啄，臉龐的兩側有腮毛。朱雀長頸，胸部凸出，尾巴為長板彎曲狀，身上的鱗紋及羽翅刻劃精緻，雙腳自然下垂。以上的這些特徵都是西漢時期玉雕的工藝特徵。

　　從造型的比對上來看，本件朱雀玉杖首與北京故宮的玉鳩形杖首、西漢中山靖王的朱雀銅燈、山西朔縣的雁魚銅燈、廣西合浦望牛嶺鳳凰形銅燈的禽類造型比較，以上杖首及銅燈上的朱雀、鳩、雁及鳳凰所擁有的共通點為：長頸，S型身軀，弧形長尾，下垂的雙腳，刻劃精緻的羽翅。年代上，五件禽鳥都是漢代的杖首及銅燈。因此，本件朱雀玉杖首的年代為西漢時期。

　　從杖的發展史上來看，鳩杖又稱為鳩杖首，就是在手杖的扶手處做成

一隻斑鳩鳥的形狀。在古代，鳩首杖是長者地位的象徵。考古發現證明，早在距今三千五百年前的青海湟源卡約文化遺存中就發現有青銅鳩杖。所以，鳩首杖最初應該是原始部落的權杖。鳩首杖與遠古先民的鳥圖騰崇拜有著密切的關係。後來，隨著社會的演變與文化的發展，鳩首杖的權杖功能逐漸淡化，地位下降。幫助老人行走的功能逐漸凸現，鳩首杖尊老敬老的象徵意義逐漸衍生。漢代更是以擁有皇帝所賜的鳩杖為榮，所以鳩首杖又稱為「王杖」。據《禮記・王制》中的記載，漢代規定，七十歲以上的老人持有官府頒發的鳩杖，可以享受特別的優待，出入官府衙門，不受限制，行走王土，食宿均有照應，做小本營生，一律免稅務。並且身份與地位受到國家的保護，有膽敢欺凌拄鳩杖老人者，以蔑視皇帝罪論處，情節嚴重者處以死刑等等。可見，古代的鳩杖就是老人受優待的「老人證」。《漢書・禮儀志》中記載，漢明帝在位期間，曾主持一次祭祀壽星儀式，還安排了一次特殊的古稀老人宴會，只要年滿七十歲，無論是貴族還是平民，都有資格成為漢明帝的座上客。盛宴之後，皇帝還贈送酒肉、穀米和一柄做工精美的手杖。甘肅省武威縣磨嘴子漢墓出土過兩次帝王，武帝及宣帝贈老人王杖的詔書令簡冊。但是魏晉以後，斑鳩的王杖換成了桃木的手杖，其政治教化的功能也逐漸被削弱。依據道教的信仰，桃木能袪病強身，延年益壽。因此，在功能上，過去象徵特權的王杖產生了變化，成了壽星手中袪病強身的長壽吉祥物。

　　從使用功能上來看，從原先的鳩杖造型，本件西漢玉杖首已經進一步昇華為象徵長壽，吉祥的朱雀杖首。在西漢時期人們的心目中，朱雀、雁、鳳凰等靈鳥均表示吉祥。目前，西漢時期的朱雀玉杖首數量不是很多，筆者也還藏有另外一件編號30號的戰國玉鳩杖首。西漢的朱雀玉杖首應該是由帝王所頒贈，代表更為高貴的身份與地位。

編號86：唐代伏臥式犀牛脈枕

規格：長14×寬4.5×高5.6×臺長10公分

質地：和闐青白玉

　　從造型上來看，本件玉枕的總長度14公分，枕臺的長度只有10公分，很明顯地，它不是一件枕頭，而是一件造型為伏臥式犀牛的把脈用枕。外觀上，本件犀牛脈枕經過鐵及銅銹氧化沁色，意外地形成似三彩瓷的視覺效果。

　　從枕頭的發展史上來看，最古老的枕頭是天然的石塊，後來逐漸地以竹、木、銅、玉等材質來製作枕頭。因為材質保存的不容易，現在留存下來數量最多的是瓷枕。瓷枕最初是作為陪葬的冥器，以後逐漸變成臥室用

的寢具及治病號脈用的脈枕。瓷枕最早創燒製於隋代，唐代以後開始大量生產，並且逐漸成為人們喜愛的床上枕具。到了兩宋及金、元時期，瓷枕的發展進入了空前的繁榮期，瓷枕的產地遍及大江南北，造型較精巧，製作較細膩。當時較流行幾何形枕、獸形枕、建築形枕、人物形枕等。在裝飾的技法上，瓷枕也有很大的發展。刻、劃、剔、印、堆塑等技法紛紛被採用，極大地豐富了瓷枕的表現力和藝術性。瓷枕的造型與紋飾直接或間接地反映了當時社會生活中的文化、習俗、時尚、追求等方方面面。這一點尤其以帶有文字的瓷枕所表達出的最為明顯。這一時期的瓷枕逐漸從實用品轉向了雅俗共賞的工藝品。明清以後，隨著更為優異的製枕材料的出現，瓷枕開始慢慢地退出了歷史的舞臺。

　　從造型的比較上來看，本件玉犀牛脈枕與揚州博物館的唐代三彩犀牛枕的造型相同。揚州唐三彩犀牛枕已經被定為珍貴的文物。相形之下，本件唐代和闐玉犀牛脈枕更加地珍稀。比對唐代銀盒、螺鈿銅鏡及錦上的犀牛圖案，在紋飾上，唐代的犀牛有鱗片，多數有雙角。姿態上，唐代的犀牛有站立及伏臥式兩種。本件犀牛的造型及刻劃的方式為唐代的犀牛，造型、紋飾無誤。

　　從犀牛的主題上來看，在中國以犀牛作為器物的造型有著悠久的歷史。如傳說安陽殷墟出土的商晚期「四祀邲其卣」、商代的小臣艅犀尊、美國賽克勒博物館戰國的「錯金雲紋犀牛形帶鉤」、西安碑林博物館唐高祖獻陵的石犀。唐代的叢篁雙犀銅鏡、唐三彩犀牛枕。中國人長期使用犀牛這一主題作為器物的造型必有其典故。

　　從犀牛的文化含義上來看，中國自古以來就以犀牛為神獸。青銅器常以犀牛的形象作為器皿。對所謂的「靈龜神犀」有種種的附會之說。帝王對犀牛更是喜愛有加。在唐代犀牛代表著勇猛與溫柔，犀牛也可以用來鎮水。挺直上揚的犀牛角象徵著大唐時代一種昂揚向上的精神。唐代亦有「犀牛望月」一詞及相關的犀牛文物。「犀牛望月」一詞意味著翹首企盼。

　　從使用功能上來看，本件第一次見到的唐代玉犀牛脈枕應該是唐代皇室內醫療用的脈枕。

第十三單元 ▎印章 ————————————————————┤

編號87：西周早中期蟠龍鈕圓形玉印

規格：長5.1×寬5×高3.35公分

印臺：高1.5公分

質地：糖色和闐玉

　　從造型上來看，饅頭狀的圓形印臺上站立著一隻龍。龍張口露齒，瞪大眼，抬頭平視。龍有前肢，長尾環繞於印臺之上。從紋飾上來看，龍有臣字目，一雙巨大的蘑菇角平貼著後腦。背部的正中央裝飾著兩隻有腳的蟬紋，雙肩上裝飾著卷雲紋，尾巴上的菱格紋由前往後逐漸地縮小。

　　從印臺上來看，印臺爲圓弧形，印面不是很平整，但印面的邊角較銳利。圓形的印面只有圓框線，沒有文字。

　　從蟬紋上來看，青銅器上的蟬紋只流行於商末至周初，以後沒有再出現過。蟠龍背上的有腳蟬紋應該是作爲族徽、氏族的標示作用。

　　從龍鈕的造型與饅頭狀的圓形印臺上來看，龍昂首，頭凸出印臺之外，前肢彎曲而立，呈現出一副蓄勢待發，永往直前的精神。印臺被刻意設計成如天穹般的圓弧形。印臺的造型可能被借以比喻成天蓋。龍就好比是彎伏於天蓋之上的天帝，俯視著地上一切事務的審察與職掌權限的進行。

　　從色澤的比較上來看，本件玉印的色澤與陝西西安張家坡西周玉牛的糖色玉相同。西周玉牛，長4.7，高2.4，厚0.5公分。兩件玉器不僅在色澤與質地上相同，連白色的冰裂紋也相同，長度上也接近。張家坡墓爲西周重臣井叔的家族墓。在玉質、色澤與長度上，這兩件稀有的玉雕相同，更加印證其年代爲西周早中期。

　　從印章龍鈕造型的比較上來看，本件蟠龍鈕圓形玉印與陝西渭南澄城縣商末周初的青玉龍鈕玉璽及婦好墓的大理石璽比較，陝西渭南玉璽，長3，寬3.9，高2.5公分，婦好墓石璽，長4.5，寬5.4，高3，厚0.8公分。本件蟠龍鈕圓形玉印，長5.1×寬5×高3.35公分。三枚印章皆爲龍鈕玉璽，印面有圓形及橢圓形，印面都是屬於圓形的範疇，印臺都是饅頭狀。龍皆爲站立的姿態。三枚印章都是材質較好的玉及大理石。三枚印章的龍頭都凸出印臺，嘴巴皆爲雙線陰刻，尾與印臺切齊，龍身兩側的空地較多，龍腹下部鑿空。三枚印章的高度介於2.5至3.35公分之間，長度介於3至5.1公分之間。無論是長度與高度的比較上，本件玉印都是最大的印章。陝西渭南及婦好墓的兩枚印皆出土自帝王大墓。本印的尺寸更大，也必定是出土自帝王或者方國的大墓。

　　從傳世商代銅印章的比較上來看，傳世的三個商代銅印章爲鼻鈕，印章長度分別爲1.6、2.5及3公分。在尺寸上，本件玉印，長5.1，寬5，高3.35公分，比商代的三個銅印章大很多，並且是玉質的龍鈕印。

　　從出土的商、周玉質及青銅印的印文比較上來看，商、周玉質及青銅印的數量極爲有限。這一時期的璽文可以分成文字璽、圖形璽（也稱肖

形璽）及文字與圖形相結合的圖文璽。商周印章的印面圖案多數爲獸面、龍、虎、鳳等動物紋的肖形璽。本印印面上沒有刻劃任何的紋飾。依現有的例子來看，如果有紋飾，也應該是刻劃著代表周代族屬、身份與地位的圖騰肖形印章。溫廷寬編著的《中國肖形印大全》古銅器陶器印模類，編號0007的圓形盤龍紋陶璽，長，寬5：5公分，就是一枚龍首向右，側身卷曲的朱文圖案印。本件蟠龍鈕圓形玉印如果有印文，印文應該也一樣是龍側身卷曲的朱文圖案印。

從蟠龍鈕加半圓形印臺的造型與青銅器器蓋之造型的比較上來看，青銅器中，器蓋圓弧加雙龍或單龍鈕的造型有七件。一、臺北故宮商末西周的雙龍紋簋。二、蟠龍獸面紋盉（逆盉）。三、西周早期蟠龍蓋獸面紋罍（一九七三年遼寧省喀左出土），器蓋直徑爲15.3公分。四、西周早期蟠龍蓋獸面紋罍（一九五九年四川省彭縣出土），器蓋直徑爲17.5公分。五、上海博物館春秋中期的獸面紋龍流盉，器蓋直徑爲14.8公分。六、商末西周遼西北洞二號的蟠龍紋蓋罍，器蓋直徑爲15.5公分。七、西周晚期的蟠龍盉（一九五四年江蘇丹徒出土），器蓋直徑爲10.3公分。商代晚期至西周初期簋、盉、罍的器蓋上常見這種半圓形蓋上加龍鈕的造型。半圓形蓋上加龍鈕的造型是此期一種新興的器蓋造型。臺北故宮的「逆盉」可能爲太史逆所擁有之物。據考周朝的官制由周天子任命三公總理百官爲執政大臣。三公爲後世的概稱，三公源自太師、太傅、太保與太史，尊稱「公」。以此推測，凡裝飾有龍鈕造型之器物必爲執政大臣才夠資格得以配享的器物。

從出土青銅器的器物蓋上來看，商晚期至西周、東周的器物只要有蓋，如盉、卣、簋、鼎、敦、壺、罍、觶，都是圓弧形的頂蓋，蓋上不是正中央，就是外圍圈裝飾著動物的紋飾。頂蓋是一件器物最重要的部位，位於器物的最上方，頂著天。因此器蓋意味著天。器蓋做成圓弧形的天蓋，再裝飾神獸動物於其上方有重要的象徵意義。目前的發現中，通常盉及罍這兩種酒器的器蓋上裝飾有蟠龍鈕。

從商代的青銅兵器上來看，《商代青銅兵器研究》一書作者，郭妍利的研究統計指出，商代青銅兵器上少見龍紋，只有琉璃閣、婦好墓等極少數身份較高的大型墓葬中才有龍紋。所以裝飾有龍鈕之器物必定出土自少數身份較高的大臣及帝王大墓。

從墓葬的演進史上來看，從西周開始墓葬出現墳丘，墳丘的外形通常爲圓形及饅頭狀。本件印臺之外形是周代器物中以饅頭狀比喻天穹天蓋的器物，甚爲珍貴。

　　從商代婦好墓的卷體玉龍與本件卷體玉龍的姿態比較上來看，兩隻玉龍的頭部及前兩足的姿態是相同的，只有卷尾部份產生些微的差異：一、尾部左旋與右旋方向的不同。二、卷尾有直立式與平面式兩種不同的方式。婦好墓立體玉龍的尾部捲曲，呈直立式，貼靠於玉龍身軀的右側。而本件玉龍的尾部捲曲，尾環繞玉龍，呈平面式的圓形。三、婦好墓立體玉龍的背部上有扉棱，而本件立體玉龍的背部上沒有扉棱。產生差異的主要原因為不同時期的時代風格，商代婦好墓的玉龍為商代晚期，本件玉龍為西周早期。商代玉龍的尾部有平面式及直立式。商代玉龍的平面式卷曲尾可以分成左旋與右旋的兩種形式。西周的龍紋璽為螺旋狀卷龍紋，是平面式的呈現方式。西周中期伯尊的外底上也可以見到類似風格的卷龍紋紋飾。

　　從中國古代天文學上來看，依據中國天文學考古學學者馮時的研究，明確指出這種以圓形為背景，中間立有一蟠龍圖像的雕塑造型是早期的原始太極圖。後期的陰陽魚圖是繼承它，並且發展到相當階段的產物。換句話說，陰陽魚圖是一個已經發展成熟完備的圖像。蟠龍底下的圓形像徵天蓋，而古人對天蓋的概念為圓弧形，而本件玉印的印臺是圓弧形，印面是圓形，像徵著天蓋、太極。蟠龍象徵東方的蒼龍七宿，是最重要的授時主星，由於龍星東昇西落，回天運轉，於是人們將其刻劃成卷曲的形狀，卷曲的方向由右至左，正如蒼龍、太陽的東昇西落，循環往復。繪畫與雕塑出卷曲的蟠龍圖像意味著對神祕，神聖，崇高太極圖的握有，對天道的神通，對地上人間的神權、王權、軍權三權的掌握。本件西周早中期蟠龍鈕圓形玉印的印主人應該是西周早中期的周王，或者是一位位列三公的重臣。

編號88：春秋交龍鈕玉印

規格：長2.5×寬1.9×高2.1公分
印臺：高0.7公分
質地：和闐白玉
印文：未刻

　　從數量上來看，商周以前的印章非常的稀少，只有十三枚。商代有四枚，臺北故宮博物院的商代亞禽示、翼子及奇字璽及商代婦好墓的龍鈕橢圓形石印。西周有九枚，陝西省渭南澄縣的周代龍鈕橢圓形玉印、火紋璽、獸面紋璽（文雅堂藏）、鏃形璽、鳳鳥紋璽（北京故宮）、鳳鳥紋璽（陝西扶風）、龍紋璽及巴蜀陶印戳兩枚。目前，沒有春秋印章發現的報導。因此，春秋印章的面世就顯得格外地珍貴，本件春秋玉璽印是目前唯一的一件。

　　從造型上來看，本件春秋龍鈕玉璽為交龍鈕，龍只刻劃出龍首及前肢。玉印使用質地精良的和闐白玉，長2.5，寬1.9，高2.1公分。

　　從印制上來看，印章尺寸的使用有著嚴格的等級規定，尺寸越大，

身份等級就越高。戰國時期官印的最大值爲2.5公分。本件春秋印的年代
較戰國印早，但尺寸早已經達到2.5公分，鈕式更是交龍鈕，爲帝王專用
的鈕式。鈕身上0.5公分的大橫穿孔也很有特色，有商周時期橫穿孔的特
徵。印面及印臺的邊角都磨製得很平坦，整齊又規範，印臺的邊角非常銳
利有割手感。要找到印臺如此平整，一模一樣的第二件，還眞的是很難。
單就這一點，本件春秋玉璽就具有王者用印的風範。精良的雕琢更加透露
出它就是一枚王者的佩印。

　　從工藝的表現上來看，雙龍共用一個身軀，身軀僅刻劃出龍首及前
肢。淺浮雕的龍眼、鼻樑及眉毛明顯爲春秋晚期的淺浮雕式玉雕工藝。四
個腳趾的刻劃還保留著商周動物爪趾的刻劃方式，爪趾爲側面式九十度的
弧形爪。

　　從雙龍首造型的比較上來看，本件玉印的雙龍首造型較接近山西省
聞喜縣上郭墓的西周玉飾（春秋晚期山西古曲沃晉國）。上郭玉飾，高
3.6，寬1.1公分。以此推測，在地域上，本件玉印應該是春秋晚期山西古
曲沃晉國某一位國君的璽印。交龍鈕的雙龍首形式可以往上追溯到紅山文
化的雙龍首玉璜。《山海經‧海外西經》中也有並封，連身雙頭豬的記
載。西周的虎紋玉璜也是兩虎連體的形狀。其他如二首蛇、雙頭鳥都是連
體雙首的造型。本件交龍鈕的印鈕造型沒有第二件的印鈕可以進行比較。
在造型上，是第一次見到的印章交龍鈕造型。從春秋晚期至南北朝這一段
期間，未再見到第二件的交龍鈕印章形式。因此，印章交龍鈕的形式目前
還找不到完整的發展與演變脈絡。但交龍鈕的形式在後世的石碑碑首、梵
鐘鐘頂及清代帝王璽印的鈕上有較多的發現。梵鐘鐘頂上交龍鈕的使用時
間從北魏、南朝陳至唐、宋、明、清時期都有發現。因此，凡是裝飾著雙
龍首的器物都不是一般使用性質的器物，雙龍首的鈕式是王者專用的造
型。在印章的發展史上，本件春秋時期交龍鈕鈕式的採用在印章藝術的表
現上具有超前性的意義。

編號89：漢初正方形高臺半圓形鈕勾連雲紋玉印

規格：長3.55×寬3.45×高3.45公分
鈕式：半圓形鈕　印臺四邊：陰刻勾連雲紋
印臺：高2公分
質地：和闐青玉
印文：白文邊框「劉症」白文

　　從造型上來看，本件玉印有半圓形的立鈕，印臺的四邊陰刻勾連雲紋。印面為正方形，印體碩大，長3.55，寬3.45，高3.45，臺高2公分。印臺及四邊琢磨平坦與整齊，拋光精良，有玻璃光澤。印章外表上遺留有炭碎屑物，炭碎屑物是出土自舖有木炭墓葬的現象。據文物商告知本件玉印出土於山東。

　　從紋飾上來看，印臺的四邊裝飾著陰刻的勾連雲紋。勾連雲紋以三欄半兩列的階梯形式排列，填滿四邊。陰刻的勾連雲紋是戰國晚期至西漢初期的流行紋飾。

　　從材質上來看，本件玉印是少見的上等和闐青玉，色澤均勻純正，無任何龜裂。印體碩大，青玉較白玉低一等級，符合諸侯王禮制應有之身份

等級。

　　從半圓形鈕式使用的年代上來看，半圓形的鈕式應該是仿傚自漢初青銅鏡上的半圓形鈕式。從漢初開始，戰國時期以來青銅鏡上較爲流行之弦鈕被半圓形鈕式取代。銅鏡上，半圓形鈕式的使用年代爲漢初時期。

　　從戰國與漢代印鈕鑽孔差異的比較上來看，戰國與漢代印鈕鑽孔的位置與角度都不相同。本玉印的鈕孔是從鈕的底部以四十五度角作雙面式的對鑽。孔徑外部爲0.8公分寬，內部爲0.5公分寬。戰國玉印鈕的穿孔位置則是在長條形鈕身的中間，或者是在鈕身與第一層臺之間，鈕孔多數爲平行的穿孔。因穿孔後，鈕身邊剩下的面積較小，所以戰國玉印的印鈕有較多崩塌的現象。而西漢玉印鈕身多數爲較大的平臺鈕，印鈕的穿孔位置在鈕的底部，以四十五度角作雙面對穿，穿孔較深，較不易崩塌。漢代玉印的年代越晚，鈕的平臺越寬，穿孔位置也越往下移，穿孔也越深。基本上，漢代玉印穿孔的方式不同於戰國玉印。筆者認爲，這種玉印的穿孔工藝是經過多年與數代的經驗傳承所逐漸疊積形成。相較於戰國玉印，經過改善後的漢代玉印的印鈕自然比較沒有崩塌的現象。總之，本件玉印的鑽孔方式也明顯地屬於漢代，印邊上陰刻勾連雲紋的工藝也較拙嫩是漢初的工藝特徵。

　　從印文上來看，白文邊框，白文「劉症」兩字均分印面，呈右左式佈局。筆勢上，劉字之「金」字部與症字之「爿」字部都是戰國過渡到漢初的篆體字風格。「劉症」兩字中，卯、金、刀部的圓弧筆劃較多。金字中，撇、捺與玉的上下部不相連，呈斷開的形式。刀部也不相連呈斷開的形式，這也是漢初的篆體字風格。「症」字的爿部有長弧筆劃是戰國晚期的篆體字風格。

　　從印文用字的年代特徵上來看，查劉邦世系表，劉邦的功臣中，確實有依「爿」字部而取名者。如「劉疵」，漢初的魯侯。取具有爿字部的字作爲人名是戰國時期人們偏好取名的方式之一。在戰漢那個醫學不發達的年代，人們內心深處對疾病的畏懼與恐怕便展現在取名時普遍採用有「爿」字部的字。人們取有爿字部的字爲名，以取名用字來達到驅病、避凶、趨吉的效果。查《古璽文編》一書中，戰國時期的人名中，採用有「爿」部的字爲名的例子，高達七十三個字。查《漢印分韻合編》一書中，兩漢時期人名中，採用有「爿」部的字爲名的例子，只剩下；痰、疵、疾、病、瘴、瘦、瘳、瘧八字。這八字中，「疾」字最多，依序爲「病」及「痰」字。漢人取名使用「爿」字爲名這一個傳統乃延續自戰國。因醫術的進步，至兩漢時期，無論是字數量與使用頻率，均逐漸減

少，降低。本玉印「劉症」症字的取名符合漢初的社會狀況與時代命名用字的心理。

　　從筆劃與框線的特徵上來看，筆劃上，西漢中期以後，印文字體的每一個筆劃都精心修整，框線與字體的筆劃皆同寬同深，印文展現出橫平、豎直、寬博的精神。本印尚未出現橫平、豎直、寬博的精神，是漢初的筆劃特徵。戰國的筆劃特徵爲尖起尖收，筆劃的兩端淺，中段深。西漢中期的筆劃線條特徵爲方起方收，筆劃起收爲魚尾形。本印與戰國及西漢中期印文的特徵比較之下，本印的起收筆劃皆爲圓頭狀，是由戰國過渡到西漢中期的一種特殊筆劃形式。起收筆圓頭狀是漢初玉印字體的特徵。框線上，邊框的線條亦沒有西漢中期以後的平直方正，框角也是圓角，是漢初的風格。據孫慰祖先生的研究，白文邊框源自秦制的日字格與田字格框線，漢初沿用日字格與田字格框線，至武帝時期終止使用，只剩下邊框。從邊框這個特徵上來看，也可以確定年代爲漢初至武帝時期。

　　從覆斗玉印上裝飾勾連雲紋的比較上來看，目前收藏於公立與私人手中，印臺四個斜坡與印臺四邊裝飾勾連雲紋的覆斗玉印有十方，依照年代排列如下。

1. 戰國齊「君之信璽」玉印，四個斜坡面與印臺四邊裝飾卷雲紋，長2.6，寬2.5公分，陰刻楚國封君之璽印，國家博物館。
2. 戰國楚「戝、礎、胳」，三字玉印，直長形印，印側的頭尾兩端有兩個凸出之雲朵。長1.6，寬1.3公分，上海博物館。
3. 戰國「王子遏」玉印，斜坡面與印臺四邊側裝飾勾連雲紋，長2.2，寬2公分，陰刻，公卿用印，養德堂藏。
4. 戰國楚國螭虎紐「粲婧」玉印，印臺四邊裝飾勾連雲紋，長1.7，寬1.2公分，故宮博物院。
5. 秦「公孫穀印」玉印，斜坡面與印臺四邊裝飾勾連雲紋，長2.35，寬2.3公分，陰刻。
6. 西漢南越王「帝印」，螭虎鈕，印臺四邊裝飾勾連雲紋，長2.3，寬1.6公分，陰刻。
7. 西漢「皇后之璽」螭虎鈕玉印，印臺四邊裝飾勾連雲紋，長2.8，寬2.8公分，陰刻。
8. 西漢中山靖王劉勝螭虎鈕玉印，印臺四邊裝飾勾連雲紋，長2.8，寬2.3公分。
9. 西漢中山靖王劉勝螭紋鈕圓形「私信」玉印，印臺圓邊裝飾卷雲紋，長1.5，寬0.9公分，陰刻。

10.西漢覆斗鈕「妾徵」玉印，斜坡面與印臺四邊裝飾勾連雲紋，長 2.1，寬2.1，高1.4公分，淺浮雕，四個斜坡面下凹成弧形，故宮博物院。但本印年代是戰漢之際，印文是「妾徵」才正確。

　　從以上這些覆斗鈕玉印的印臺上都裝飾著勾連雲紋上來看，不難看出雲紋玉印皆為位高權重的統治階層才能夠擁有。這是古代禮制必須嚴格遵守的一種展現。採用勾連雲紋作為印臺上的裝飾主題是代表印主掌握盎頂的壇臺（覆斗鈕）祭壇，宇宙的小縮影，雲紋襯托出處於天際宇宙之中的覆斗，代表印主的身份為王者，不同於一般官員的階層。有些印臺的四面斜坡也刻意琢磨為凹弧形。筆者推測，凹弧形斜坡的玉印皆為官印的使用性質。在尺寸的比較上，十枚玉印中，尺寸長度介於1.5至2.8公分之間，只有一例為0.9公分。戰國至漢代玉印的尺寸最大的平均值為1.8公分。玉印中可確定為王侯級身份的有六方，一、三、六、七、八、九。十例中，印文有「君」與「王子」的帝王印，也都裝飾著勾連雲紋。本件玉印印臺上裝飾著勾連雲紋，尺寸上巨大，達3.55公分，更重要的是印文署名「劉症」 兩個字，印章的主人必定為漢初劉姓皇族的重要成員。這種雲紋玉印出土數量不多，極為珍貴。玉印裝飾雲紋的源頭為春秋時期的楚國。

　　從覆斗鈕的文化含義上來看，覆斗鈕印式有悠久的使用歷史。對戰國時期的人們來說，覆斗鈕是用來代表宇宙小縮影的最佳形式，是表現天地宇宙觀的最好載體。覆斗鈕的原型可往上追溯自紅山文化的三層式方或圓形祭壇。目前出土的數百方戰國、漢玉印中，一律採用覆斗鈕式。戰國的覆斗鈕印章又可進一步分為一至三層式。在統一全國之後，新興的漢王朝當然要尋找一種能比覆斗鈕更好地代表天地宇宙觀的新載體。因此在漢初，漢人嘗試了類似式盤的方框半圓形鈕式作為印章的新形式。式盤外方的形代表地方的觀念。式盤內部的圓形代表天圓的概念。因為漢初時期印制尚未形成定制，所以這種新形式的印章可能是由戰國過渡到漢初，一種使用極為短暫的嘗試性印制。筆者估計，其使用時間應該不長，數量稀少。因此，目前僅此一件。在漢人找到能更好地代表帝王霸氣與尊貴的螭虎鈕形式後，此類印制便很快地退出歷史的舞臺。如同西漢初期續用秦代的日字、田字格與秦篆體字，漢人很快地便找到一種能更佳展現大漢帝國新氣習、新景象的螭虎鈕印制與漢篆體字後，便不再繼續使用日字、田字格與秦篆體字。也正因為如此，截至目前為止，這種方形半圓形鈕式的玉印前所未見，是未曾見過，令人相當陌生的印章形式。俯視此印，不難發現半圓形鈕包容於方形的印臺之內，像極了一個式盤。此一形式的採用與漢人對於古代宇宙的認知觀念有關，透過它，對我們現代人透露出漢人對

於宇宙觀念的認知。漢代人認爲天是圓的，地是方的。半圓形鈕的部份便象徵著天，印臺四邊象徵著地，整個印章的外形極像一個小的宇宙模型。更何況印臺的四邊還裝飾著象徵著天際的勾連雲紋。擁有了此印也就象徵著掌握了天地間一切資源的掌控。漢代的規矩鏡、日晷及式盤也都是方形中間包覆著圓形，也都是表現宇宙結構的圖案。從源頭上來看，式盤的眞正源頭可更往上，追溯至淩家灘文化的方形刻紋玉版。

編號90：西漢螭虎鈕玉印

規格：長2.7×寬2.65×高2.35公分
印臺：高1.1公分
質地：和闐青黃玉
印文：劉武

　　從造型上來看，本件玉印的造型是盝頂式螭虎鈕的和闐青黃玉印，印文陰刻「劉武」。根據文獻中的記載，劉武（西元前一八四年至西元前一四四年）漢文帝的嫡次子。劉武與劉嫖（館陶公主）及劉啓（漢景帝）同為竇太后所生。西元前一七八年，漢文帝同一天分別封劉武為代王，劉參為太原王，劉揖為梁王。西元前一七六年劉武被改封為淮陽王。西元前一六八年梁宣王劉揖逝世，無子嗣，劉武又被改封為梁王。西元前一六一

年劉武奉命從首都長安前往梁國首都睢陽（今河南商丘）就任。劉武在位期間曾經帶兵抵禦七國之亂中吳王劉濞的進攻，功勞極大，後仰仗母后竇太后的疼寵和梁國廣袤的土地，準備爭奪皇儲之位，但未成功。西元前一四四年十月病逝，葬於永城芒碭山。在位二十三年，諡號為孝，故號梁孝王。本件玉印距今已經有二千一百六十一年的歷史。

從劉姓皇室成員的印章上來看，筆者整理出傳世及出土的兩漢時期劉姓皇室成員的印章，共有十三枚。以年代前後的順序排列，分別為劉如意（趙隱王，螭虎鈕）、劉終古（柏陽侯，螭虎鈕玉印）、劉慎（劉姓家族成員，螭虎鈕玉印）、劉和（劉姓家族成員，覆斗玉印）、劉謹——臣謹（傳世品——玉質雙面印）、劉並——妾並（傳世品——金質雙面印）、劉注（楚王，龜鈕銀印）、劉疵（魯侯，覆斗玉印）、劉症（筆者藏）、大劉記印（海昏侯——龜鈕玉印）、劉賀（海昏侯——鳳鈕玉印）、劉先臣（傳世品——螭虎鈕玉印）、劉如旭（傳世品——螭虎鈕玉印）。這些印章中，有些已經確定為劉姓諸侯王。其餘的印章，依據其劉姓與名字、螭虎、龜鈕式及玉、金、銀質的三項條件上來看，也應該都是劉姓的皇室成員。這些劉姓皇室成員的印章有姓及名是非常的難得與珍貴，因為大多數出土的玉印都沒有印文。現在，這些印章被分別收藏於各公家博物館內及私人手中。

章法上，這些劉姓皇室成員的印章中，筆者所藏的這枚劉武玉印，劉字的寫法特別與眾不同。劉字佔右邊半欄的六成，武字佔左邊半欄的四成。卯字佔右上半欄的二成，右下半欄的八成由金、刀兩字依四對六的比率分配。人們會很容易地誤認為右上半欄及右下半欄是二個字。劉武兩字，從劉的卯字及武的戈字的第二橫筆中，被刻意區分成上下兩半。上半部卯字及戈字的筆劃結構刻意作扁狀橫平式。下半部的金、刀、止三字與戈的橫及斜鉤筆劃被刻意拉長。這樣的長筆劃體勢似乎已經預告著魏晉時期懸針篆的即將來到。「劉武」兩字的筆劃有較多的圓弧形彎角。金字的左撇、右捺作八字形外撇。金字的結構也不同於其他劉姓印章的金字結構。金字上部的撇、捺及下部的玉字作連筆。本印劉字的篆文相當特殊，很有特色。劉武兩字的字體體勢為橫平豎直狀。每一橫，每一豎的陰刻筆劃均工整嚴謹。每一筆劃的首、尾皆修整成四角形，成為魚尾狀。每一彎角也都修整成圓弧形角。如果將筆劃剖開，側視會呈現出工整的V字形凹槽。雕琢出V字形的凹槽是極費工，極費時的工藝，須經過長時間的仔細修整，才能完成。從筆劃精心的刻劃中，令人體會出皇室頂級玉匠琢玉時的熟練與用心。

編號91：東漢右手托朱雀胡跪羽人玉印

規格：長3.25×寬3.25×高3.3公分

印臺：高0.4公分

質地：青黃色和闐玉

印文：郭建

（圖1）

（圖2）

從造型上來看，羽人光頭，五官立體逼眞，長耳垂至肩部。雙耳上長出似魚鰭的三角形毛髮，頭平視，著圓領窄身繫腰帶的連身長衣。袖長及肘部，長褲上滿飾勾連雲紋，雲紋從腰部直達大腿。右手彎曲於胸前，手掌中托著一隻朱雀，左手彎曲斜垂，手指合併扶地。羽人雙肩前有彎勾形的飄帶，雙肩部長出四道凸棱的羽翅。羽人以左腳、左手掌及右膝蓋及右腳尖形成三個點，胡跪於圓形的印臺平面之上。造型上，羽人胡跪，手托朱雀，敬獻拜謁西王母。

從工藝上來看，羽人結合了鏤雕、浮雕、壓地、減地及陰線刻等多種工藝的圓雕作品。五官的刻劃細膩寫實，羽人的腹下、兩腳及左手間的部位為鏤雕的工藝。印臺平坦整齊，圓形的邊角銳利，有割手感。本件玉印是一件全方位，完美技藝的玉雕作品，是後世玉匠難以企及的工藝。

從藝術表現上來看，羽人光頭，高顴骨，有菱形眼，高鼻，凸嘴，長耳，肩生雙翼，一幅神靈的形象。五官逼眞，嘴角兩旁有兩道豎弧形的皺紋。臉龐上的表情流露出一股威嚴肅穆之氣，使人敬而畏之，與後期隋唐力士及鎮墓獸之表現手法相當雷同。這種威嚴肅穆兇煞的表情也是高古動物與人物雕塑中常使用之表現手法。

從印文上來看，圓形印面無邊框，「郭建」白文兩字作反文處理，郭建兩字均分圓形的印面。印文依圓印形而作安排與變化。郭建兩字的體勢修長。除了與圓形印面邊作隨形變化的弧形筆劃外，其餘的筆劃皆為橫平豎直的筆劃。筆劃的寬度一致，線條的頭，尾為圓頭狀，轉折筆劃大多數為直角。「郭建」兩字充分展現出漢代玉印，印文寬博，平直方正修長之基本精神。

從印譜中印文的比較上來看，已故周叔弢先生捐獻給天津市藝術博物館的古璽印中，有一枚與本件印文相同的玉印印文（見圖2）。兩枚玉印同名，同姓，同大小，同色澤，同章法，同筆劃體勢。同名同姓的玉質印章有可能存在。但又要接近同大小（周叔弢先生藏件為正方形），同時，又要同色澤，同章法，同筆勢，那就完全不可能了。唯一合理的解釋是這兩枚印章在一千七佰多年前，為同一印主所擁有，出土後離散，分隔兩地。

從印章鈕式的比較上來看，印章的鈕式中有人物形的鈕，人物形的印章鈕數量很少。但沒見過羽人為鈕的先例。

從羽人造型搭配附件的情形上來看，在玉器與銅器中有四個例子。一、陝西省咸陽市博物館的玉仙人騎馬。二、瑞典斯德哥爾摩博物館的羽人避邪銅器。三、洛陽東郊漢墓之鎏金銅羽人。四、陝西西安西北郊漢代

長安城遺址中之鎏金銅羽人。一、玉仙人騎馬圓雕，羽人騎乘在飛奔的馬背上，附平底座。此器一九六六年出土於陝西省咸陽市漢元帝渭陵西北，時間上接近東漢。二、斯德哥爾摩羽人避邪銅器，羽人跪坐，手掌正中央捧獸，通體有「V」字形紋飾，時代亦為東漢。三、洛陽東郊漢之鎏金銅羽人一九八七年出土。羽人菱形眼，高鼻，凸嘴唇，高顴骨，高跪姿，手前伸，手捧筒狀物，全身陰刻紋飾，雙肩上有翅膀。第三件鎏金銅羽人與本件玉羽人非常相似，相似度高達百分之八、九十以上。四、陝西西安西北郊漢代鎏金銅羽人一九六六年出土，第四件與第三件洛陽東郊漢的鎏金銅羽人的造型極為接近。在造型上，除了第四件的雙手做捧持姿勢、四片狀羽毛及全身陰刻紋飾不同外，其餘的紋飾特徵，第四件與第三件幾乎如出一轍。而第四件羽人的雙手做捧持姿勢，四片狀的羽毛，全身陰刻紋飾的特徵又與本件羽人更為接近。

從飛熊水滴、畫像石磚、青銅鏡與酒樽的比較上來看，江蘇揚州甘泉老虎墩的東漢玉飛熊水滴，雖非羽人形象，但其飛熊跪坐，有雙翼。特別是手托靈芝的姿勢與本件羽人極為類似。畫像石、畫像磚上，兩漢時期羽人的形象更多。畫像石與畫像磚中，在西王母信仰主題的群像中，常出現伴隨著各式的神禽（朱雀）、瑞獸及羽人。畫像石中羽人的姿態正是手捧靈物，胡跪拜謁西王母的姿勢。青銅鏡中，也發現許多羽人的形象。但礙於青銅鏡上，羽人的刻劃往往過於細小，無法針對五官與身體上之紋路做更進一步的比較。河南南陽縣石橋鎮南門出土的鎏金銅酒樽及湖南安鄉西晉劉弘墓出土的神獸紋玉樽，兩個酒樽上，刻劃的圖案即為流雲間裝飾著羽人、仙鹿、朱雀、應龍、飛雁、獨角獸、西王母及左右侍神的升仙思想。

從西王母的信仰上來看，羽人的右手掌中，正托著一隻四靈中的朱雀。所謂的四靈，青龍、白虎、朱雀、玄武，最初是指天空中的四個星宿，代表四個方位，它因與漢代社會的思想意識密切相關，而演變為四方之神，被稱為四靈。「四靈」體現了我國古代人民對自然的崇拜，後經多年的演化，成為人們思維觀念中所喜聞樂見的吉祥物。漢代人相信四靈能保護人的吉、凶、禍、福。在漢代，四靈之圖像亦被大量刻入印章之中，佩戴以避邪，形成四靈印。因此，本件羽人手捧朱雀之形象，朱雀及羽人都與西王母的信仰密切相關。西王母崇拜始於春秋，至兩漢時期達到頂峰成為道教主神之一。西漢中期以後，所謂的神仙思想、升仙思想。實際上，是對西王母的崇拜和對西王母為主的神仙體系的崇拜。西王母的身旁常見羽人與有飛升功能的祥禽瑞獸同處在一個畫面。西王母身旁也常圍繞

著朱雀。朱雀是一種通達天庭的神物，是天帝的使者，是升仙的使者。羽人本尊也與西王母及道教的信仰有關。漢人取羽人造形是因為漢代人視羽人為飛仙，意味飛天成仙，長生不老之意，羽人有導引升仙之作用。羽人可以護送導引人們飛翔，到達西王母的西方神仙世界，人們的生命因此得到再生，得到賜子、賜福。西王母與羽人都是經過道家的加工，再藉由宗教的大勢渲染，使得道成仙成了道教的一大特徵。西王母與羽人都是代表神仙的思想與升仙的思想。

　　從創作年代的背景上來看，兩漢時期，封建統治者與普通老百姓皆信奉神仙，以求消災賜福，擺脫貧困，企望長生不死，永享人間富貴。西王母與羽人是兩漢時期社會上普遍求仙，嚮往長生不老，羽化成仙思想的反映載體。陝西省咸陽市博物館的仙人乘天馬玉雕、東漢玉飛熊水滴、東漢劉暢墓的玉座屏及西晉劉弘墓的神獸紋玉樽都是西王母信仰中反映道教有關升仙思想的玉雕作品。本件羽人是東漢時期西王母信仰與羽化成仙思想的反映載體。羽人身上有通天孔，可作為隨身佩帶物。印面有姓及名，羽人也有可能與隋唐時期墓誌銘的使用性質一樣，可以作為避邪、鎮墓之用。

編號92：魏晉扭首螭虎鈕玉印

規格：長2.1×寬2.1×高1.8公分
印臺：高0.6公分
質地：和闐白玉
印文：已磨滅

　　從造型上來看，螭虎低伏於印臺之上，螭虎左側的身軀高，右側的身軀低成緩坡狀，使得重心偏向右邊。螭虎四肢前高後低的姿勢展現出螭虎的衝力。螭虎扭首至右側又展現出螭虎的扭力。螭虎身軀佔盡印臺，唯有印臺的右側較為空靈些，有緩斜坡。姿態上，螭虎給予觀賞者十足的動力與張力感。

　　從印制上來看，本件印章的長、寬、高度屬於魏晉印章的標準尺寸值之內。印臺高度殘留0.6公分，推測印文未磨滅前應該有1.1公分高。

　　從工藝上來看，經過印文磨滅後的印面還是相當的平整。印臺四邊的邊角銳利無比。在長2.1，寬2.1公分如此小的面積裏，螭虎的五官、身軀、四肢、足爪、尾部及印臺地子都刻劃得非常精緻細膩，種種的工藝展現出此印必定是魏晉時期的帝王印，是由宮廷玉匠所琢製的一枚玉印。更何況螭虎鈕玉印本來就是帝王專用的印鈕及材質。

　　從玉質上來看，六朝玉器一般玉質都較差，但本印使用優質高檔的和闐白玉，玉質優良，色澤均勻，無龜裂，只有些微的沁色，品相至今還是那麼地無與倫比。

　　從本印的螭虎體勢與楚漢以來螭虎體勢的比較上來看，事實上，本印的螭虎已經沒有了楚漢螭虎的典型S型身軀。俯視螭虎頭部偏向右側，因此給予觀賞者誤認為螭虎的身軀有微偏S型身軀的感受。事實上，只是因為頭部的右擺。楚漢螭虎身軀上的裝飾紋飾，如羽翅、小圓圈紋、毛髮紋、鱗片紋在本件螭虎的身軀上都已經消失不見，改採較為簡單樸素的素面裝飾風格。但螭虎仍舊保存了楚漢螭虎的動態與氣勢。

　　從本印的螭虎與南北朝避邪及神道石獸的比較上來看，本件螭虎身軀明顯具備避邪及神道石獸的特徵：凸胸，凹背，抬臀，團塊狀四肢，四肢短小粗壯。但螭虎的身軀不像神道石獸的高挺直立，為低伏貼地狀。螭虎頭平視，沒有望天怒吼，保留了一些楚漢以來螭虎的傳統。本件魏晉螭虎繼承一些漢代以來的螭虎傳統，但也開啟了後世南北朝避邪、神道石獸的先河。本件魏晉螭虎具有承前啟後，繼往開來的重要的意義。本件螭虎鈕玉印的年代是魏晉時期。

　　藉由本印與筆者目前所藏的全部六朝玉雕，在此，總結目前筆者所觀察到的六朝玉雕特徵。螭虎姿態成低伏狀。螭虎或抬頭斜側或往前平視。螭虎凸胸，凹背，抬臀，背脊線分明。螭虎眼、眉、耳、鼻樑、臉頰的刻劃不如兩漢的螭虎精緻細膩。有些螭虎的五官雖然採用立體的工藝，但多數採用節省陰刻的手法。大量以卷雲紋來刻劃耳朵、鼻子、下額及前後腿之肘部。嘴部有鑽孔，但多數不穿透。不張口露齒，嘴部平齊，平臉側，

臉膀爲倒 T 型，嘴巴有陰刻線。後腳踏於卷尾及雲層上。尾巴垂於兩腿之間，尾巴由外往內縮隱不見，再穿雲而出形成兩股向兩側叉開，或形成圓球狀。腿肩上刻劃彎曲陰刻的紋飾。腿肘部刻劃短斜線的毛髮紋。使用較粗的陰刻線。螭虎有兩趾或三趾的鷹爪，年代越後，趾爪越多。四肢較爲粗狀短小，四肢方圓形，或者偏方角化，甚至於有時侯四肢爲平面化的陰刻。在形體上，螭虎的身軀隨材賦形，依據玉材原有的外形，琢磨出螭虎的造型。有時候螭虎的身軀爲大圓球，扁平或爲團塊狀與南朝神道鎮墓的石獸相似。螭虎的姿態逐漸跳脫S型，轉化成圓形。動態上，螭虎四肢呈現出極不自然的視覺感。有時侯後肢翻轉折肢。部份螭虎頭部大小的比例過大，螭虎的四肢與頭部的大小接近。鑽孔底部的地子沒有修整磨平，鑽孔可能是作爲鑲嵌他色寶石的孔洞。由於玉材上取得的不易，六朝動物玉雕的體積較兩漢時期動物的體積小。動物的首部常見仰天的姿勢。六朝的螭虎是漢代風格之延續，但又有所創新與變化的造型。六朝玉雕以素面爲主流的形式。在動態、扭力及張力上，六朝的螭虎都無法與兩漢的螭虎相比較。

　　從印章的鈕式上來看，六朝的螭虎鈕多數爲低伏環形的身軀。螭首多數左轉，少數右轉或折首向後望。螭首的位置逐漸移至印臺的正中央。螭虎的四肢較短，姿態較笨拙。如果是龜鈕，龜首全部作仰天望，龜腳直立，龜身佔盡印臺，龜腹的下部鑿空。如果是橋鈕，橋鈕的鈕面較寬厚，鈕面寬度達2至1.3公分，鈕面厚度達0.4至0.5公分。有些橋鈕的鈕面及鈕側面均爲凹弧狀。有些橋鈕的鈕面斜削，橫斷面成覆斗狀。在此期的玉印中，橋鈕的數量並不多見。

編號93：西晉蟠龍螭虎穿流雲棲山峰龍鳳合體肖形印

規格：長4.5×寬3.5×高6.5公分
鈕式：蟠龍螭虎流雲紋鈕
質地：和闐白玉
印文：龍鳳複合體肖形印

　　從造型上來看，為了更加突顯蟠龍，使其不同於其他的輔助性紋飾，蟠龍的龍首是全印中最高的浮雕主紋飾。蟠螭身軀呈四段式的彎曲。頭至腰身中段作第一個環形，部份腰身隱沒穿入雲層之中。腰身後段至臀部作第二個環形。後臀至尾的分叉處作第三個環形。尾的分叉處至尾端作第四個環形，但是為弧形。龍的身軀穿雲層，盤繞山峰，龍首及上半身棲息於峰頂上。蟠龍低頭俯視著左下方穿雲而出的小螭虎。蟠龍身軀上有分叉卷曲的羽翼。蟠龍的右前腳搭在右耳上作搔首狀。左前腳下垂彎曲，搭在雲層之上。右後腳抬舉攀爬。左後腳也下垂彎曲，搭在雲層之上。四腳的肌肉筋骨健壯，趾尖銳如鷹爪。長尾往下捲曲，再分叉成三股卷曲式。小螭虎前腳向上攀爬。山峰上遍佈著浮雕式的雲層，雲層的種類樣式繁複。

　　從裝飾紋飾發展史上來看，中國的裝飾紋飾發展到了西漢，紋飾的表現已逐漸由裝飾性過渡到繪畫性。本件西晉玉印繼承，並且發展了漢代的繪畫性藝術。玉印隨形賦寫的雕琢方式不僅僅使得玉雕有了山的背景，亦有雲霧繚繞中相互對望的龍與螭。玉印描出山的背景，畫出龍與螭，更寫出龍螭間的情懷，實在可以稱得上是一種繪畫性的玉雕，儼然是一幅象徵著道教蓬萊仙境，太虛的繪畫。

　　從工藝表現上來看，本件蟠龍螭虎穿流雲紋印採透雕、高浮雕、低浮雕、剔地和陰線刻相結合的技法。動態上，展現一股健壯與力道之美。構圖上，構思巧妙，創意十足。雕琢上，蟠龍及螭虎的身軀刻劃生動精緻，面部神情表露無疑。神情上，蟠龍張口，上額下巴之間略帶歪斜，露出犬齒，吐出長尖舌，鼻孔奮張，吐氣，表達出精神抖擻的氣勢。以浮雕技法表現脊棱、尾巴、筋骨、肌肉、銳爪及流雲紋。尾部與流雲紋皆凸出印面。有些流雲紋更採用高浮雕。蟠龍身軀浮雕式的雕琢使得蟠龍栩栩如生，有如耀然活躍於山峰之上。以陰刻表現竹節紋，三角形短陰線紋，弧形平行短陰線紋，逗號式毛髮紋及圓圈紋等。無論是大的平面，窄小的凹槽內，還是鏤孔的內壁都是極力打磨拋光，表面極為光亮耀眼。肖形圖案的地子也是打磨得非常平整，已不見任何的鑽研痕跡。本印運用多種技法，琢製出豐富多彩多姿的圖樣，非御用工匠無法有如此高超的工藝水平。

　　從玉質上來看，因鐵質沁色，全印三分之一的部份已變成褐色，並伴隨著美麗的棕紅與黃色斑及細冰裂紋。雖然這是一種後天性的破壞，但品相依舊完整，表面伴隨有強烈的玻璃寶光。

　　從印臺上來看，外形上，近圓錐三角形的印臺呈現出一座仙山的模

樣。構圖上，蟠龍盤繞於仙山之上，以雲紋作為烘托與補白的作用，配合龍紋的主題紋飾。運用凸起的團狀雲彩襯托出正中央的矯健應龍，表現出正在雲間穿行，盤繞仙山的應龍。設計者巧妙地安排高浮雕應龍的周圍都是淺浮雕的朵朵浮雲，使得整個空間佈滿洶湧的雲濤，一波接著一波，高潮迭起。應龍的軀體用「穿雲隱軀」的手法處理，使得應龍的身軀穿過雲層，有一部份隱藏於雲層中，另一部份顯現於印表。應龍有長長的身軀。在印底口沿的上方，設計者再巧妙地安排一隻體型較小，僅露出上半身的浮雕小螭虎，逐漸地從翻動的雲層中爬出與應龍遙相對應。整個構圖儼然是一座易經中雲龍風虎的小仙山。

　　從印面上來看，橢圓形的印面有陰刻的邊框，長4.5，寬3.5公分。框線內的龍鳳合體肖形構圖精美新穎。尺寸上，本印長4.5，寬3.5，高6.5公分，比廣州南越王的龍鈕金印「文帝行璽」，長2.8，寬2.8公分及中山靖王劉勝的螭虎鈕玉印，長2.8，寬2.8，高2.3公分的尺寸，都大上許多，是一枚西晉時期帝王的肖形印。

　　從肖形印的比較上來看，本件肖形印與故宮博物院的一枚戰國肖形印的圖案一模一樣。兩印同樣是具邊框的龍鳳肖形玉印，但在印面的外形與圖案的表現方式上都不相同。外形上，西晉肖形印為橢圓形，戰國肖形印為圓形。圖案上，西晉肖形印是平面式的圖案，戰國肖形印是立體式的圖案。

　　從本件肖形印與竇綰肖形印的比較上來看，滿城漢墓竇綰墓中出土的十八枚肖形印，有浮雕人物勞動場面、持杵搗米、樂舞、人物、行者、龍、鳥、獸等。十八枚肖形印的尺寸都是1公分的圓形圖案印。竇綰的身份是諸侯王夫人。夫人有一系列的肖形印，反映出帝王也應該有一系列的肖形印。可見肖形印應該是宮內一種帝王專用之物，具有吉祥、厭勝、避邪之功能。另外，陶祖光氏舊藏中也還有一枚與本件橢圓形龍鳳合體肖形印一樣的圓形肖形印。古人認為天圓地方，因此，本件玉印橢圓形印面的採用應該代表著天，印面的龍鳳呈祥圖案象徵著帝王至高無上的地位與權勢，流露出一股強烈的帝王氣息。

　　從傳世及出土文物的比較上來看，在面貌上，本件蟠龍與西漢鏤雕蟠龍環（古玉精英）蟠龍的面貌相似。在姿態上，本件的小螭虎與中山靖王劉勝玉劍珌上的穿雲露頭螭虎的姿態相同。在構圖上，本件龍及螭虎也與滿城中山靖王劉勝玉劍珌上的雲霧繚繞中龍與螭虎相互對望的構圖相同。在雲紋上，本印的流雲紋與竇綰的心形佩、天津博物館的漢代熊虎紋玉版、故宮的魏晉螭紋玉劍璏及北燕馮素弗玉劍首上的流雲紋造型相同。本

件玉印的流雲紋與故宮魏晉螭紋玉劍璏上的流雲紋最接近。需要補充說明的是，古玉精英的蟠龍較準確的年代是西晉時期才對。劉勝與竇綰是漢代的諸侯王及夫人，馮素弗是大將軍。可見這種紋飾與造型僅出現在帝、王等級以上的玉器之上。本件玉印的年代是西晉時期。

從筆者藏的西漢初期螭虎仙山玉印與本件西晉蟠龍螭虎流雲紋棲山峰玉印的比較上來看，（見上圖），很明顯地，可以看出兩印之間的繼承與演變關係。兩印的外形同樣為錐形的印體上盤踞著螭虎的主題紋飾。螭虎均作盤旋扭曲狀，四足均向上與下方開展，並且有輔助性的雲紋。兩印的體積落差很大。漢初印面的面積較小，圓形的印面只有1公分大。至西晉時期，印面已增大至長4.5，寬3.5公分的橢圓形印面。螭與龍之間的差異是年代及等級上的不同，一個為諸侯王，一個為帝王。兩印的雲紋也不相同。漢初的雲紋為勾雲紋，形態上依舊保留著戰國時期勾連雲紋之風格。因為印章體積太小，只刻一朵勾雲紋。而西晉時期為流雲紋，流雲紋是西漢中期以後所開創出的新型雲紋風格。流雲紋數量不少，種類繁多，層層疊疊聳立，有如山巒疊嶂。西晉時期的玉印上，無論是構圖、竹節式紋、平行短陰線、圓圈紋的裝飾都更趨向於繁密與精緻化。已擺脫戰國時期以來的風格，走向更立體與動態的晉式風格。西漢初期，螭的身軀為S形造型。動物S形身軀的造型更是楚式浪漫與神秘風格的最佳代表。西晉時

期，龍的身軀爲三段式環形造型。頭部是龍首，已初具隋唐時期龍首之雛型。龍的身軀也已經拉長。兩印在雕琢、圓鑽、刨光的比較上，漢初螭虎玉印的工藝未達成熟階段，本件西晉蟠龍玉印的工藝技術已達完善致臻。但兩印都同樣地保留了戰國時期印章的邊框風格。本件玉印是一枚西晉時期仿戰國肖形印的復古玩賞印，因此仍舊保留有戰國的邊框。

從博山爐造型的比較上來看，本件玉印的外形近似博山爐頂蓋的山峰造型。在造型塑造的手法上，錐形印體很像博山爐，這一現象與漢人的道家神仙觀念有著密切的關係。在道家方士的心目中，錐形體積的山峰爲蓬萊仙境或太虛的象徵。再輔助以流雲紋的裝飾，則更加成爲名副其實，如假包換的道家仙境了。山峰的造型可視爲漢代神仙思想發達盛行的最佳寫照。漢代神仙思想的氣息不僅顯露在本件玉印的造型上，更瀰漫於當時所有的器物上。如青銅器、瓦當、漆器與織物。本件玉印的蟠龍有翼（應龍），也符合道仙飛天成仙的思想。

從玉器傳統文化繼承的角度上來看，史前時代，玉器爲原始宗教祭祀鬼神活動的法器、禮器。周代《周禮》中，規定了不同的玉有不同的地位和作用，使玉器成爲等級的標志，賦予玉器強烈的政治色彩。對於祭祀，禮儀用玉，也做了相關的規定。春秋時期，儒家繼承周禮，並發揚了古人愛玉崇玉的傳統，選擇用玉來作爲政治思想和道德觀念的載體。孔子「君子比德於玉」、「君子無故，玉不去身」的學說，對玉器作出精闢的詮釋，將玉與君子更緊密地聯繫在一起，對玉賦予道德的內涵，規範著古代政治家、文人及士大夫的政治思想與道德修養。玉器是一種品德的象徵，佩玉在身，作爲自勉、啓示與提醒的作用。到戰漢時期，統治階層普遍以玉器作爲裝飾，作爲顯耀身份與地位的佩飾。漢代玉器的使用已經成爲統治階級中，帝王與王、侯等少數貴胄所壟斷的玉器。秦代規定只有帝后用印可以稱爲璽。甚至規定只有帝王可以使用螭虎玉印，其餘百官不得使用。本件玉印爲螭龍的紋飾，龍爲鱗蟲之長，更代表了帝王，象徵萬衆之首，九五至尊。起源於東周的玉德學說在漢代發展成熟，並且奠定下往後玉文化在中國千年的發展史。而西晉時期的玉器正是一段承前啓後的重要關鍵時期，它承續了漢代以來，以玉器作爲標榜身份地位的傳統，又開啓了以玉器作爲祈求吉祥、幸福，以玉器來寄託懷古，思古之幽情，也以玉器來抒發文房雅趣之樂的風氣。西晉玉器開啓了後世玉器世俗化的先導。本件玉印應該是西晉時期的帝王所擁有之物，是具復古玩賞性質的肖形印。印鈕的造型爲西晉當時的藝術造型，印面的圖案是戰國時期的復古肖形印。本件復古肖形印的產生是西晉時期，因「汲冢竹書」的出土與研

究的深化，產生深遠影響下的藝術創作品，是西晉帝王懷思古幽情的復古作品，是置放於几案上，具博山爐觀賞性質，呈龍鳳吉祥的肖形印（詳情請參考編號94的汲冢竹書部分）。

　　從楚國藝術風格繼承的角度上來看，在藝術風格的繼承上，漢代玉器吸收了楚國玉器清逸脫俗，神秘玄妙，華麗自由浪漫的特色。本件玉印上龍與虎出沒於雲靄之間，或隱或現，神秘玄妙，表現出一股濃厚的楚文化浪漫主義風格。螭龍身軀三段式環形的造型更是楚式浪漫與神秘的創新。

　　從復古藝術風格的方向上來看，本件玉印的印面為復古風格的戰國龍鳳合體肖形印。雖然是一枚西晉時期仿戰國魏國的肖形印，但也充分展現出將西晉與戰國兩種不同時期的藝術風格流暢地相互融合。印面的圖案為戰國時期，鈕身的造型為西晉時期。本件玉印具有融合與創新的藝術精神。據文物商告知，本件玉印於二十年前收購於陝西西安八仙庵。西安舊稱長安是西晉時期的國都，本件玉印應該是西晉時期帝王所擁有的復古玩賞性質的肖形印，它構圖精美，工藝技術達完美的境界，更瀰漫著濃厚的道家神仙觀念，深藏著深厚的儒家人文思想與楚國的藝術風格。在所有已經出土的玉器中，本件玉印堪稱為國寶級的文物。

編號94：西晉螭龍與螭虎穿雲層鈕玉印

規格：長5.9×寬5.9×高4.6公分

鈕式：螭龍與螭虎穿雲層鈕

印臺：高2.1公分

質地：羊脂和闐白玉

印文：親晉王印信

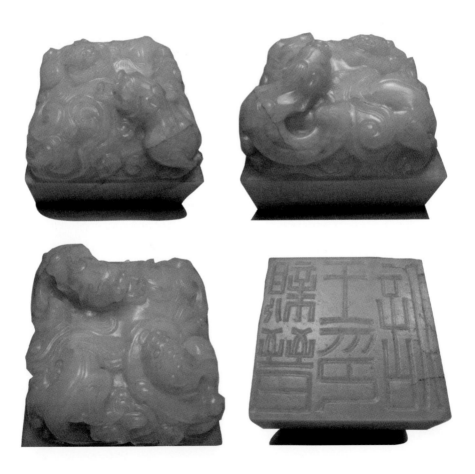

　　從造型上來看，印臺上螭龍與螭虎呈斜對角面對面的姿態。大螭龍張口，歪嘴，呲牙，吐舌。小螭虎張嘴，吐舌，口中銜著帶狀的流雲。螭龍的身軀呈二段式彎曲。頭至腰身中段作第一個S形彎曲，腰身穿入雲層之中隱沒。腰身中段至尾端作第二個S形彎曲。螭龍左前腳往下彎曲，踏於印臺上。右前腳從頸下斜穿而出，翻爪，反鉤住流雲紋。小螭虎由頭至身軀中段也形成一個S形的彎曲，小螭虎只顯露出上半身，後半身隱沒於雲層之中。小螭虎的左前爪翻爪，鉤住帶狀的流雲紋。右前腳彎曲，踏於帶狀的流雲紋之上。玉印為正方形的和闐羊脂白玉。

　　從工藝上來看，大螭龍的眼眶、鼻樑、眉毛、雙耳、額線與側鬍都刻劃的極端細緻寫實。這樣的表現手法可以說是前代玉雕所未見，但所創造出的效果卻極為成功。西晉宮廷玉匠琢玉技術的高超已經達到雕琢玉器，如同在軟性木材上雕刻一般，信手拈來便能成為佳作。玉匠早已克服在堅硬材料上施工所帶來的困難度，琢玉技術的成熟與穩健已遠遠超越兩漢時期的琢玉技術，真可謂鬼斧神工。這一點是我們前所未知的。同樣地，小螭虎的五官也都刻劃的極為細緻寫實。但與大螭龍的神情相比，小螭虎少了威猛，多了幾分稚嫩感。大螭龍與小螭虎都刻劃出雙趾，中脊椎線，腿肘上都刻劃出弧形的雙陰刻線。身軀與腿側都輔助以短陰刻線。運用管鑽及桯鑽作鑽孔減地。部份管鑽鑽孔的底部沒有修整，這個特徵經常出現在魏晉時期的玉器作品上。這些鑽孔很有可能原本是用來鑲嵌他色寶石之用途。螭龍的口中有五個直徑非常細小，只有0.1公分大的鑽孔。細小的鑽孔工藝是琢玉技術先進的表現。從鑽孔工藝中，充分嶄露出西晉時期玉器輾琢磨切技術之高超。在印文的雕琢上，「親晉王印信」五個字，每一個橫、豎的筆劃都是相同的寬度。每一筆劃的首尾皆修整成四角形。每一彎角都是圓弧形的角。如果將筆劃橫剖開，所呈現出的凹槽側視形狀，將會是往中間匯集的V字形陰刻凹槽。工整的V字形陰刻凹槽是考量到印章壓印封泥時的工整性用途。筆劃中，處處體現出皇室玉匠琢玉時的耗時與用心。

　　從製作總工時的推算上來看，從構圖，打樣，雕刻，琢磨，打磨到刨光等工序所需要的總工時上來推算，本件玉印應該需要耗費二年以上的時間。此一推算的憑據，可以從上海博物館的透空龍紋白玉鮮卑頭背面上之銘文，得到進一步的佐證。鮮卑頭的背面上鐫刻陰文：「庚午，御府造白玉（　）帶鮮卑頭。其年十二月丙辰就，用功七百。將臣范許，奉車都尉臣程涇，令奉車都尉閣侯張余。」從銘文中所記錄的干支記年與所涉及的官職人員，可以確認該作品庚午為南朝宋元嘉七年（西元四三〇年）御府

造，是南朝宋文帝劉義隆的御用品。其銘文中用功七百意謂用了七百個工作天才完工，完成於十二月丙辰。雕琢的總工時耗費了近兩年的時間。以此推算，本件玉印在構圖上更加複雜多樣，紋飾上更加細膩繁複與密實，所需要耗費的時間應該只會更長，超過兩年以上的工時。本件玉印的印主是西晉時期的邊疆民族王。在玉材的選用上，選用了最高檔的和闐羊脂白玉，工時超過兩年，螭龍與螭虎穿雲層的鈕式，邊疆民族王的用印，又歷經了一五九八年的歲月流逝，將這些條件加總起來看，本件玉印真的是一件國寶級文物。

從藝術表現上來看，螭龍與螭虎佔據印臺的左下角與右上角，作對角式的佈局。螭龍與螭虎身軀皆呈S形動態的姿態。基本上，螭龍與螭虎的姿態繼承了漢代螭虎的基本造型，彎頸，聳肩，凹腰，提臀，勾卷尾等造型。但較漢代更具寫實的風格。並且已經出現了一些細微的差異。頸部已不再作大弧度的彎曲，頭部高舉，肩膀順勢下滑，身軀中段隱沒於流雲之中。後腿穿雲而出，尾部呈多歧分岔，作分叉的羽翅狀或卷曲的圓球狀。最顯著的是，大螭龍之首為整顆印章的主體紋飾，刻劃的特別高聳，非常細膩與寫實，螭龍的面貌介於螭與龍之間。眼球圓凸，鼻孔向外奮張，上下顎做歪斜張開，四顆門牙，雙犬齒與舌頭都刻劃得非常細膩逼真。為求螭龍的神態更加威嚇，螭龍張口，再輔助以五個極細的圓鑽鑽孔以表現上顎的牙齒。小螭虎位於右上角，在流雲與大螭龍卷尾處穿雲而出，隨即作彎頸，凸肩擺姿，右前腳與左前腳分別踏握住雲帶。俯視下，印臺呈田字格分界。左下角為全印的最高點，右上角次之，右下角第三，左上角為最低的點，作實與虛對角式的佈局。無論是大螭龍與小螭虎的前腳都作跨度極大的扭曲擺動。大螭龍的獨角有扭絲形的圓尾，有雙翼。大螭龍與小螭皆昂首引頸，騰雲飛躍，若迴翔於蒼穹之中。螭與流雲的造型均與漢代的紋飾不同。螭龍的身軀拉長與流雲紋相連，渾為一體，以流雲紋為地，以柔美的曲線刻劃出雄壯勁健的螭虎。螭虎如飛翔於祥雲，追求著玄遠與超脫。精神上無限的自由與舒放。螭與流雲的造型如同魏晉文化的形態是那樣地瀟洒與飄逸。流雲的多層次浮雕式安排，上下起伏流暢完美，整體構圖意境高雅，宛如置身於飄渺的蓬萊仙山的仙境之中，完全呈現出一幅魏晉時期的道教神仙思想。這是一幅嶄新的圖案，是集柔麗與流美曲線的藝術精華，是魏晉時期道家老莊思想特別發達的表現。

從印文的佈局上來看，本印「親晉王印信」，印文呈三欄五字佈局。「親晉」、「王印」、「信」，由右至左、從上到下排列。第一欄與第二欄「親晉」及「王印」兩字。第三欄「信」單字獨佔一個欄位，信

字的字體拉長。在印譜中，所有的三欄五字佈局，第三欄都是作單字獨佔一個欄位。從武帝太初年開始使用五字印的官印，僅限二千石以上高官。至新莽時期，官印的印文全部採用五字或五字以上。

　　從印文的體勢上來看，隨處可見西晉宮廷印工精心刻意的安排。

　　「親、晉、王、印、信」五字的文字筆劃都各自具備文字復古風格的特徵。

　　親字「儿」部的豎曲鉤筆劃爲折疊筆劃，具備新莽文字儿筆劃的特徵。親字略往左傾。

　　晉字中日部上的兩個「至」字節省筆劃，至字最下面的兩個橫筆劃相連接，但西晉時期，晉字中至最下面的兩個橫筆劃在中間斷開。日字中間的中橫劃也與西晉時期的日字不同，橫劃與兩側連接。

　　王字的中間橫筆偏高，這一點是西漢時期部份諸侯王印文筆劃的特徵，如「淮陽王璽」、「滇王之印」。此期「王」字的印文多數作三橫筆均分式的佈局。諸侯王印中，刻意將王的中間橫筆拉高應該是爲了凸顯其身份地位特殊性的視覺效果。戰國時期，鼎、鐘、戈、予、劍上所鑴刻的王字鳥蟲篆，王字的中間橫筆都刻意被拉高。王字的最後一橫筆也非常具有特色，爲凸圓形，形狀像西周時期金文的王字的最後一橫筆，似斧鉞的圓弧形，斧鉞代表掌握著生殺的大權。筆者猜測，這樣的安排是篆工們特意而爲，以凸顯印主崇高的王級身份地位。刻意將「王」篆體字具象化的例子，可以比較新莽時期的「建春門侯」、「津陽門侯」、「宣陽門侯」官印。爲了凸顯其職守爲主掌宮殿城門之官，新莽印工刻意將「門」篆體字具象化，使人一望馬上聯想到猶如門的兩扇門板。從這點上，可以見到篆工們在篆字體態上的用心經營。

　　印字的末筆往下拉曳，做短斜筆表現是秦至東漢早期印字的流行筆勢，爪部彎曲較甚。

　　信字的口部左右豎筆有凸出的筆劃，具備新莽文字中口部筆劃的特徵。信字的人部頂端呈微尖峰，人字的兩垂長豎筆微呈喇叭狀，也具備新莽時期人字筆劃的特徵。信的言部的第二個橫筆向上豎筆也微呈喇叭狀。言字也具備新莽時期言字筆劃的特徵。

　　爲什麼西晉時期的印文會夾雜出現戰國、西漢與新莽的字體風格

呢？西晉初年西元二八○年左右，在汲郡，今河南省衛輝市附近，出土了一批汲冢竹簡書。當時，汲郡的盜墓客不準盜掘了一座戰國時期魏國魏襄王或魏安釐王的墓，發現了一批竹簡。但「不準」本人並未意識到其價值，竟撕毀竹簡，並且點燃部分的竹簡以作照明之用。不久，當地的政府得知古墓被盜，上報中央，中央派人整理了散落的竹簡共計十餘車，七十五卷以上，全文約古字十餘萬言。經過當時的學者荀勖、傅瓚、衛恆、束晳等人的整理，從竹簡殘片中，發現了多種先秦著作，其中重要的有《竹書紀年》、《瑣語》、《國語》、《易經》、《穆天子傳》等。西晉時期因「汲冢竹書」的出土，使得西晉時期的學者有了機會對戰國時期的思想與文字作深入的研究，並且作出全新的了解與認識。在字體上，導致字林等書籍的編纂，無論是對戰國文字的重新認識與使用上，日後均產生了深遠的影響。這也解釋出為什麼西晉時期的印文會夾雜著戰國、西漢與新莽時期的字體。兩晉時期是中國歷史上，第一次出現文字復古使用的風潮。印工對篆字體勢的刻意復古也在本印的印文中顯露出來。

　　從「親晉王印信」的印文上來看，查閱《秦漢南北朝官印徵存》一書，書中沒有「親晉王印信」的印文，但「親晉王印」的印文有六例。根據孫慰祖先生的研究，授予邊疆民族的民族官印中，印文中晉字排列於第一位，都是西晉王朝所頒授。反之，印文中晉字排列於第二位，並且不標示其所屬部族的邊疆民族官印應為東晉政權頒賜給邊疆民族王的印信。語意上，「親晉」兩字僅表示與東晉王朝保持友好的關係，是不受統治的結盟。印文中不再銘刻表示降附、內屬關係的國號，則是東晉王朝國勢轉弱的表現。六例「親晉王印」印文中，多數文字刻劃草率，鈕式也一樣，較不嚴謹，應為東晉製作。東晉五胡十六國時期，篆文正處於由嚴謹過渡到草率的重要印文發展歷史階段。

　　查《秦漢南北朝官印徵存》一書中，印文中開頭帶有「親」字的民族官印有二十六例。親晉胡王─四例、親晉氐王─三例、親晉羌王─十二例、親晉王印─六例、親趙侯印─三例。這二十六例筆劃的共同特徵是印文都呈現出筆勢體態由工整過渡到較為凌亂草率的篆書風格。這類民族官印的刻製與頒發實施了一段時期。如果從前趙的第一年，西元三○四年，為上限算起至東晉滅亡止，西元四二○年，共實施了一百一六年，期間歷經了西晉至東晉，也就是大約整個兩晉的時期。從這其中亦可以看出東晉政權頒贈給邊疆民族諸王的對象有胡、氐、羌民族的頭領。西晉時期，五胡之中以匈奴、鮮卑族最強勝。筆者推測，這枚玉印是西晉頒贈給匈奴或者鮮卑族的王印，因為當時只有以最頂級的螭龍與螭虎穿雲層鈕玉印才能

攏絡極爲強盛的匈奴及鮮卑族。

從「印信」的白文印文上來看，印譜中，自銘「印信」的白文印有十幾個，全部爲私印性質，時間上屬於三國至西晉時期。而自銘「印信」的朱文印文發現較多有四五十個，時間上屬於東晉時期。朱文「印信」的形式，只流行於東晉時期。「印信」兩字的用語代表所有公私性質憑證的用印。「印信」約肇始於兩晉時期。西漢時期的墓葬中，只有極少數的諸侯王印自銘「信」、「信印」。但東晉時期已不見「信」、「信印」的印文。因爲，西漢諸侯王墓中，出土「信」、「信印」的印文只有兩、三個例子。個筆者推測，「信」、「信印」的印文應該是西漢時期諸侯王的專用銘文。

從流雲紋上來看，本件玉印上的流雲紋共有五種。雲帶式、卷雲式、波浪式、山狀式及鹿茸式雲紋。雲帶式雲紋顧名思義爲條帶式，雲帶上面有節段紋，如飄逸的綵帶。卷雲式雲紋爲逗點式雲紋，但更加立體圓弧。波浪式雲紋有似波浪的水波。山狀式雲紋似山坡與岩石的形象。山狀式雲紋連續無間斷，描繪的其實是仙山上的雲氣。鹿茸式雲紋有單角及雙角兩種不同的形式。鹿茸式雲紋有一點像穗狀雲，但是又不同。鹿茸式雲紋爲上昇式的雲紋，雲紋的中間有圓圈紋。這五種雲紋都有邊框線。除了卷雲式雲紋外，雲紋的尾端都有平行短陰線。五種流雲紋互相穿插，共同組成一團雲海，將螭龍、螭虎包覆於一團雲海中。這種結合多樣式的雲紋構圖與新疆民豐尼雅東漢至魏晉織錦的圖案相同。如，恩澤下歲大熟錦、長樂明光錦、大長樂明光錦、長壽大明光錦、五星出東方錦。這種流雲紋是東漢至魏晉的雲紋，流雲紋採用高浮雕的風格，如雲山亦如雲海。兩晉時期的雲紋比兩漢更加繁複與密實。玉器上，天津博物館東漢熊虎螭紋玉飾板、湖南安鄉黃山頭西晉劉弘墓的玉樽、北燕馮素弗玉劍首上的流雲紋也是此類東漢至魏晉流雲紋的代表。

從魏晉蟠螭與流雲的特徵上來看，依據學者們研究指出，魏晉時期的蟠螭與流雲有以下的特徵。蟠螭上，螭頭部正視，腦後及臉頰的兩側有毛髮，眼上有眉毛，耳上有凹槽，獨角扭絲尾圓頭，不分岔。龍與螭虎的身軀上有竹節紋，身軀與腿部的局部區域有平行短陰線毛髮紋。四足在軀體兩側作爬行狀，而不是四足外翻式，腳趾與毛髮紋較多。身軀扭轉的方式沒有兩漢蟠螭的驕健流暢自然。流雲上，流雲紋的數量增多，流雲紋的中央有圓圈紋，末端有平行的短陰線。整體進行滿地裝飾等特徵。以上的這些特徵本印的螭龍與螭虎一一具備。最重要的是，兩晉時期，部份的螭虎首已演變成螭龍首，螭龍的臉部特徵已經不同於兩漢時期的螭虎。

　　從螭龍與螭虎穿流雲的主題上來看，兩漢時期盝頂印臺四邊裝飾著勾連雲紋，印臺上螭虎穿流雲。西晉螭虎穿流雲為東漢時期玉雕主題的延續。印臺的四邊平素沒有雲紋的裝飾，雲紋已被移位至印臺之上，雕琢得更加繁複密實與立體。

　　從玉器在古代宗教、品德、身份地位及邦交等方面來看，玉器從新石器時代以來，一直扮演著非常重要的角色。史前人類以玉器來祭祀天地。到周代，社會的地位與人的品德皆比德於玉器。春秋戰國、漢代時期，玉器裝飾是用來彰顯高貴的身份，更以玉器來修復與促進國與國之間的邦交，促進彼此之間和睦的關係。古代皇帝常以冊封官位或下賜印綬的手段來維持自己的最高統治地位，該印章制度也反映在漢朝的外交政策上。根據史書記載，西漢宣帝時，匈奴首領呼韓邪單于歸附漢朝，漢宣帝為了表示對呼韓邪單于的禮遇與推崇，特別以高於諸侯王的級別，頒給「匈奴單于璽」黃金印（非玉質），確定了呼韓邪政權為隸屬於漢中央的藩屬地位。其後，東漢至魏晉時代，中央王朝對內屬的匈奴部眾首領，皆會賜予官號與印章，但非玉質。一七八四年出土於日本九州志賀島的「漢倭奴國王印」，長2.34公分，是東漢光武帝頒給屬國倭奴國的一枚金制王印。一九五六年雲南石寨山西漢古墓群六號滇王墓出土的盤蛇紐金印「滇王之印」，長2.34公分，是漢武帝劉徹於元封二年（西元前一〇九年）賜給滇王嘗羌的金印。兩枚邊疆民族王印的出土都更佳證明史書中的記載。

　　從本件西晉玉印的出現上來看，最遲至西晉時期，中央王朝已經開始頒贈等級同於中央、帝王等級的玉印給邊疆的民族諸王。其目的，無非是希望藉由頒贈玉印，以加強維護兩國之間穩固的邦交關係，以保障邊境的持續安定與繁榮。印章在邊疆民族的事務上，長期以來一直扮演著非常重要的角色。而本件玉印的存在也證實了西晉中央王朝頒贈給邊疆民族王玉質璽印的一段歷史。玉印是中國傳統典章制度中非常重要的一部份，其優良的傳統是其他民族所沒有的。至今在各大博物館內，還留存著一批元代西藏宗教國師們的龍鈕玉印。這批龍鈕玉印是當時元代的帝王們為了禮遇國師以表示對國師崇高地位的尊崇，所頒贈給西藏宗教國師的玉質大印。這一套的印章制度仍舊為明、清兩代的帝王所繼承與遵循。

　　在所有出土南北朝以前的文物中，本件玉印是目前唯一有印文的王級大玉印。螭龍與螭虎穿流雲鈕玉印，珍稀的和闐羊脂白玉，長5.9，寬5.9，高4.6公分，創下高古王級大玉印的首例。也是首次見到的西晉中央王朝頒贈給邊疆民族鮮卑，或者匈奴王的一顆玉印。它的發現讓我們親眼目睹西晉王朝諸侯王玉印的形制。本件玉印具有高度的學術研究價值，可

以作為研究西晉時期中央王朝與各周邊邊疆民族間往來關係的研究。對中
國古代的政治、地理、軍事、經濟、印學史、職官、工藝美術、意識型態
與復古生活等各方面的研究，都具有非常重要的學術研究價值，堪稱為國
寶級的文物。據文物商告知本印出土於內蒙古，所以應是西晉政權賜封於
邊疆民族鮮卑族，或者是匈奴族的一枚王印。以東晉最後一年，西元四二
〇年，為年代的最下限來算，本件玉印至少已歷經了一千五百九十八年的
歲月，至今依然潔白亮麗。

編號95：東晉或南朝環形螭鈕玉印

規格：長2.7×寬2.45×高1.65公分
印臺：高0.85公分
質地：偏糖色和闐玉
印文：印文磨滅

　　從造型上來看，抬高式的高浮雕螭首位於印頂正中央的位置。螭身作環狀迴旋式。身軀採低俯臥波浪式的姿態。頸部及腰身中段刻意往下凹弧以拉高螭首的高度。螭之肩膀與臀部又特意抬高使得整個身體如波浪般起起。螭虎的四足短拙，身軀佔盡印臺，唯獨左上角留有一小面空地。螭的身上無任何的穿孔。

　　從工藝上來看，螭虎的腳趾抬高，刻劃極為潦草。螭虎僅刻劃出三隻腿，左側身軀的兩腿彎曲向下。右側身軀只刻劃出單隻後腿，後腿刻意向上翻開，再反折，呈現出腿側面踏於尾巴上，右後腿很不自然的反折。單尾穿過右後腳成S形。尾巴沒雕琢絞絲紋，尾端成圓球狀。螭虎的背部上刻有一道陰刻脊棱紋。腿的肘部上有二至三道短陰刻的毛髮紋。螭首與身軀的四週及四腿之間都是以桯鑽進行減地而成。但地子未能磨製得平整均齊。以上的這些特徵都是東晉南朝螭虎的特徵。

　　從印臺的造型上來看，盝頂式印臺及雲紋已經消失不見，改採平頂式的印臺。印臺上的地子為減地工藝，印臺平整度不足。印的邊角還算銳利，有割手感。印面偏橫長式。印臺殘存0.85公分，應該是印文磨滅後的殘存高度。

　　從材質上來看，印的表面有褐色沁，原來的玉質為偏糖色的和闐玉。在出土魏晉南北朝的玉器中，糖色和闐玉是常見的顏色。

　　從螭的面相上來看，螭首平視，嘴部直平，無嘴孔，也沒有刻劃任何的齒紋。弓狀形的雙耳，梭形的凸眼，凸眉及凸鼻樑都是採用浮雕的表現手法。螭首為橫長形，螭首臉龐兩側及下巴為垂直面。

　　從藝術的表現上來看，螭虎的整體姿態有如明清時期的正龍造型，但明清時期正龍的身軀由左向右卷曲，而東晉南朝時期螭龍的身軀由右向左卷曲。明清時期正龍的身軀似亞字型，而東晉南朝時期螭龍的身軀呈環形。本件螭首的大小比例明顯大於螭身的比例。藝術的表現特意強調螭首。螭首為全印雕琢最為精細與用心的部位。螭身佔滿印臺約七成左右。螭虎以左側身軀的前後腿及尾端佔據印臺的左下、右下及右上三個角。俯視螭身的重心落在印臺的下半部。只有印臺的左上角留出一些空地，較為空靈些。螭虎表現出三隻腿。右側身軀的後腿刻意向上翻開，再反折，使得後腿呈現出很不自然的反折感。身軀的扭動方式與四腳的姿態，因不夠生動流暢，而顯得僵硬與笨拙。圓環形的螭虎身軀是東晉南朝動物玉雕的一大重要特徵。

　　從本件螭虎與兩漢螭虎的比較上來看，本螭虎的頸部及身軀已經拉長。身軀修長似蛇身，短短的腳細小又短，不同於兩漢的螭虎。螭虎身軀的造型很像臘腸狗的身軀與腿的比率。造型上，本件螭虎雖然為浮雕式，但身軀捲曲成環狀造型，明顯不同於兩漢的S型螭虎身軀造型。

　　從螭虎身軀環狀及後肢翻轉造型的源頭上來看，本印螭虎的身軀造型應該是取材自西伯利亞草原文化中青銅動物的肢體環狀捲曲、後肢翻轉的造型。動物肢體捲曲成環狀的猛獸紋是歐亞草原動物紋樣中，分布最為廣泛，最具代表性的早期遊牧人的藝術。此類的藝術造型開始於夏家店上層文化的繁榮期，一直沿用至早期鐵器時代。武威藏家莊魏晉時期的M一錢樹座上的翼虎身軀為環狀的造型。南京幕府山四號墓出土的東晉龍虎座陶燈上的龍與虎的身軀也是捲曲成環狀的造型。而後肢作翻轉的紋樣則來自於較為後期的南西伯利亞草原文化青銅動物的造型。中國南方漢墓出土的帶飾、西安北郊鑄銅工匠墓、廣州南越王墓、巫山縣秀峰村都出土帶有動物後肢翻轉紋樣的帶飾。魏晉南北朝時期是中國中央王朝與北方遊牧民

族間戰爭衝突，往來交易最爲頻繁的一段時期。因爲頻繁的接觸，也使得
北方草原文化的藝術，因來往而滲透，融合於東晉南朝的藝術創作之中。
本件東晉南朝的螭虎鈕造型同時融合了動物肢體捲曲成環狀、後肢作翻轉
的造型，正印證了這一段期間，因南北民族間往來接觸，藝術作品中亦產
生交融的時代現象。

編號96：東晉或南朝穿雲螭虎鈕玉印

規格：長2.2×寬2.1×高2.1公分
印臺：高1.1公分
質地：和闐青白玉

　　從造型的比較上來看，本件玉印的造型與廣州南越王趙眜螭虎鈕玉印的造型相同。趙眜印，長2.3，寬2.3，高1.6公分。趙眜「帝印」是在墓主腰腹位置出土的九枚印章中其中的一枚。這九枚印璽原本以三個爲一組，用小的漆木盒裝著，後來因墓室進水，盒子腐蝕，再經年代久遠，玉印被沁成黃白色。玉印的印文是白文的篆書「帝印」兩個字。印鈕雕成螭虎穿雲紋的形式。根據《史記》、《漢書》中的記載，南越國的第一代、第二代王都曾經僭越稱帝，在其國內使用皇帝的禮儀。「帝印」玉印及封泥的出土是對以上這一史實的印證。本件玉印與廣州南越王趙眜墓的螭虎鈕玉印比較，造型相同，但細部的雕琢方式不太一樣。本件玉印螭虎的四肢短小，不夠立體化。雙眼，背部上的脊棱線，腿與肘上的陰刻線也都明顯地不夠立體化，只剩下簡簡單單的陰刻。螭虎有湯匙形的大耳，張口，但未

刻劃任何的牙齒。兩趾的爪也不夠銳力。印臺的四個邊側光素無紋飾。這種動物的身軀與四肢不夠立體化，只有簡單的陰刻線，無牙齒，爪不夠銳力，印臺的四個邊側沒有紋飾的節省工藝的表現手法，為六朝玉雕的重要特徵。倒三角的頭形，溫馴似小貓的面相也是東晉南朝螭虎的面貌特徵。

　　從印章年代差異的比較上來看，南越王玉印的年代為西元前一一〇年，本件玉印的年代為西元四二〇年，兩印之間相差五百多年。但在造型與尺寸上，兩個玉印卻極為相同，不符合印章的發展與演變規律──年代越晚，印面的尺寸應該越大的情形。從印章尺寸發展與演變的進程上來看，印章發展至兩晉時期，即使是龜鈕，印面也已經增大至2.4公分，印臺高1.1公分。因此，筆者推測，本件穿雲螭虎鈕玉印是一枚於東晉或南朝時期製作的復古風格印章。

　　從復古的藝術創作風格上來看，筆者認為，從西晉武帝太康二年（西元二八一年）在汲郡戰國魏王墓裏出土了戰國竹簡「汲冢書」，也稱為《竹書紀年》之後，西晉時期，玉匠便開始在藝術的創作中，模仿前代器物的造型，進行復古藝術的創作，開創出中國歷史上第一波復古的藝術創作風潮。更何況，在地域上，東晉國都南遷之後，東晉中央王朝及後繼南朝的國境全部都在南邊。東晉、南朝的國境中就涵蓋了廣東、廣西兩省。因此，在兩晉或者南朝時期挖掘出漢初南越國的玉器是不難加以想像的事情。筆者推測，雕琢出這一枚復古風格玉印的東晉或南朝的宮廷玉匠應該是見過漢初廣州南越國的玉器。合理推測，本件螭虎鈕玉印是東晉或南朝時，在帝王的命令下，宮廷玉匠仿製了這一枚復古風格的玉印。因此，本件玉印是一枚反映出東晉皇室南遷之後，或南朝時期，皇帝懷思古之幽情，思古復古心情的見證物。事實上，筆者還收藏了數枚西晉時期復古風格的玉印。如編號93號的西晉蟠龍螭虎穿流雲樓山峰龍鳳合體肖形印。

編號97：南朝穿瓦鈕折身螭虎玉印

規格：長2.8×寬2.85×高2.55公分
印臺：高1公分
質地：和闐青白玉

　　從造型上來看，本件南朝穿瓦鈕折身螭虎玉印是一枚非常罕見的印章造型。螭虎折身朝天。印臺現存高度1公分，是姓名經過裁琢後的殘存高度。瓦鈕的命名是因鈕孔大，形狀如筒瓦而得名，是鼻鈕的一種延伸形態，使用時間很長。兩漢以後的私印中，瓦鈕的跨度與印邊相接的形態又稱之為橋鈕，是瓦鈕的一種延伸形態。

　　從藝術的表現上來看，螭虎的體態過於粗胖，四肢短小臃腫，尾巴比例不對，爪趾不夠銳力，螭虎無生氣。整體上，螭虎的立體感、氣勢與動態均不足。本件螭虎明顯是南朝時期螭虎的表現風格。前半部的身軀及前肢反折之特徵是六朝時期動物玉雕造型藝術上的重要表現特徵。面相上，螭虎已衍變成溫馴的小貓，面相不具威嚴感是南朝時期螭虎的面貌特徵。

　　從本件玉印與江蘇徐州黑頭山西漢「劉愼」玉印的比較上來看，兩件玉印使用了瓦鈕。「劉愼」玉印，長2.75公分，寬2公分。黑頭山的獸

呈臥姿，頭部特徵爲轉首低伏，有繫繩用的嘴孔。黑頭山獸身的姿態與本件玉印獸身的姿態差異較大。鈕式上，兩者都是螭加瓦鈕，這種鈕式很少見，目前只有這二件。黑頭山的螭虎及瓦鈕都刻劃的很精緻細膩，瓦鈕上並且有網格紋，西漢早期的劉愼至少爲侯一級的劉姓皇族宗室的成員，是迄今爲止徐州地區已發現的侯一級豎穴石坑墓中形制最大的一座。在劉愼的棺室中共發現了三枚，印面2到3公分寬的玉印。兩漢時期螭虎鈕玉印是皇帝專用的印制。以此類推，本件南朝穿瓦鈕折身螭虎玉印也應該是諸侯王級以上的官印。

　　從本印印邊的兩角被削平及印文被磨滅的情形來看，亦反映出這是一枚代表印主身份與地位的官印。在印主逝世後，官府做過銷毀的動作，將印文磨滅，削平印邊的兩角後，再作爲隨葬的用印。這個過程也反映出官印無論是在使用與陪葬上都有相當嚴謹的使用規範。

　　從盝頂式印臺的形制上來看，本印仍舊保存著盝頂式的印臺。在中國悠久的歷史中，盝頂一直是古人心目中宇宙天地的小縮影。盝頂代表著天與地，四方與正中央的概念。俯視盝頂具備正中央的頂端（天）及四邊四方形的地。從史前時代至近代，舉凡重要的器物都以盝頂爲器物造型之依循。如良渚的臺形玉片、玉版、河圖洛書、祭壇、春秋韓城梁帶村二十六號墓的鏤空方罍、戰國的盝頂容器（圓、長方、四角、橢圓、U形漆奩）、壇鈕玉印、盝頂鎭墓獸座、盝頂器物座、覆斗玉印、七豹紋漆扁壺的壺蓋、幄帳頂、藻井、窟頂、菩薩絹幡、盝頂式箱奩盒、盝頂寶函、銀抽屜茶羅、墓誌蓋、盝形屋頂、明堂辟雍建築、盝頂印匣、盝頂官皮箱、佈告欄、官方收據、文榜、墓葬的封土、式盤、日晷、博局、遊戲棋局盤、天壇、祖先牌位、陰陽宅方位等，都是盝頂的外形。盝頂是古人表現器物重要性的一種藝術表現手法。從戰國時代的壇鈕玉印（盝頂）起，就一直採用一至三層式的盝頂式印臺。漢代的覆斗玉印（盝頂）也都採用這一重要的盝頂形式。對於中國人來說，盝頂具備深刻的內涵與意義。

編號98：南宋伏首拱身蹲坐龍鈕大玉印

規格：長8.5×寬7.3×高8.6公分
鈕式：龍鈕（龍身長8.5×寬3.7×高4.5公分）
印臺：高3.6公分／字腔深0.5公分
質地：青黃色和闐玉
印文：天地兩橫——仰月、圓日、草書花押

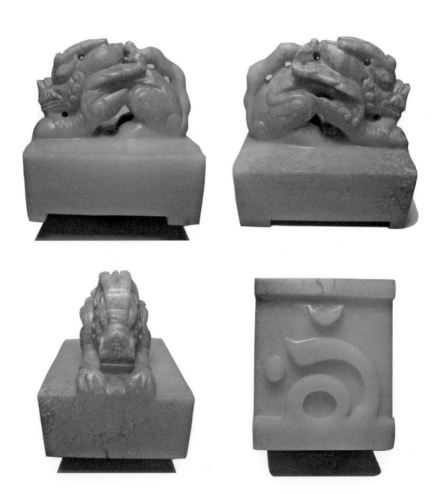

　　從造型上來看，龍伏首於前足之間，前腳往前屈伸與印臺的邊沿齊平。龍的身軀為拱形，後腿蹲坐，後臀與印臺的邊沿齊平。尾巴為三叉狀，中尾上翹平貼於背上，左右向的叉尾捲曲，平貼於後臀的兩側。尾巴側視像三個山峰。

　　從紋飾上來看，龍之額頭呈倒T字形的平板狀。龍有丹鳳眼，厚眉毛，三角形的鼻頭，高鼻樑及長長的雙角。龍耳聳立，臉頰上有三束的捲鬚。身軀上有龍鱗紋，肩上有四段式的立體飄帶及火燄紋，肘上也有三角形的毛髮紋，龍爪有四趾。

　　從工藝上來看，長長的鼻頭上有皺摺紋。龍口的四週壓地，減地以表現出不開口的龍齒與獠牙。飄帶上有兩個穿孔。身軀上的龍鱗、毛髮、飄帶、卷鬚刻劃分明。龍的身軀上共有十一個繫絲用的鑽孔。

　　從印面上來看，印面的上下兩端各有一個橫寬的天、地筆劃。地橫劃是天橫畫的兩倍。二橫劃之間是仰月、圓日及毛筆書寫的陽文草書。印臺高達3.6公分，字腔深邃達0.5公分。深邃的字腔是唐宋時期印文的重要特之一。印體巨大，長8.5×寬7.3×高8.6公分，青黃色的和闐龍鈕玉印，顯然是一枚帝王的大印。

　　從本印與兩宋、元代龍鈕造型演變的比較上來看，隨著時間的流逝，兩宋時期，龍的身軀也逐漸產生了一些的變化。龍的身軀越來越高大，雄壯與敦厚。北宋龍的前腳與後腿未佔滿印臺，南宋龍的前腳與後腿逐漸佔滿印臺。兩宋時期龍的趾由前腳後腿皆為三趾，逐漸演變成前腳為三趾，後腿為四趾，最後演變成前腳、後腿皆為四趾。龍肩上的飄帶也由浮雕式進一步發展為立體式。龍的尾巴也逐漸往背部的上端移動，尾的分叉變多。

　　從本印與兩宋與元的龍鈕比較之下，本印的龍鈕身軀雄厚，前腳與後腿有四趾，前腳與後腿佔滿印臺。飄帶為立體式，尾巴上翹，平貼於背上，尾巴為三叉狀，是一枚典型的南宋龍鈕玉印。本件龍鈕身軀上的飄帶、火燄紋、龍鱗紋、四趾皆為繼承自北宋帝王龍鈕的紋飾風格。本印龍首的鬍鬚往下垂與印臺的邊沿齊平。兩旁的側鬍鬚往下垂擺，側鬍鬚置放於前腳之上的表現方式也與北宋時期的龍鬚一致。但鬍鬚的樣式不同。本件南宋龍鈕玉印與元代的龍鈕玉印比較，本印的龍伏首，有三角形的鼻頭及長長的雙角，龍口的四週以壓地，減地的技法露出不開口的龍齒與獠牙。鬍鬚往兩旁下垂，擺放於前腳之上、前腳低伏與印臺的邊沿齊平等特徵與西藏文管會的元代統領釋教大元國師的交龍非常相似，兩者之間有繼承與演變上的關係。本件龍鈕玉印同時具備北宋帝王龍鈕及元代國師龍鈕

的特徵。顯然，本件龍鈕玉印的年代是介於北宋與元代之間的南宋時期龍鈕玉印。

從飄帶、火焰紋與龍鱗紋的發展演變上來看，目前，動物身上最早出現飄帶與火焰紋是北周天元皇太后的金印獬豸鈕。獬豸肩上有浮雕式的飄帶，腿上有火焰紋。至唐代，飄帶演變成立體式。如唐陝西咸陽順陵石麟上的飄帶。到五代十國時，前蜀王建的謚寶，除了飄帶與火焰紋外，龍身上亦開始出現龍鱗紋。再發展到北宋，北宋帝璽龍身上的飄帶、火焰紋與龍鱗紋都具備，並且也更加地立體化。北宋帝璽龍身上的火焰紋與北周天元皇太后獬豸身上的火焰紋相同─似魚尾紋的形式。王建謚寶印臺的四邊上還陰刻了四靈的圖案─青龍、白虎、朱雀、玄武。本件南宋龍鈕玉印龍身上的火燄紋、龍鱗紋俱全，飄帶也更加立體，是南宋時期的玉印無誤。

從本印與兩宋、元代花押印的章法上來看，花押印中，印面的天、地兩個橫筆劃，天橫劃細，地橫劃粗。北宋時期天橫劃與地橫劃的粗細差異比南宋時期的大。這種天地橫劃粗細差異的變化是時間往後推移衍變的結果。到南宋時期，天地兩橫的筆劃中，天橫筆劃已經與印臺的上沿齊平，變成天地兩橫筆劃都與印臺齊平的情形。兩宋時期天地兩橫的筆劃皆為直角筆劃。至元代，天地兩橫筆劃的兩端常為圓角筆劃。位於天地兩橫中的花押筆劃，也從北宋時期的等寬筆劃，演變成南宋時期更具有書法筆意的弧形線條與胖瘦筆鋒。本印天地橫劃的粗細差異縮小，天地的兩個橫筆劃與印臺的上下沿齊平，天地的兩個橫筆劃皆為直角筆劃，花押有書法筆意，是南宋時期花押印的章法。

從花押印記上來看，本印的印面有一個巨大的陽文草書畫押。筆者推測，畫押印文可能是梵字真言，也稱為種字、種子字。種子字的名稱是因為其具有自一字可生多字，多字復可賅攝於一字之意。在西藏佛教的密教中，種子字表示佛、菩薩等諸尊所說真言之梵字，含有引生、攝持之義。本印應該是一枚西藏的密宗宗教領袖國師之印。

從仰月與圓日的印記上來看，在本印的印文中，花押的中央最頂部有一個仰月，右側有一個圓日。在宗教上，仰月與圓日表示日月的并存。遼代應縣木塔的塔剎上就有圓光及仰月。元代西藏的宗教梵文印及明代的噶瑪巴印也都有仰月、圓日的圖案。這些元、明時期的宗教印都具備仰月、圓日圖案、螭鈕、玉質及印面大的特質，是西藏密教的宗教領袖印。繪畫上，在明代憲宗朱見深親手繪製的《一團和氣圖》畫的上方，也有一個成化帝個人帶有宗教色彩的花押印記。花押的最上方疑似有一個日紋印記，最下方也是一個粗筆的地橫筆。這幅畫中的日紋是皇帝使用日紋印記傳統

的實例印證。從宋代起一直延續至清代，皇帝個人都有使用花押印記的傳統。銅錢上，從初唐的開元通寶開始，銅錢外圓和內穿之間鑄出仰月紋。到了明嘉靖年間，嘉靖通寶銅錢上又出現太陽的日紋。明顯地，日、月的紋飾地位崇高，只有宗教及皇室才能使用。除了優質的青黃色和闐玉，高大的印臺，龍鈕、仰月、圓日的印記外，本件玉印還有一個巨大的密教梵字真言種子字，這些特質均顯耀出本印的印主身份非凡，是一枚由南宋皇帝頒授給西藏密宗宗教領袖的國師印。除此之外，仰月與圓日紋印記應該也是皇室袞服上十二章紋符號的另一種表現方式。

　　從十二章紋的符號上來看，在中國，十二章紋的使用由來已久，大約在周代已經形成。依據史書中的記載，周天子用於祭祀的禮服即開始採用「玄衣黃裳」，並繪繡有十二章紋。皇帝龍袍上的十二章紋圖案中包括，日、月、星辰、山、龍、華蟲、宗彝、藻、火、粉米、黼、黻。公爵等級只能使用這其中的九章，侯、伯等級只能使用這其中的七章、五章以示等級。章服制度的真正確立是在東漢初年逐漸形成。東漢初規定：「天子、三公、九卿祀天地明堂，皆冠旒冕，衣裳玄上黃下，乘輿備文，日月星辰十二章，三公、諸侯用山、龍（以下）的九章，九卿以下用華蟲（以下）的七章，皆備五采」（《後漢書·輿服下》）。唐武德四年，朝廷發佈的詔令，宣佈車輿、服裝之令，「上得兼下，下不得擬上」，違者治罪。天下只有皇帝可用十二章，皇太子及一品之服用九章，二品之服用七章，三品之服用五章，四品之服用三章，五品之服用一章。明、清兩朝的文武官員，則改章服為補服，規定文官的「補子」繡鳥，武官的「補子」繡獸，各依等級，繡有不同的動物。

　　如同玉器與青銅器是中國人作為表現封建等級制度的一種體現，十二章紋是封建輿服制度的一個重要組成部分。十二章紋中，每一章紋飾都各取有其意義。日、月、星辰代表三光照耀，象徵著帝王的皇恩浩蕩，普照四方。山代表著穩重的性格，象徵帝王能治理四方的水土。龍是一種神獸，變化多端，象徵帝王們善於審時度勢地處理國家大事和對人民的教誨。華蟲通常為一隻雉雞，象徵王者要「文采昭著」。宗彝是古代祭祀的一種器物，通常是一對，繡虎紋和尊紋，象徵帝王忠、孝的美德。藻則象徵皇帝的品行冰清玉潔。火象徵帝王處理政務光明磊落，火炎向上也有率土群黎向歸上命之意。粉米就是白米，象徵著皇帝給養著人民，安邦治國，重視農桑。黼為斧頭的形狀，象徵皇帝做事幹練果敢。黻為兩個己字相背，代表著帝王能明辨是非，知錯就改的美德。古代十二章紋之制，文獻記載很多，但流傳下來的實物卻很少見到。自十二章紋在中國的圖紋

中出現，就一直是最高統治者的專有紋飾，應用在帝、后的服飾與少數親王、將相的服飾上，從未在民間出現過。十二章紋雖歷經朝代更替，但因其意義深刻，始終保持著原始的形態，幾乎沒有改變過，這也是其它普通裝飾圖案所無法比擬的。正如上面的引述，日、月、星辰象徵著帝王。日、月、星辰圖案只能為帝王所採用，本件玉印最頂部的仰月與右側圓日紋的印記只能為皇帝所有，絕對是皇權至高無上的象徵。本印應該是一枚由南宋皇帝頒授給西藏密宗宗教領袖國師之印。除了有天、地兩個橫的筆劃、仰月與圓日紋外，印面還有書法特徵之畫押，畫押可能是梵字的真言，種子字含有引生、攝持之義。

編號99：宋代俯首拱背蹲坐龍鈕玉印

規格：長6.1×寬5×高4公分
印臺：高1.1公分
質地：和田青白玉

　　從造型上來看，龍首低伏於前腳之上，拱背，蹲坐於長方形的印臺
上。龍有粗眉、如意形耳及雙叉式的鹿角，圓眼有眼角，耳尾尖翹。下額
兩側的鬍鬚往下垂擺。鼻頭兩側的鬚毛往後飄揚至臉頰上。頸後有三絡鬃
毛。肩上有火焰式的飄髮，肘部上長出鬃毛。四趾的爪，尾巴貼臀，上舉
至背部，再分成兩股作卷曲狀。長方形的印臺上，龍的前後腳逼近印面的
邊沿，龍身軀的兩側留有較多的空地。

　　從紋飾上來看，本件龍鈕有三絡式的鬃毛，如意形的耳，雙叉式的鹿
角，四趾的爪，肩生火焰式飄髮，尾巴上舉，貼背作捲曲分叉狀，這些特
徵都是宋、元時期動物玉雕上常見的特徵。

　　從印臺上來看，印面加大至長6.1，寬5，高4公分，印臺殘存1.1公
分，已經是宋代的印制尺寸。一般來說，宋代身份等級較高的玉印，印面
都是長5至6公分。

　　從使用的材質上來看，玉印為和田青白玉，有較多的黑色斑及白色飯沁。本件玉印上的黑色斑是玉質原有的色澤，不是人為的染色。本件玉印的玉質與元代螭紐玉押（灌頂國師之印）同樣是帶有相同黑色斑的青白玉。宋元時期的玉雕作品上，常見使用黑色斑的玉材來進行巧雕的表現。宋代的玉雕作品上，也常見人工的提油染色，鑑別時，必需加以區分。

　　從藝術表現的心理層面上來看，造型上，動物的軀體圓拱成匍匐造型的源頭可往上追溯至唐代的動物造型。甚至可以更往前溯源至魏晉時期。動物軀體圓拱狀的藝術造型是玉匠在藝術創作中，潛意識下所展現出的一種創作表現方式。這種創作表現方式反映出此期的人類，在經過千百年的日子裏，為了生存而奮發戰鬥的努力中，認為人類自身已經戰勝所有大自然的力量，征服所有的野生動物，克服所有因生活而存在的困境，動物理應順應服從於人類所有的命令的一種藝術表現形態——俯首拱背蹲坐姿勢。

　　從本件玉印與其他龍鈕玉印的比較上來看，本件玉印與上海博物館的北宋龍鈕玉押及元代的龍鈕玉印比較，北宋龍鈕玉押長6.8，寬6.8，高6.2公分。元代的龍鈕玉印，長4.15，寬4.15，高3.4公分。本件玉印，長6.1，寬5，高4公分。三件印鈕都是動物的造型及大尺寸的玉印。北宋龍鈕玉押是北宋皇帝的印章。元代的龍鈕玉印常陰刻四字的白文印「經筵講官」，玉印的使用者是陪侍皇帝講論經史的專官。因此，本件俯首拱背蹲坐龍鈕玉印的使用者地位等級也應該很高。在動物的造型上，本件龍鈕玉印更接近河北省民俗博物館的玉瑞獸玉雕。無論是動物的眼、鼻、嘴、尾巴、四趾、四腳及整體姿態的刻劃上，兩件動物的雕琢手法都雷同。而且，兩件玉雕的動物都是從鼻子開始出現黑色斑一路綿延至尾部。依據筆者的經驗，河北省民俗博物館的玉瑞獸應該是宋代的玉雕才對，而不是博物館所標示的元代玉雕。因為河北省民俗博物館的玉瑞獸是一件傳世品，所以在年代的判定上較容易出現誤差。

編號100：宋代回首仰天翹尾直立瑞獸鈕玉印

規格：長6.5×寬5.9×高6.8公分
印臺：高1.65公分
質地：和闐青白玉

　　從造型上來看，獅子形瑞獸直立，回首望天，有六朝望天獸的餘韻。翹起的尾部與首部的下巴相連接，骨骼健壯，肌肉凸出，展現出力度。腰部上有重刀砣碾的肋骨陰刻紋。四肢粗狀並立，五爪尖又銳利。

　　從紋飾上來看，前唇的部份較爲圓弧，大眼圓凸，眼內有圓圈紋的瞳孔。鼻、耳及眉都是立體式的卷雲紋。嘴角邊有二道弧形露鋒的陰刻紋。三絡式火焰粗尾的絲縷刻劃整齊清晰。瑞獸的髮鬃也是陰刻的三絡式。肩部裝飾著飄拂的火焰狀飛翼，臉頰及肘部都刻劃著陰刻髮絲線。小腿上也有細密的短陰刻線。以上的這些紋飾特徵都是宋代動物玉雕非常重要的紋飾特徵，是進行斷代時，非常重要的參考紋飾。特別是，宋代動物的嘴角邊常裝飾著二至三道彎月形的陰刻紋。並且，有肋骨紋及卷雲式鼻、耳及眉。

　　從工藝上來看，印臺及印面地子的琢磨還不夠均整。宋人喜歡運用陰刻線以顯示細部紋飾，以卷雲紋來裝飾動物的鼻、耳、眉及角。外觀上，宋人也特別喜歡在玉器上提油，使玉器達到斑駁古樸以抒發宋人思古復古之幽情。

　　從藝術的表現上來看，瑞獸頭部的比例過大，四肢的動態也不夠流暢，明顯不如唐獸。本件瑞獸立體式的卷雲鼻、耳、眉及單短角是宋代玉雕之一絕。瑞獸的雙圓圈大凸眼，大闊嘴，嘴角二道彎月形露鋒的陰刻紋及三絡式的火焰粗尾，也都是宋代玉雕極為重要的藝術表現手法。在極為有限的體積內，將瑞獸的頭作回首翹尾的處理，使得玉匠可以作最大尺度的藝術揮灑，創作的手法很有創意。

　　從印制上來看，印面長6.5公分，印臺殘存的1.65公分是印文磨滅後的高度。印臺四個邊側的棱角琢磨銳利。動物的頭、尾逼近印臺的邊沿，動物身軀的左右兩側留有較大的空地。印臺四個邊側銳利，動物前後佔地逼邊，左右兩側較空的現象是宋代印章形式的一大特徵。一般來說，宋代身份等級較高的玉印，印面都是長達4～6公分以上。上海博物館的北宋龍鈕玉押就是長6.8，寬6.8，高6.2公分的大玉印。印章及封泥專家孫慰祖推測龍鈕玉押是北宋皇帝的玉押。新疆維吾爾自治區博物館的遼代獅鈕契丹文玉印，長9.4，高8公分，也有王者大印的風範。筆者推測，雖然本印不及北宋皇帝玉押的最高等級，不及遼印的9.4公分大尺寸，但本件印主的身份與地位等級也應該不低。

後語

　　長期以來，在沒有人指點與教導下，筆者是以自學的方式，憑藉著留學美國攻讀碩士期間所習得的研究方法與精神，自己一個人在黑暗中摸索，匍匐前進。藉由一件件不會言語的啞巴文物，透過每件親自上手摸索的文物，仔細地觀察，比較與分析每件文物身上所展現出的各種時代及區域的特徵。經常詢問自己還欠缺什麼樣的知識？還應該要具備哪些專業領域的基本知識？藉由一件件文物收藏的累積，藉由翻閱一本本來自於圖書館內的研究論文與書籍，引導著我繼續往前邁進，逐漸地涉獵到多學科、跨領域的交叉學科研究的範疇裏，逐漸地跨足到與文物有關的所有美術領域裏。試圖從每一件文物身上所展現出的特徵，對其進行搜集，排列，比對，分析與歸納。逐漸地由點走向線，再由線前進到面。最後再到空間與時間的全面式連貫。

　　這一路走來跌跌撞撞，極為辛苦。面臨中國歷史的縱深度，面對數量眾多與龐雜的文物類型。再加上時間、金錢與體力上的消耗，常常叫人有力不從心的感受。還好，因為經常環繞在文物的領域裏，心靈上的世界是豐碩的，文物豐饒了我的精神與生活，文物已經化為了我生命中所有一點一滴的呼吸。我想我的此生是被命運所安排，做一個文物物質精神文化的守護者。在長期的自我訓練中，文物讓我得以透過文物越過時空，回到過往，去深刻體悟文物在那個時代真實的週遭環境與氛圍。對於文物所帶給我的一切知識、收穫、肯定與快樂，我的內心真的是充滿激動、感激與感恩。

　　文物的收藏者肩負著對歷史文物的收藏，保護，研究與推廣的責任。筆者才疏學淺，錯誤在所難免，祈盼各位先進、前輩們，適時地給予指正，不勝感激。筆者目前還藏有許多的文物，所收藏的印章其年代從商代跨越至民國時期。希望藉由此次出版的機會能獲得讀者的批評與指教，以使得我能有更多的鼓勵與機會，將其餘的文物出版介紹給予各位讀者。

國家圖書館出版品預行編目資料

傑夫藏玉百選：史前時代至宋代未面世及罕見
的珍貴玉器／黃志永著. ――初版.――臺北
市：五南，2019.09
　　面；　公分
ISBN 978-957-763-437-5（平裝）

1.玉器　2.中國

794.4　　　　　　　　　　108007676

4Q0C

傑夫藏玉百選
史前時代至宋代未面世及罕見的珍貴玉器

作　　者 ― 黃志永

發 行 人 ― 楊榮川

總 經 理 ― 楊士清

總 編 輯 ― 楊秀麗

主　　編 ― 蘇美嬌

校　　對 ― 黃志永

封面設計 ― 姚孝慈

出 版 者 ― 五南圖書出版股份有限公司

地　　址：106台北市大安區和平東路二段339號4樓

電　　話：(02)2705-5066　　傳　　真：(02)2706-6100

網　　址：http://www.wunan.com.tw

電子郵件：wunan@wunan.com.tw

劃撥帳號：01068953

戶　　名：五南圖書出版股份有限公司

法律顧問　林勝安律師事務所　林勝安律師

出版日期　2019年9月初版一刷

定　　價　新臺幣1500元